职业教育管理与改革

冯宇星　著

吉林科学技术出版社

图书在版编目（CIP）数据

职业教育管理与改革 / 冯宇星著. -- 长春 ：吉林
科学技术出版社，2023.6
ISBN 978-7-5744-0698-8

Ⅰ．①职… Ⅱ．①冯… Ⅲ．①职业教育－教育管理－
研究②职业教育－教育改革－研究 Ⅳ．①G710
②G712.0

中国国家版本馆 CIP 数据核字（2023）第 136714 号

职业教育管理与改革

著	冯宇星
出 版 人	宛 霞
责任编辑	孔彩虹
封面设计	树人教育
制 版	树人教育
幅面尺寸	185mm×260mm
开 本	16
字 数	250 千字
印 张	11.5
印 数	1－1500 册
版 次	2023年6月第1版
印 次	2024年2月第1次印刷

出 版 吉林科学技术出版社
发 行 吉林科学技术出版社
地 址 长春市福祉大路5788号
邮 编 130118
发行部电话/传真 0431-81629529 81629530 81629531
　　　　　　　　　81629532 81629533 81629534
储运部电话 0431-86059116
编辑部电话 0431-81629518
印 刷 三河市嵩川印刷有限公司

书 号 ISBN 978-7-5744-0698-8
定 价 70.00元

前　言

　　职业教育政策是国家公共政策体系的重要组成部分,它以解决公共职业教育问题、满足公共教育利益为目的。从政治学视角来分析职业教育政策的演变规律,是公共政策研究方法及其内容在职业教育领域的运用和拓展, 能够提高政策形成的科学性, 提升政策执行的实效性, 满足广大民众的利益诉求, 服务于整个国家治理体系现代化大局。职业教育在我国当下和今后一段时间内,承担着为改革开放和全面建成小康社会培养高素质劳动者和技术技能人才的职责和使命。在国家不断突出职业教育战略地位的顶层设计框架下,提升职业教育吸引力的政策环境还没有完全建立起来。在国家"完善和发展中国特色社会主义制度,推进国家治理体系和治理能力现代化"的总目标下,如何克服存在的问题, 调动政府、市场、企业、行业、学校、民众等多方相关者的参与积极性, 实现利益共享, 形成办好职业教育的合力和持久动力, 实现职业教育公共治理现代化,是职业教育政策研究的重点和方向。

　　职业素养的养成,是一定的职业要求和规范在从业者个体身上的内化,是从业者生理和心理结构及潜能向着一定社会职业对人的行为要求与规范的定向发展与开发,是一个动态过程。职业素养不像职业素质那样相对的稳定与固化,强调的是从业者所具有的内在的相对稳定的身心特性。对大学生选择职业有影响的素质中,有先天的,如符合某一职业的体能,也有后天的,如技术和经验等,而职业道德和职业心理素质等则是后天形成的,这些通过后天职业生活形成的适应岗位需要的素质,就是职业素养。从业者的职业素养决定了单位的未来发展,也决定了从业者自身的未来发展。是否具备职业化的意识、道德、态度和职业化的技能、知识与行为,直接决定了单位和从业者自身发展的潜力大小和成功与否。因此,对大学生来说,"现代职业素养"这门课程的开设就显得越来越迫切和必要。

　　本书主要研究职业教育管理与改革方面的问题,涉及丰富的职业教育知识。主要内容包括现代职业教育体系建设的理论基础、现代职业教育体系的基础内涵、我国职业教育政策的历史沿革、现代职业教育体系的动因与困境、现代职业教育体系的建设基础、现代职业教育对治理体系现代化的积极作用、职业教育教学视角下的技术知识、人才培养模式综合改革、有效教学与职业教育有效教学、现代职业教育体系的结构框架建设等。本书是作者长期从事职业教育教学和实践的结晶。本书兼具理论与实际应用价值，可供相关教育工作者参考和借鉴。

由于笔者水平有限，本书难免存在不妥甚至谬误之处，敬请广大学界同人与读者朋友批评指正。

目　录

第一章 现代职业教育体系建设的理论基础

　　现代职业教育体系建设，涉及职业教育体系的内外多种要素，囊括局部和整体的多个层面，贯通职业教育体系的过去、现在和未来，因此需要引入现代管理科学和现代系统科学，作为现代职业教育体系建设目标研究的理论基础。在此，现代管理科学主要是指项目管理理论和目标管理理论，其中，项目管理理论的功能在于构建现代职业教育体系建设的生命周期并为建设任务和建设目标的分解奠定基础；目标管理理论在于构建现代职业教育体系建设的总体目标和分部分项目标；项目管理理论中工作分解结构的理论功能在于分解现代职业教育体系建设项目的工作任务，以便形成逻辑化、体系化的建设目标；现代系统科学主要是指现代系统论，其理论功能在于通过移植和改造一般系统的分析模型，建立现代职业教育体系的分析模型，从整体和局部把握现代职业教育体系的建设任务。可见，现代职业教育体系建设目标的研究并非是没有理论根基的空中楼阁，亦非是徒有实践经验的形下之学，它是管理科学和管理实践共同关注的主题。

第一节 现代管理科学

一、项目管理理论

1. 项目管理理论概述

　　根据研究目标和项目管理的理论知识与实践经验,项目的生命周期包括四个阶段，即"启动项目、组织与准备、结束项目和执行项目工作"，或者说"概念阶段、开发阶段、实施阶段和结束阶段"。概念阶段是整个项目的起始阶段，这个阶段也即"项目的选择与决策阶段，其工作目标是定义和确定项目的目标，其阶段性可交付成果通常为项目章程（Project Chart）项目概念阶段主要工作包括：一般机会研究、项目机会研究、方案策划、初步可行性研究、详细可行性研究、项目评估、项目决策等"。"项目开发阶段是项目生命周期过程中重要的策划和计划环节，其工作目标是完成项目计划的编制,该阶段可交付的成果是项目计划。项目开发阶段的主要工作是围绕项目范围、质量、进度和费用的管理规划与工作计划展开的,包括项目启动、范围规划、范围定义、活动定义、质量计划、组织规划、采购规划、活动排序、活动持续时间估计、进度安排、资源计划、费用估计、费用预算及项目计划集成等。""项目实施阶段通常是项目生命周期中涉及工作内容最多、时间最长、资源耗费最多的环节,其工作目标是完成项目的成果性目标,其阶段性交付成果是项目最终成果。这一阶段的主要任务是以项目计划为依据,通过调配项目组织内外的各种资源,完成组成项目的各项活动,实现项目的成果性目标;并通过项目实施过程中的动态控制,实现项目在时间、费用、质量等方面的约束性目标。""项目结束阶段是项目成果完成后进行交接并结束项目的过程,其工作目标是项目利益相关者检验和评估各自的目标实现程度并处理好相互之间的关系,让利益相关者满意。其阶段性交付成果也是项目最终的交付成果,主要是项目最终成果和项目验收报告。项目结束阶段的主要工作包括项目资料验收、项目交接或清算、费用决算、项目审计、项目后评价等。"不过鉴于研究的必要性,现代职业教育体系建设目标研究主要集中在前两个阶段,而对后两个阶段基本不涉及。

2. 工作分解结构撷英

工作分解结构(WBS)"这一概念最初是 20 世纪 60 年代初由美国国防部和航天局开发的,从那时起,WBS 就成了项目管理中一个关键的组成部分"。WBS 是项目管理中的一种重要的任务分解工具,用来帮助项目经理定义要执行的工作,以实现项目目标,它可以将工作分解到一个适当详细的层级,从而便于计划和控制。具体来说,它"是在项目实施过程中,对项目范围的一种逐级分解的层次化结构编码,将工程项目工作内容逐级分解成较小的、较易控制的管理单元或工作包,以利于项目计划的细化或编制、责任的落实或监控",其分解原理与因数分解十分类似。一般来说,"建立一个 WBS 分为四个步骤:(1)确定项目目标,着重于项目产生的产品、服务以及提供给客户的结果;(2)准确确认项目所产生的产品、服务或提供给客户的结果(可交付成果或最终产品);(3)识别项目中的其他工作领域,以确保覆盖100%的工作,识别若干可交付成果的领域、描述中间输出或可交付成果;(4)进一步细分步骤(2)和步骤(3)的每一项,使其形成顺序的逻辑子分组,直到工作要素的复杂性和成本花费成为可计划和可控制的管理单元(工作包)"。具体到现代职业教育体系建设目标研究来说,这个工具主要是用来分解现代职业教育体系的总体建设任务和总体建设目标,以便形成适当的、可以控制甚至可以评价和测量的分项目标。不过,由于研究目标的局限性,工作分解结构这个工具可能不会用来分析微观的工作活动。

二、目标管理理论

1. 目标管理理论精要

目标管理是美国管理大师彼得·德鲁克（Peter F.Drucker, 1909—2005）于1954年在其名著《管理实践》中最先提出的概念。此后，"这一管理模式就逐渐成为当代公司管理体系中最为重要的组成部分之一，甚至被人称为'管理中的管理'"。它是"以目标为导向，以人为中心，以成果为标准，而使组织和个人取得最佳业绩的现代管理方法"。目标管理的基本思路是在组织成员个体的积极参与下，自上而下地确定和分解工作目标，并在工作过程中实行"自我控制"，自下而上地保证目标实现，因此又被称作成果管理或者责任制。

尽管各个组织的功能和性质不尽相同，其所实施的目标管理步骤也可能不完全一样，但一般都包括以下四个主要步骤。

（1）建立一套完整的目标系统

其主要目的是根据组织的总体目标、组织结构和任务性质，自上而下地逐级确定目标，形成一套完整的目标系统。

（2）明确责任

目标系统应与组织结构相吻合，从而使组织内部的每个部门和每个成员都有明确的目标。然而，组织结构并不一定按照这个时期的组织目标构建，因而按逻辑分解的目标系统和按组织结构分解的目标系统往往会发生冲突，最典型的就是按照逻辑分解出来的某个重要的分项目标有可能会找不到对应的责任部门，而组织中的某些部门也很难为其确定重要的工作目标。

（3）组织实施

目标系统确定后，组织的各级管理层就要按部就班下达目标任务并充分授权，依靠执行者的自我控制达成目标。

（4）检查和评价

组织的管理层要事先与各级目标任务的执行者协商并确定目标任务的完成期限、预期质量、检查、评价和验收的要求等，对阶段性成果或者最终成果进行定期或者终结性验收，并根据检查、评价和验收的情况进行及时反馈和纠偏，促使目标管理进入下一工作环节，最终达成总体目标。

可见，就现代职业教育体系建设目标研究来说，其研究的内容应该涉及目标设定的基础、目标的设定、目标方针、目标值（目标内容）、目标期限、目标的挑战性及达成性、目标的项目、目标的测量、保证措施等，而设立目标和分解目标是其中最为重要的环节。

2. 目标及目标体系的基本内涵

（1）目标的内涵

一般来说，目标是个体或者组织的活动"想要达到的境地或标准"，是个体或者组织活动的"目的或宗旨的具体化"，是其活动奋力争取达到所希望的未来状况或者活动所指向的终点。具体地讲，目标是个体或者组织根据自己的发展意愿或者宗旨而提出的在一定时期内需要达到的预期成果或者所期望达到的最终结果。据目前情况来看，中国现代职业教育体系建设的目标就是"到 2020 年，形成适应经济发展方式转变和产业结构调整要求，体现终身教育理念、中等和高等职业教育协调发展的现代职业教育体系，满足人民群众接受职业教育的需求，满足经济社会对高素质劳动者和技能型人才的需要"。

（2）目标的特征

根据目标的内涵可知，目标具有指向性、稳定性、控制性、创新性、效率性、时间性、空间性、可度量性等特征。具体来说，目标的指向性是指目标具有一定的方向性，指导和激励个人或者组织的活动得以朝着确定的目标前进，最终达成预期的成果或者最终的结果；目标的稳定性是指在一定时期内，在目标是正确的而且目标的约束条件是有利的情况下，目标一般不能随意被更改，这是目标的控制性基础；目标的控制性是指目标制订的时候必然有特定的目标值，组织或者个人的活动必须被严格控制并指向这个目标值；目标的创新性是指目标值必然是在组织或者个体原有的活动结果的基础上的超越；目标的效率性是指尽管不同的个体或者组织目标各异，但有一点是相同的，即"要以尽可能少的人力和其他资源投入来实现尽可能多的产出"；目标的时间性是指目标值必须界定完成目标活动所需要的时间；目标的空间性是指目标活动涉及一定的空间范围，如"十个指头拍蚂蚱""两手抓，两手都要硬"等，就是指目标的共时空间性；目标的可度量性是指不论目标值是定量的还是定性的，都必须可以测量或者可以观察。

（3）目标的构成要素

具体而言，"目标是指目标方针、目标项目和目标值的有机组合。制订目标，就是制订目标方针、目标项目和目标值（即结果值）""目标的内容、目标设定的基础、目标的挑战性及达成性、目标的项目、目标的期限、目标的设定及目标的测定"以及保证措施等。其中，目标值是指目标应该达到的水平和程度，它包括定量和定性两种类型，它凝结了目标的质量、数量、时间、空间等属性；目标项目实际上是目标内容、目标设定的基础、目标的挑战性及达成性等的依托载体；目标的保证措施实际上也包含了目标的测定和评价的标准。因此，目标的构成要素主要包括目标方针、目标项目、目标值和保证措施四个方面。其中，目标方针是指目标的方向性的高度概括，它规定了个体和组织的活动目标指向，一经确定就必须贯彻始终，因而具有方向性、全局性和激励性等特征；目标项目是目标方针的具体化，它是在目标方针的指导下制订的组织活动或者任务，一个目标方针可以有多个目标项目；目标值是指各个目标项目应该达到的预期结果、标准或程度，是各项目标的进一步具体化和数量化，一个目标可以有多个目标值；保证措施是指达到目标所需要的保障方法和手段等。

（4）目标体系的内涵

目标体系也可称作目标系统（objective set/objective system），是指由多个有内在关联性的、相互独立的目标组成的任务系统，具有一定的逻辑结构。从横向上来看，目标体系是经过任务的横向分割后所形成的、相互独立的目标集合，它们相互之间看似是平行并列的关系，但事实上，横向目标之间有时也会存在前后顺序关系；而从纵向上看，它是对业务进行自上而下分解后所形成的、具有等级之分的目标集合，在实施过程中需要自下而上逐层进行保证。

（5）目标体系的特征

目标体系具有时序性和结构性等特征。目标体系的时序性是指所构成目标体系的各项目标之间具有一定的时间顺序，它们之间是承前启后的关系，如前面所说的现代职业教育体系建设的"三步走"战略目标。目标体系的结构性是指所构成目标体系的各项目标之间具有一定的逻辑或者物理结构，并在一定程度上表现出横向关联、纵向衔接的特征，即在横向上，各项目标之间有一定的关联性和协作性，它们的"加和"保证了总目标的实现；在纵向上，各项目标之间有一定的层次性和等级性，它们的"加和"也保证了总目标的实现。各项目标的横向"加和"与纵向"加和"在总目标的意义上是等价的。但是，目标在横向上的关联性和纵向上的衔接性，使得这些目标之间形成了左右关联、上下一贯、彼此呼应、浑然一体的目标连锁体系，即目标体系。

三、现代职业教育体系建设中的目标管理问题

1. 现代职业教育体系建设目标的制订依据

目标和目标体系的设定，都不是主观臆想，其依据主要是主观需求、客观需求和客观环境。其中，主观需求是指职业教育中的主体发展需求；客观需求是指职业教育体系发展的需求和社会对职业教育的需求；客观环境是指现代职业教育体系发展的宏观、中观和微观环境。这里的宏观环境是指影响现代职业教育体系发展的政治、经济、社会文化、技术、法律和伦理六大类因素；中观环境在此主要是指与现代职业教育体系密切联系的、能够直接影响其运行的各种客观因素和外部力量，它涉及现有竞争者、生源供给者、职业教育的消费者、潜在竞争者、职业教育的替代方式以及协作业务者等；微观环境又称为内部环境，在此主要是指现代职业教育体系内部物质和文化环境的总和。

总之，现代职业教育体系建设目标（目标体系）是在总体改革要求的前提下，依据宏观、中观、微观环境的约束机制和社会、职业教育体系以及受教育主体的需求的动力机制双重判断，最后经过分析和论证所获得的、由各级分项目标所构成的相互联系又相互独立的建设目标的集合。

2. 现代职业教育体系建设目标的制订原则

现代职业教育体系建设的背景不仅决定了其建设的内容，还决定了其建设的目标体系。从上述分析来看，现代职业教育体系建设的背景既有历史积淀，也有远景期盼；既有国内改革的需求，也有国际交流的召唤；既有内部变革动力，也有外部调适压力，其建设的背景具有变化性、发展性和复杂性，这就决定了其建设任务具有多重性，必须建立层次分明的目标体系。

现代职业教育体系建设目标，从宏观来看，必须积极响应社会政治经济的需求，从微观来看，必须积极呼应职业主体多样化的学习和发展的需求，并在内外双重动力的促进下，从低层次向高层次逐步发展，从被动适应向主动改革发展。因此，现代职业教育体系建设目标必须在围绕"适应性"的总体要求下，把握五个原则：在时间维度上把握"传承历史，立足当下，面向未来"的原则；在空间维度上把握"内部协调衔接完善，外部开放适应引领，内外互动共生发展"的原则；在"环境—体系—主体"关系链维度上把握"坚持以人为本，消弭外部矛盾，调和内部矛盾"的原则；在现代职业教育体系本体维度上把握"定位准确，特色鲜明，职普融通"的原则；在视野上把握"扎根区域，立足中国，放眼世界"的原则。

3. 现代职业教育体系建设目标的分解原则

"目标分解是目标实施的基础和前提。目标分解的好坏，直接影响着目标的实现和整个管理绩效。"因此，要正确分解现代职业教育体系的建设目标，并建立科学的目标体系，就必须遵循一定的原则。

制订和分解总体目标貌似非常简单的事情，但是如果上升到科学化、规范化和技术化层面，目标的制订和分解就变成了需要仔细考量的重要问题，尤其是这些目标设置的合理与否，将会影响到绩效考核的公平与公正。为此，"人们根据美国马里兰大学管理学兼心理学教授洛克（Edwin A.Locke，1938—）的目标设置理论（Goal Setting Theory）在实践中总结和发展出来"SMART 原则，即具体性（Specific）、可测量性（Measurable）、可实现性（Attainable）、相关性（Relevant）、时限性（Time-based）五个原则的英语单词首字母的组合。除此之外，还有一个"百分之百原则"，也是必须遵守的重要原则。

（1）具体性原则

具体性原则，也可以叫作明确性原则，它要求用准确、清晰的语言描述工作目标任务或者作业行为需要达成的标准。对于现代职业教育体系建设而言，当前的政策基本上还是模棱两可的行动纲领，无法将改革的目标有效地传达给各级实践者，因此也就无法对改革的结果进行评判和衡量。可见，具体性原则就是要求现代职业教育体系建设的各个目标要有明确的依托项目、结果衡量标准、目标的达成措施、完成的时间期限以及资源的配置要求等，从而使项目的实施者能够时刻清晰地掌控所承担的改革项目的进展程度、结果达成状况、需要改进的措施以及下一步还需要完成的工作任务等。

（2）可测量性原则

可测量性原则，即衡量性原则，这就要求工作目标任务或者作业行为的最终结果必须可以量化，能够用一个或者一组明确的数据作为衡量是否达成目标的依据。就目前官方提出的现代职业教育体系"三步走"战略目标而言，很难在时间节点终止的时候对改革目标进行评价或者衡量，因此也就无法判断是否真的实现改革目标。例如，第二步改革目标是"十二五"期间初步形成基本架构，"初步"和"基本"是什么样的量的指标？"架构"的外延具体是什么？当然，并不是任何目标都可以衡量的，但却是可以量化处理的。现代职业教育体系"三步走"战略目标说穿了依然是纲领性质的行动指南，它们还需要继续细化，即遵循"能量化的尽可能量化，不能量化的才允许质化"基本思想，杜绝在目标设置过程中使用形容词、副词等模糊的、主观性的、无法衡量的描述，确保目标制订人与考核人之间形成统一的、规范的、清晰的和可度量的标准，如界定好目标达成的数量、质量、成本、时间、上下级之间的满意程度等。当然，现代职业教育体系的建设目标也是分层次的，如果中观层次的目标依然不能被衡量，那就需要按照工作流程或者其他适当的标准继续分解和细化目标，直到这些目标可衡量为止。

（3）可实现性原则

可实现性原则就是指所设定的目标必须是目标实施者的能力、精力、权利、职责和资源范围内可以达到的，而不是靠行政命令不切实际地强制分配给目标实施者。这就要求现代职业教育体系的各个建设目标分配给具体实施者的时候，必须尽可能地邀请实施者参与目标制订，并与其他目标任务相关的部门积极协调，使拟定的工作目标在实施的组织及实施的个人之间达成一致，既要使实施者的工作内容足够，也要使工作目标具有实现的可能性。

（4）相关性原则

相关性原则是指目标与目标之间必须具有关联性。就现代职业教育体系建设来说，规模的发展目标和质量的发展目标必须相互关联，否则，由于职业教育规模的发展而影响了质量提升，那么规模的发展目标即便达到了，其实际意义也不是很大。

（5）时限性原则

时限性原则就是要求所制订的每一个目标都要有明确的时间截止期限，没有时间限制的目标不仅会带来人浮于事、消极对待的问题，还会造成严重的浪费，最终导致结果考核的困难和不公。实际上，每个目标的时间限制也暗示了这个目标的权重，即轻重缓急的程度。对于现代职业教育体系建设来说，"三步走"战略目标仅仅是一个宽松的时间建议，而且"三步走"战略并没有细化每个可操作的改革目标的权重，因而实施者难以揣度改革任务的轻重缓急。由于"三步走"战略没有明确的时间节点，即便上级部门也难以按照既定的目标项目的时间要求，定期进行项目检查和完成进度的验收，也就无法及时掌握改革进展情况，从而也就无法及时给实践者提供具有指导意义的反馈意见，以方便他们发现改革过程中的异常情况并及时地调整改革计划。

（6）百分之百原则

百分之百原则就是指根据现代职业教育体系建设的总体目标分解的各个分部分项目标之和必须等于总体建设目标。换句话说，各个分部分项目标达成后，必须能够实现现代职业教育体系的总体建设目标。

第二节　现代系统科学

一、现代系统科学概要

"系统科学是以系统为研究对象、以系统思想为中心的一类新兴的学科群，是20世纪初叶以来发展最快的一大类横断性、综合性科学。系统科学的发展，不仅为人们展示了一幅新的世界科学图景，而且极大地改变了人类的思维模式和思想方法。系统科学不仅是20世纪伟大的科学革命之一，也是21世纪有发展前景的科学之一。""从自然科学的历史来看，系统科学的发展大致可以分为三个阶段：定性的系统思想的产生、定量的系统科学方法的建立以及综合的系统科学体系的构建。"系统科学一般以贝塔朗菲（Bertalanffy, 1901-1972）的著作《一般系统论：基础、发展和应用》中所提出的"一般系统论"的概念作为起始标志，先后形成了一般系统论、信息论、控制论、耗散结构论、协同学、突变论、运筹学、模糊数学、物元分析、泛系方法论、系统动力学、灰色系统论、系统工程学、计算机科学、人工智能学、知识工程学、传播学等一大批学科在内的大型综合性科学。直到现在，"系统科学所涵盖的系统工程、系统分析、管理科学这三大实际应用层次上的学科理论和方法，在国际上仍被广泛采用；很多时候，系统分析和管理科学也可看作系统工程在某些具体领域内的应用，统一于系统工程的学科范围之内"。

为了顺利完成现代职业教育体系建设目标研究，需要根据现代系统科学的一般理论并结合研究的具体问题，重构研究的理论基础，其价值在于对现代职业教育体系的层次、结构、功能、目的等进行系统分析，为形成建设目标体系作准备。为此，首先需要根据系统科学建立职业教育系统的分析模型、现代职业教育体系的分析模型、现代职业教育体系建设目标体系的分析模型。其中，职业教育系统的分析模型的理论功能在于分析职业教育系统的四个层次，为分解现代职业教育体系的总体建设目标奠定理论基础；现代职业教育体系的分析模型的理论功能在于分析现代职业教育体系、环境及其主体之间的关系，目的在于确定和验证现代职业教育体系的总体建设目标，并为分解总体建设目标进一步奠定理论基础；现代职业教育体系建设目标体系的分析模型的理论功能在于为分解总体建设目标建立可资依凭的分析框架。其次，根据现代管理科学中的项目管理理论和目标管理理论，从理论上界定目标的构成要素、目标系统的结构、建立依据等，从而建立现代职业教育体系建设目标的理论基础和分析模型。

二、一般系统的分析模型

现代职业教育体系建设目标研究所依托的一个很重要的方法论是现代系统科学中的系统论，主要是运用系统分析方法剖析现代职业教育体系的实然基础和应然状态，以及分解现代职业教育体系的建设任务和总体建设目标。

1. 系统的函数模型

现代系统科学非常适合作为研究现代职业教育体系的方法论。首先，现代系统科学是一种适合于整个客观世界、具有普适性的科学方法论。它是从系统观点出发，着眼于整体与部分、整体与环境的相关联系和相互作用综合地考察对象的科学理论，是能够扬长避短、统筹兼顾的方法论。其次，既然现代职业教育体系实际上就是现代职业教育系统，那么在方法论上必然要遵循系统科学的规范。

根据现代系统科学，"系统是由多个部分、按照特定方式结合起来、不断演化发展的整体，它在与其他事物和环境的相互联系中体现自己的属性、功能和价值"。用函数表示就是：

其中，r 是元素间的关联，R 是关系的集合，t 是时间变量，s 是空间变量，f 是非线性关系（算子），A 是从元素的相互作用中"突现"的系统的整体属性。

从系统函数模型可以看出，在空间（s）一定的情况下，现代职业教育体系的整体属性（A）会随着时间变量（t）的推进而变化；在时间（t）一定的情况下，现代职业教育体系的整体属性（A）会随着空间变量（s）的转移而不同；但是系统空间的转移和时间的推进是相互关联且密不可分的，即时空共轭性。因此，现代职业教育体系的本质属性必然是时间变量和空间变量共同约束下的整体属性。

2. 开放式系统互联参考模型

除了一般系统论外，计算机网络系统开放式系统互联参考模型（Open System Interconnection，OSI）对建立现代职业教育体系的分析模型具有重要的参考价值。

计算机网络 OSI 参考模型将两个计算机系统之间的连接分成了物理层、数据链路层、网络层、传输层、会话层、表示层和应用层七个层次。任何两台处于同一网络上不同节点的主机之间，可以通过相应的传输协议来实现对等层间的通信。需要说明的是，此处的协议实际上就是人为规定的通信规则。

不过，针对单一的系统来说，有物理层、表现层、规则层以及环境层四个层次就足以对其进行系统分析。其中，物理层就是系统的物理结构，相当于管理学的组织层，以下将称为组织层。表现层相当于 OSI 参考模型的表示层，它是系统在运行过程中通过行为所表现出来的目的性和功能性，与管理学中所说的行为层有相似之处，但是它不仅包括行为层。规则层就是系统的运行规律或者约束规范，与管理学中的制度层类似。

不过，需要说明的是，规则层在此并不仅仅包括系统的运行规律或者约束规范，也不仅是管理学中的制度层。按照当代英国著名的比较教育学家霍姆斯（Brian Holmes，1920-1993）的观点，波普尔的批判的二元论（Critical Dualism）"实际上是人们有意识地对人为的规范法则或习俗"与"人力所不能及的自然法则"加以识别和区分的一种理论。由此，"他提出了'规范法则（Normative Laws）'和'社会学法则（Sociological Laws）'两个概念。前者指的是由人制订的，也可由人拒绝、接受和改变的关于一定社会的行为规范和规则，而后者指的是在社会生活中存在的、人们无法更改和选择的一些规律，类似于自然科学中的自然规则。霍姆斯所谓的规范法则实际上可以理解为意识形态。政策就是与某种意识形态相联系的东西，必然体现了某些规范法则"。可见，现代职业教育体系的规则层，理应包括规范法则和社会学法则两大主体，而意识形态、风俗习惯等也是其必要的组成部分。

三、职业教育系统的四层次分析模型

1. 系统的四个研究层次

综上所述，如果要描述一个自然系统，至少需要描述物理结构（要素和要素之间的相互关系）、系统的性态（目的、功能与行为）、运行规律和环境四个层面；如果要描述一个社会系统，则需要描述社会系统的物理结构（要素和要素之间的相互关系）、社会系统的性态（目的、功能与行为）、社会系统的内部秩序（运行规则）以及环境四个层面。

不过需要特别指出两点：第一，尽管规律和规则仅仅一字之差，但是后者具有鲜明的人为规定性，是自觉和自决的行为，前者则是内在的、不以人的意志为转移的行为。

首先，从系统观点来看，尽管系统就是由结构和关系构成的，但是对自然系统来说，"关系"仅仅是系统要素的时间和空间的相互参照，而对社会系统来说，"关系"还指社会有机单元或者个体之间的心理、法律、情感等社会属性范畴的相互参照，而这些社会性质的关系不仅仅是社会系统物理结构的自然规定性（在此称为社会法则），更是社会系统的人为规定性，这是由法律、道德等社会规范人为规定的。这种规定性表现出来的更多是非线性的特性，因此不能仅仅用规律来进行描述，用规则一词更加贴切。其次，在社会系统中，某种社会组织（系统）的结构、组织方式和各部分之间的相互关系以及结构的形成、组织方式的形成、各部分之间的相互关系的形成并非仅仅是物理学上的机械式的构成，而是建立在一定社会关系基础上的社会分工的结果。它也不是靠自然力量和物理力量来维系的，而是靠社会制度、法律、道德、经济关系等凝结成的社会合力所维系的。可见，自然系统和社会系统的区别就在于，自然系统既没有社会系统所具有的人为约束，也没有规定系统结构各部分要素之间关系的规章和准则，而这正是人的自觉性、主动性和能动性的表现；自然系统更可能是自发和被动的系统，社会系统则是倾向于自觉和主动的系统。因此，对于自然系统来说，规则描述的仅仅是自然规律，而对社会系统来说，规则指的是社会规则，它应该是社会规范和社会运行的规律，或者说是社会规范和社会法则的总称。第二，"系统的功能只是系统属性和形态在一个特殊方面的表现。所以，严格说来，系统的结构和系统的性态是一对范畴，系统的功能和目的是另一对范畴"。因此，应该将目的与功能这一对范畴置入系统性态当中，也就是在表现层中来进行阐述。

2. 职业教育系统的四层次分析模型

根据现代系统科学，教育系统是一种典型的信息系统；在所有文化活动中，教育活动是社会遗传的主要承担者。因此，教育为实现培养人才的功能而进行知识传授的过程就是一个特定的文化信息传递的过程，教育是向作为人的教育信宿传递特定文化信息的社会系统。因此，完全可以引入现代系统科学来研究现代职业教育体系。

对于职业教育体系来说，一般的研究基本上都从其内涵、目的、任务、对象、内容、形式、手段、经费投入和制度建设等方面进行探讨。但是，如果从系统论的角度归纳，以上研究的问题无非就是从系统的内部来研究职业教育系统的边界、结构、性态和运行规则，而系统的环境层面几乎尚未涉猎。因此，为了更加完善地研究职业教育系统，首先要根据系统的边界大致将其分成职业教育系统及其环境两部分，然后再根据系统描述的物理属性——社会属性维度，或者说实体性由强到弱、社会性由弱到强的顺序，从组织层、表现层、规则层以及环境四个层面进行研究，此即职业教育系统的四层次分析模型。根据系统论的原理，前三个层次还可以继续划分成更加细致的层次来进行研究，如组织层可以根据结构层次划分成各级各类职业院校等子系统以及教师、学生、学校管理人员等要素；表现层主要从该系统的目的、行为和功能三方面论述，其中，行为主要包括教学和管理两大类活动；规则层主要是诸如政策、制度、规章等和社会意识形态范畴的观念、理论等社会规范以及社会自身的运行规律。

在此，需要说明三点：第一，代表三个层次的圆环相互交叠，表示三个层次并不是完全独立的，而是相互有机联系在一起的；第二，组织层画在下方，表示组织层是系统存在的物质基础，也是其他两个层次存在的基础；第三，以上各个层次并不是相互割裂的，而是相互融合、相互匹配的，是有机组合在一起的，它们之间的匹配程度决定了系统功能发挥的程度或者说效率的高低。

四、现代职业教育体系的分析模型

上述职业教育系统的分析模型仅仅适合静态分析，而现代职业教育体系是发展变化的生命系统，因此需要引入时间变量。此外，由于我国幅员辽阔，各地域之间职业教育的发展很不平衡，因此还需要引入空间变量。为此，需要对职业教育系统的四层次分析模型进行进一步的改造。

1. 现代职业教育体系的关系链

通过引入时间变量和空间变量后，进一步剖析职业教育体系的四层次分析模型可以知道，现代职业教育体系实际上是以"环境—体系—主体"三大核心要素相互紧密耦合而成的共生系统。

在此需要明确的是，环境是几乎不受职业教育体系左右的外在因素，具体来说主要是政治、经济、社会文化、法律、技术、伦理等，这是发展的约束条件和外部基础，舍此则没有职业教育的存在价值；主体是受职业教育体系约束的内在要素，具体来说，主要是各级各类职业教育的学习者和教师，这是社会经济和职业教育可持续发展的重要人力资源，舍此则绝无职业教育的存在基础。要分析现代职业教育体系的约束条件、发掘其困境的实质、寻求其建设的突破路径等，就必须紧紧抓住"环境—体系—主体"三大核心要素的互动关系，从这个关系的矛盾运动中确定现代职业教育体系的本质属性、应然状态和建设目标等。

在这个共生系统中，有三个关系链：环境—体系、体系—主体和环境—主体。

可见，当前职业教育体系困境的实质是"环境—体系""体系—主体"之间存在矛盾，从而导致"环境—主体"之间的矛盾凸显，即职业教育体系不能适应社会经济有机构成的需求和主体发展的需求，从而导致职业教育的主体（尤其是学习者）不能适应社会经济有机构成的需求。现代职业教育体系的建设目的就在于解决这些矛盾。研究现代职业教育体系的关系链，就是从更加宏观的视野中把握"环境—体系—主体"三者之间的互动关系。

2. 现代职业教育体系的时空共轭特性

从空间外延维度来说,当前的职业教育体系存在着严重的二元对立性,如城乡之间职业教育布局的不均衡性、院校之间教育资源的不均衡性、中高职不衔接、职普不融通等。从时间外延维度上来说,当前的职业教育体系存在着明显的不连续性,如职业启蒙教育、职业准备教育和职业继续教育之间没有形成一体化的教育体系等。

因此,现代职业教育体系的建设,必须紧紧把握其时空共轭特性,着力解决当前职业教育体系在空间外延维度上的二元对立性和时间外延维度上的不连续性,提升其适应产业在空间维度的多样性、不均衡性和层次性的能力,适应产业在时间维度上的阶段性、变革性和发展性等的能力,以及适应主体职业生涯发展在空间维度上的多重需求和在时间维度上的连续性,最终使主体能够在环境中快意生存、自由发展和实现社会抱负。

为此,从体系与外部环境的关系来看,现代职业教育体系必须依据社会经济的发展需求设置教学专业、课程标准和人才培养标准等,并与产业界形成紧密合作、共同管理、共同育人、共同评价的共生机制;从内部结构和要素上来说,现代职业教育体系要着力解决当前职业教育体系师资专业能力不强、资金投入不足、比例不协调、法制和标准不健全、体制机制不完善等问题,为主体提供良好的专业发展平台。研究现代职业教育体系的时空共轭特性是为了把握其本质属性,从而准确界定其内涵,并最终界定其建设的总体目标。

3. 现代职业教育体系的结构和组成要素

尽管当前已经有学者从多个层面对现代职业教育体系的结构和组成要素进行了研究,但是并不全面。"建设现代职业教育体系涉及的内容很广泛,是一项复杂的系统工程。"因此,为了更加全面研究现代职业教育体系的结构和组成要素,可以运用现代系统科学的思想,需要借鉴并改进系统的四层次分析模型,建立现代职业教育体系的系统模型,由表及里、从宏观到微观、从整体到局部,深入探索现代职业教育体系的结构和组成要素。研究现代职业教育体系的结构和组成要素,是为了界定其外延,明确其建设的目标框架和具体的建设目标。

同理,组织层就是现代职业教育体系的物理结构,表现层就是现代职业教育体系在运行过程中通过行为所表现出来的目的性和功能性,规则层就是现代职业教育体系的运行规律或者约束规范。如上所述,组织层大致就是管理学中的组织层,规则层与制度层大致相当,表现层在此主要是指行为层,但不限于行为层。不过,从严格的系统科学规范而言,组织层还可以根据结构层次,进一步划分为各级各类职业教育的各种子系统和要素。从现代职业教育体系的系统模型可以看出,现代职业教育体系既要从外部环境输入生源、教师资源、办学经费、其他各类教育资源以及职业知识、技能规范、人力资源供需信息等要素,还要向环境输出职业技术人才、应用性科技成果、新的职业知识、新的职业规范和新的职业文化观念等产品。可见，现代职业教育体系必须是反馈控制系统，其建设目标也必须能够及时进行反馈和控制。

五、现代职业教育体系建设目标体系的分析模型

由于现代职业教育体系建设是一个多目标、多任务的建设工程，为了使建设过程能够看得见、建设目标可控制、建设任务不遗漏、建设结果可评估，就需要实现建立合理的建设目标体系的分析模型。现代职业教育体系建设的目标体系，就是在总体建设目标下分解的、具有内在关联性的、相互独立的、多个目标组成的任务系统。在理想状态下，如果这些目标全部得以顺利实现，则现代职业教育体系即可宣告建设成功。因此，现代职业教育体系的建设目标体系建立的过程，就是总体建设目标由感性向理性转化、由模糊向直观转化、由抽象向具体转化，并将总体的、难以把握的宏大任务分解为局部的、可以控制的、细小的任务的过程。

根据现代职业教育体系的系统模型，现代职业教育体系实际上是"环境—体系—主体"共生系统。在这个共生系统中，有三个关系链，即"环境—体系""体系—主体"和"环境—主体"。就行为流程来看，前两个是最直接的关系链，后一个是间接的关系链，需要通过"体系"作为中介才能实现。可见，现代职业教育体系建设目标的实质，是着力解决"环境—体系""体系—主体"之间存在的矛盾，从而最终解决"环境—主体"之间的矛盾，即现代职业教育体系要适应社会经济有机构成的需求和主体职业生涯发展的需求，从而最终促进职业教育的主体（尤其是学习者）适应社会经济有机构成变化的需求。

可见，现代职业教育体系的建设目标至少有四个层次，第一个层次是总体建设目标，第二个层次是外部机制体制建设目标，第三个层次是内部机制体制建设目标，第四个层次是系统本体建设目标。当然，现代职业教育体系的延伸体的建设目标也应该纳入体系建设的目标体系中来。以此看来，现代职业教育体系的系统模型还可以作为现代职业教育体系建设目标体系的分析模型。

第二章 现代职业教育体系的基本内涵

建设现代职业教育体系具有重要的时代意义，业已成为职业教育研究和职业教育体制改革领域的热点。然而，就目前的研究情况来看，仍有必要继续深入研究现代职业教育体系内涵，为确定现代职业教育体系的结构框架和建设目标提供坚实的理论支撑。

第一节 现代职业教育体系内涵研究现状

早在 20 世纪 90 年代中期就已经有文献明确提出"现代职业教育体系"的概念，官方文件则最早是 2002 年国务院在《关于大力推进职业教育改革与发展的决定》（国发〔2002〕16 号）中提出。为进一步推进现代职业教育体系的建设速度，国务院办公厅根据《国家中长期教育改革和发展规划纲要（2010—2020 年）》的部署，于 2010 年 10 月 24 日发布了《关于开展国家教育体制改革试点的通知》（国办发〔2010〕48 号）。然而，就目前的研究进展来看，现代职业教育体系内涵的研究尚不深入。现有文献主要是从六种途径进行界定：一是从"体系"的内涵推衍；二是从外延的角度反向归纳或会意；三是从当前职业教育体系发展困境中反思；四是从现代职业教育体系的部分或者总体属性（特征）中总结；五是从体系（系统）内部和外部的关系角度进行解读；六是从语义学角度进行演绎。应该说，上述研究方法均提供了一种可行的探索思路，但是难免存在研究不深入和单向度、单视角的弊端。

一、从体系的内涵推衍现代职业教育体系的内涵

从体系的内涵推衍现代职业教育体系的内涵逻辑是，从体系概念的一般含义向教育体系、职业教育体系、现代职业教育体系推衍，最终获得现代职业教育体系的内涵。首先，"体系是一种结构模式，是对事物、现象内部和外部各要素诸多联系及其结构关系的系统表述"；"是指若干相互关联的客观事物或作为客观事物反映的观念，在其发展过程中，逐步形成一个有序的整体"。其次，"教育体系是指互相联系的各种教育机构的整体或教育人系统中的各种教育要素的有序组合。职业教育体系是整个教

育体系的一个重要组成部分，是教育系统的一个子系统，是各级各类职业教育的结构体系，它主要包括职业教育的层次体系、类别体系、专业体系、布局体系、办学体系等"。因此，"现代职业教育体系"，就应是"体系完整"，"结构合理，教育机会相对公平，与区域经济发展紧密结合，与各级各类教育相互衔接，正规教育与职业培训相互沟通，学历本位与职业能力本位并重，学校职业教育与社区教育结合的开放型体系"。总的来说，这种从概念到概念的演绎方式有一定的可取之处，但其基本上还是就教育论教育和静态的研究视野。

二、从外延角度反向归纳现代职业教育体系的内涵

从外延角度反向归纳或会意现代职业教育体系的内涵的研究路线是，通过列举并划定现代职业教育体系可能的边界，从而推论其内涵。例如，现代职业教育体系是"包括学校在内的，岗前、岗后教育相结合，正规教育与非正规教育相补充，教育与培训相贯穿通的体现现代人力资源开发的职业教育体系"，"包括职业教育宏观体系、职业教育专业体系、职业教育课程体系、职业教育评价体系等"，它"不仅仅指结构，还包括体制部分"。这种研究方式大致界定了现代职业教育体系的外延，但是不能给出清晰的内涵概念，需要读者自己去"体会"和归纳。

三、从当前职业教育体系的发展困境中反思现代职业教育体系的内涵

从当前职业教育体系发展困境中反思现代职业教育体系的内涵的研究指向是，通过分析当前职业教育体系的实然状态和现代职业教育体系的应然状态之间的差距，从而建构现代职业教育体系的应然内涵。典型的观点如现代职业教育体系的内涵应该包括"适应经济发展方式转变和产业结构调整要求；体现终身教育理念；中等和高等职业教育协调发展"；"能够充分反映'新经济'对人才的新需求和人才结构的新变化，使不同类型、不同层次人才都有恰当的位置。同时，还能反映'新经济'对各类教育相互关系的影响；按照终身学习理念，将职业教育体系纳入终身教育体系；实行以学生为中心的弹性学习制度；实行多样性办学，尽可能满足所有人千差万别的学习需要；按照职业技术人才类型及层次构成体系而不是按学历层次构成体系；是一个开放的体系，与普通教育和特种教育在学制上可以沟通、衔接，在课程上可能交叉融合"的"大职教体系"，是"动态化、实用化、全民化、多元化、开放化、终身化"的职教体系等。这种从当前职业教育体系的问题探求现代职业教育体系内涵的思路非常有见地，因为这就是职业教育体制改革的目标，但美中不足的是，同样未能高屋建瓴地概括出现代职业教育体系的内涵。

四、从体系部分或总体属性中总结现代职业教育体系的内涵

从现代职业教育体系的部分或者总体属性（特征）中总结现代职业教育体系的内涵的思路是，通过枚举现代职业教育体系的部分或者总体属性（特征），然后再用"拼图"的思维方法总结出现代职业教育体系的内涵。主要观点如，现代职业教育体系应具有"现代性、系统性"，"区域性、开放性、灵活性、稳定性、层次性、连续性"，"历史性与时代性沟通、社会性与主体性统一、职业性与人本性和谐、全民化与终身化衔接、民族性与世界性交融、后发性与跨越性整合"，"系统性、现代性、开放性、终身性、融通性、协调性、公益性和可持续性"，"基于大职业教育的视角，现代职业教育体系要体现职业教育的现代性、类型特性和系统性等特点。教育功能的全面性、教育对象的全民性、教育过程的全程性、办学形式的全方位性、教育学制的全贯性、教育体系的全套性和各级各类教育的全通性"，"现代职业教育体系具有独立性和贯通性、开放性和参与性以及协调性和适应性的特征"。尽管这种归纳方式从多个侧面探讨了现代职业教育体系的属性或者特征，但是现代职业教育体系的内涵是其整体性的属性，而不是需要读者努力拼接的"德莱尼水晶碎片"；更何况"现代性、职业性、教育性、系统性"作为现代职业教育体系的内涵，也有同义重复的嫌疑。此外，按照英国科学哲学家卡尔·波普尔（Kurl Popper，1902-1994）的证伪原则，现代职业教育体系的部分或者总体属性（特征）并非尽举，因此存在不完全归纳的通病，即可能出现归纳不完善或者完全错误的后果。正如我们通过对有限数量的天鹅的观察并不能确证"所有天鹅都是白的"这一假设具有真理性，因为澳大利亚确实有黑天鹅生存。

五、从体系内部和外部关系的角度解读现代职业教育体系的内涵

从体系（系统）内部和外部关系的角度解读现代职业教育体系内涵的路径是，通过探索现代职业教育体系与社会经济发展、个体发展之间的关系以及体系内部结构层次之间的关系，从而获得现代职业教育体系的应然特征，以此作为现代职业教育体系的内涵。例如，"现代职业教育体系"的三个鲜明特征："一是适应经济发展方式转变和产业结构调整要求，即外部适应性，要求这个体系应该是开放的，需要统筹、需要合作、需要对接；二是体现终身教育理念，即内部适应性，要求这个体系应该强调育人功能，以人的终身发展为本；三是中等和高等职业教育协调发展，即内在系统自身的协调性"。这种观点是非常具有见地的归纳思路，但是并没有给出科学的分析模型和立论依据，因此也需要继续深入研究。

六、从语义学角度理解现代职业教育体系的内涵

从语义学角度理解现代职业教育体系内涵的主要思路是，通过从概念到概念的文字解读和概念分析，从而获得现代职业教育体系的内涵。例如，将"现代职业教育体系"这个概念裂解为"现代""职业""教育""体系"四种性质，即"现代性""职业性""教育性""体系性"，以此作为现代职业教育体系的内涵。这种研究思路对于概念分析有一定的帮助，但是其缺陷也是非常明显的，因为按照系统论"总体不等于部分之和"的原理，尽管"现代""职业""教育""体系"是组成"现代职业教育体系"这个总体概念的词素，但是词素所代表的概念的内涵的"代数和"并不是总体概念的内涵，正如"白""葡萄""酒"三个概念的内涵简单相加并不等于"白葡萄酒"的内涵一样。

诚然，当前的研究分别从各个层面探讨了现代职业教育体系的内涵，这对于进一步深入研究不无裨益，但是其缺陷也非常明显，即均没有从理性认知的角度明确给出"现代职业教育体系"的内涵，其原因大概有三个方面：第一是国家政策和文件规定得过于宏观，可能是为了给学术研究和实践创新留出足够的空间，故而没有明确说明；第二是学术界还没有找到合适的研究工具进行系统化的研究；第三是学术界也出于预留学术研究和实践创新空间的考虑，没有急于下定论。不过，从以上论述来看，现代职业教育体系并非置身"世外桃源"的小系统，而是涉及诸多社会系统和多种要素的复杂的社会系统，因此必须借助现代系统科学作为研究工具，从宏观视野和全局层面上统揽现代职业教育的理论研究和实践探索。为此，需要通过语言学分析作为辅助研究手段，以系统论作为主要研究手段，二者相辅相成地探索现代职业教育体系的内涵。

第二节　语义学维度的内涵解析

语义学维度解析现代职业教育体系的内涵主要从组成的概念语素与概念的"属"和"种差"关系研究。

一、现代职业教育体系的概念模型

由于"职业教育"是"现代职业教育体系"不可再分割的概念，它与其他类型教育是相互参照和对举的关系，这样，根据命题网络模型和 ACT 理论（Adaptive Control of Thought Model），可以建立现代职业教育体系的概念模型，分析概念的语义逻辑和种属关系。

从现代职业教育体系的概念模型来看，有三个命题关系影响其内涵，即"现代体系""现代职业教育""职业教育体系"。

二、现代职业教育体系概念的语义逻辑

从语素构成上来看，"现代职业教育体系"可以分解为"现代、职业教育、体系"三个关键词素。其中，"现代"是时间外延维度上的界定，"职业教育"是本体维度上的界定，"体系"是空间外延维度上的界定，三个词素共同界定了"现代职业教育体系"的内涵。但是，绝不能简单地从语素或者词素的分析中获得其内涵。

三、现代职业教育体系概念的种属关系

从概念的"属"和"种差"关系来看，"体系"标定了"现代职业教育体系"概念的"属"，"现代"和"职业教育"分别从时间外延维度和本体维度标定了"现代职业教育体系"概念的"种差"。可见，"现代职业教育体系"概念的重心是"体系"，这也说明"现代职业教育体系"研究的对象重在"体系"。"体系"是"若干有关事物或某些意识互相联系而构成的一个整体（system；setup；set or arrangement of things or things so related or connected as to form an organic whole）"。可见，从"体系"的含义来看，"体系"和"系统"的名词含义是基本一致的，其区别基本上不明显，只不过"系统"具有名词和形容词两种含义，即"①同类事物按一定的关系组成的整体（system；group of interrelated elements forming a complex whole）；②有条理的；有系统的（methodical；systematic）"。显然，"体系"和"系统"的名词意义的英语翻译均是"system"，但前者社会学和政治学的意味较浓，后者则是广泛应用于自然科学领域的术语。因此，"现代职业教育体系"实际上就是指"现代职业教育系统"。这样，就可将"现代职业教育体系"的研究对象聚焦在"体系（系统）"。

四、现代职业教育体系概念完整性和意义的可解析性

需要注意的是，从语义学的维度来解析概念的内涵，必须注意概念的完整性和意义的可解析性，否则就会导致"望文生义"的危险。概念的完整性是指概念的各个词素、语素具有不可截然分割的内在联系，它们相互限定并共同界定了概念的内涵，如"现代职业教育体系"与"中华人民共和国""马克思""同仁堂""毛泽东"等一样，是一个完整的特定概念和专用术语。概念的可解析性是指在保证整体意义的基础上，这个概念具有解释和分析的可能性。不过，前文分解为"现代、职业教育、体

系"三个语素可以用来分析概念的"属"和"种差"的关系，也可以用来分析三个组成语素的含义，但是不能将三个语素的含义简单相加而获得"现代职业教育体系"这个概念的内涵，更不能将三个语素的含义罗列并作为"现代职业教育体系"的整体属性，比如解析为"现代性、职业性、教育性、体系性"。概念语素的内涵作为概念整体的内涵的荒谬性很容易反驳。在我国乃至世界范围内，"职业教育"已经泛指"技术与职业教育与培训"，其英文为"Technical and vocational education and training，TVET"。因此，如果把"现代职业教育体系"叙述完整，就应该是"现代技术与职业教育与培训体系"。如果按照"望文生义"的分析方式，则"现代职业教育体系"的整体属性将被解析为"现代性、技术性、职业性、教育性、培训性和体系性"，这样界定显然有失妥当。可见，从语义学维度解析"现代职业教育体系"的内涵，只能够把握其字面意思，不能作为理性界定其概念内涵的根本依据。

第三节　系统科学维度的内涵剖析

"建设现代职业教育体系涉及的内容很广泛，是一项复杂的系统工程。既要关注当前的现实问题，也要有长远的战略思考；要有总体规划，也要有分阶段的具体目标；要关注世界范围职业教育的发展趋势，更要紧密结合我国各地区各部门的实际。"有鉴于此，尝试依据现代系统科学对现代职业教育体系的内涵进行全新界定。

一、现代职业教育体系内涵归纳的原则

综上所述，现代职业教育体系的内涵不能从感性认知去体会，也不宜单单从字面含义去分析，而应该从现代职业教育体系的整体属性视角进行研究。

1. 现代职业教育体系的内涵归纳首先必须紧紧把握其整体属性

现代职业教育体系的整体属性是界定其内涵的核心要素。这就要求必须在把握系统的全阈性（即系统的时空共轭性）特征的基础上对系统的总体属性进行归纳，而不是从时空对偶性的分析法视角进行解析。现代职业教育体系是一个具有生命的、动态的系统，而时空对偶性则是一种静态意味较强且时空特性分别描述的研究手段。因此，分别从现代职业教育体系的本体维度、时间外延维度或者空间外延维度对其内涵进行描述或者将三个维度描述的"代数加和"作为其内涵，均是不适宜的尝试。现代职业教育体系的内涵必须是上述三个维度的内涵的"有机合成"。通过上述分析和现代职业教育体系的系统模型，现代职业教育体系的总体属性应该既能够适应系统在时间外延维度上的发展性，还能够适应系统在空间外延维度上的延展性，这两种属性进行"有

机合成"，即现代职业教育体系的适应性。因此用"适应性"描述现代职业教育体系的整体属性较为合适，即既能适应时代发展要求，又能适应国家（地区）区域的发展要求。不过，系统的全阈性或时空共轭性不适合作为现代职业教育体系的总体属性，因为这仅仅是一般系统的总体特性。可见，究其本质来说，现代职业教育体系的总体内涵理应对其所处的空间外延维度和时间外延维度具有较强的适应性，而局部内涵才是开放性、终身性、融通性、协调性等特性。

2. 现代职业教育体系的内涵归纳还必须明确界定其外延属性

现代职业教育体系的外延属性是界定其内涵的必要组分。其中，在本体维度，现代职业教育体系必须继续保持自身特色，对接产业的有机构成做好准确定位；空间外延维度是指现代职业教育体系所处的环境，主要表征是其地域布局和对社会经济发展的适应性；时间外延维度是指现代职业教育体系所处的时代。时代的含义是"①指历史上以经济、政治、文化等状况为依据而划分的某个时期；②指个人生命中的某个时期"，因此，时代既可以指代社会发展时代，也可以指代个体的发展阶段。就社会发展而言，时代的划分有"生产力标准、生产关系标准、产业结构标准、政治标准、意识形态标准、文明形态或广义文化标准、社会主体标准"七大标准，就个体发展而言，时代可以根据智力发展水平、职业生涯发展阶段、受教育情况、生命特征等标准进行划分。此外，社会发展的形态可以从社会形态和经济形态两方面描述，而经济形态又包括社会经济形态和技术经济形态。在马克思主义学说中社会经济形态和社会形态是统一的，如社会主义社会形态和社会主义社会经济形态是统一的，不过，"技术经济形态与社会经济形态不同。如果根据技术经济形态来划分时期就有了原始经济时代、农业经济时代、工业经济时代和知识经济时代四个技术经济时代"。当前现代职业教育体系正处在服务经济、农业经济、工业经济与知识经济共存且以知识经济为主的四元经济时代，这个时代也是个体所处的时代。由于时间和空间的共轭性，现代职业教育体系在空间外延维度上的地域布局和对社会经济发展的适应性实际上也是其对社会经济时代的适应性。

3. 现代职业教育体系的内涵归纳还必须明确其主要矛盾

现代职业教育体系的主要矛盾是沟通其内涵与外延的重要纽带。这就要求从现代职业教育体系与环境之间的关系，体系内部各子系统、各层次、各要素之间的关系（机制）去理解其内涵，其中最重要的就是要把握"环境—体系—主体"之间的关系。从体系时空共轭性来看，现代职业教育体系所处的社会经济时代既是客观存在，也是主观感知，因此，现代职业教育体系的内涵就可以从现代职业教育对社会经济发展的需求和个体发展的需求两方面来界定。具体到我国，社会经济发展的目标是产业结构的调整和经济发展方式的转变，产业的有机构成不断升级，多种经济成分和多种经济结构并存，这就导致各级各类学习者的职业生涯发展具有较强的跌宕性，他们需要通过不断的学习来消减这种跌宕性对他们的职业生涯造成的中断和阻碍，顺利实现升学、就业、转岗换业等多种职业生涯角色的转换。以此来看，现代职业教育体系必须具备时空共轭性、时间外延维度的终身性、空间外延维度的适应性、本体特征的特色性、内外共生性、内部要素的和谐性、教育对象的全纳性、主体需求的人本性等特征，并实现中高职衔接、职普融通等改革目标。

总之，根据上述研究以及内涵的定义，要重新归纳现代职业教育体系内涵，必须注意把握现代职业教育体系的总体属性，即现代职业教育体系对社会经济的有机构成水平和主体发展水平的适应性。

二、现代职业教育体系内涵的重新归纳

根据现代系统科学的观点，现代职业教育体系的内涵必须要能够从整体上反映这个概念的本质属性。因此，要准确把握现代职业教育体系的意蕴，必须从其与环境（即社会经济）和主体之间的关系着手，并从空间和时间两个维度进行综合考察。

1. 从系统的时空特性探析现代职业教育体系的内涵

尽管有学者将现代职业教育体系的内涵标定在"中高职衔接、职普融通""适应社会经济发展的需求"和"人的可持续发展"等方面，但是并没有点透他们之间的内在关系。

按照时间／空间分布的次序进一步分析当前职业教育体系中存在的问题，可以发现以下三个具有规律性的特点。第一，职业教育体系在空间上存在严重的二元对立，给职业教育的发展和职业教育学习者的发展带来非常大的阻尼或者非连续性，比如，职业教育和普通教育之间的二元对立性导致职业教育的学习者接收普通高等教育的机会大大降低等。第二，职业教育体系在时间上表现出明显的间断性，使职业教育学习者的职业生涯发展出现非连续性，比如，中高职不衔接、职普不融通，导致职业教育体系不能很好地满足学习者升学、就业、转岗换业等多种发展需求，从而使当前职业教育体系具有鲜明的终结性。第三，职业教育体系在空间维度和时间维度之间存在难以愈合的分割性或二维对立性，导致学习者的学籍不能在不同的学习地点自由流通，也不能灵活转换就业和接受教育的权利等。比如，弹性学制和完全学分制没有建立，职业教育柔性人才培养体系难以建立。以上三个特点有着重要的内在联系，即我国当前职业教育体系问题的实质在于职业教育体系空间上存在的二元对立性，在时间上又表现为强大的阻尼性（阻断性或者断层性）。其中，职业教育体系空间维度上存在的二元对立性实际上主要是对社会经济有机构成（或社会经济的发展）的不适应性，在时间维度上表现为强大的阻尼性（阻断性或者断层性）实际上主要是职业教育主体（尤其是学习者）发展需求的不适应性。

可见，职业教育体系在空间维度上的二元对立特性，实际上是以牺牲职业教育体系的可持续发展和职业教育主体（师生）的可持续发展为代价的，而且职业教育体系的空间转移和时间推进是不同步的，如尽管当下的现代经济社会提倡建设现代职业教育体系，但是现代职业教育体系时代的"现代性"并不能与职业教育体系应该具备的"现代质"等同起来，即不能将"现代"的时间特性和"现代"的质的特性等而视之。

因此，现代职业教育体系要消弭空间外延上的二元对立特性，消除时间外延上的间断性，推进时空外延之间的同步性，即，提升现代职业教育体系对时空变换的适应性。

2. 从系统的关系链考察现代职业教育体系的内涵

既然现代职业教育体系是以"环境—体系—主体"三大核心要素相互紧密耦合而成的共生系统，就还要从三大核心要素的互动关系中探寻现代职业教育体系内涵。

（1）从系统与环境之间的关系考察现代职业教育体系的内涵

结合现代职业教育体系的分析模型和现实分析，现代职业教育体系的空间维度是其所处的环境所决定的，即地理位置、所依托的产业和企业。

因此，现代职业教育体系空间维度包括在地理位置上的布局以及与经济发展方式的转变、产业结构和水平调整的匹配性。而职业教育在地理位置上的布局也是与产业布局相关的，由于经济发展的不均衡性和层次性，职业教育在空间维度上也表现出多样性。经济发展的不均衡性和层次性的综合测量指标是经济的有机构成水平。现代职业教育体系的时间维度是其随着社会经济的发展所具有的综合发展水平，其综合测度是教育发展指数（Education Development Index，EDI）。

可见，现代职业教育体系既要能够适应产业在空间维度的多样性、不均衡性和层次性等特点，还要能够适应产业在时间维度上的阶段性、变革性和发展性等特点。

（2）从系统与主体之间的关系考察现代职业教育体系的内涵

在建设现代职业教育体系过程中，尽管学者强调最多的现代职业教育体系服务于现代社会经济的能力，但是这种能力的发挥归根结底在于现代职业教育体系的主体生存状态的自由度。换言之，在于系统内部主体的可持续发展能力。现代职业教育体系内最重要的主体就是学习者和教育者，因此现代职业教育体系的内涵还需要从系统与主体之间的关系方面来考察。

可见，从系统和主体关系来看，现代职业教育体系必须能够适应主体在空间维度上的多重需求，在时间维度上要能够适应师生职业生涯发展的连续性。

（3）从环境与主体之间的关系考察现代职业教育体系的内涵

尽管现代职业教育体系是一个非常复杂的大系统，但其建设的核心任务不外乎通过协调职业教育与社会经济的关系，从而促进主体的可持续发展，前者是建设的重要手段，后者是建设的根本目的。

职业教育主体（只要是学习者）生存和活动的环境主要是社会经济领域，它具有发展变化的特点，而主体的发展（尤其是职业生涯发展）的依据就是社会经济领域。按照马斯洛需求层次理论，主体的需求具有发展性，而主体的发展也表现出对外界特定资源的需求性，因此现代职业教育体系必须能够满足不同主体和同一主体在不同发展阶段的发展需求，促进主体的可持续发展。主体的需求层次和职业生涯发展情况实际上代表了主体在不同阶段的发展水平，而环境的变化实际上主要就是社会经济的有机构成水平的变化，因此"环境—个体"之间的关系主要就是经济的有机构成水平和主体发展水平的关系。现代职业教育体系的功能就在于调和二者之间的关系，既要能满足经济的有机构成水平对职业教育的需要，还要满足主体的发展水平对职业教育的需要。

总之，现代职业教育"体系"的功德就在于以解决"体系—环境"和"体系—主体"之间的直接关系为手段，最终解决"环境—主体"之间的矛盾，实现"主体"在"环境"中快意生存、自由发展和实现社会抱负。因此，现代职业教育体系必须坚持以人为本的原则，充分适应社会经济有机构成的变化（或者说适应经济结构调整和经济增长方式的转变）对各种规格的劳动力的需求，解决"体系—环境"之间的矛盾，充分满足主体（师生）专业化发展的需求，解决"体系—主体"之间的矛盾，从而最终解决"环境—主体"之间的矛盾。

3. 从系统本体的结构和要素方面层析现代职业教育体系的内涵

根据上述论述，现代职业教育体系的本质属性理应是对其所处的空间维度和时间维度具有较强的适应性。在此总体内涵的基础上，可以按照系统的四层次分析法，继续根据时空二维随动的原则，将现代职业教育体系各个层面的内涵进行归纳。

此处是指从职业教育业务流程上划分的子系统，如行政管理、教育教学、招生就业、质量评价等子系统，而不是指纵向分割的子系统，如初、中、高等职业教育系统或者横向分割的子系统，如学校职业教育、社会培训和企业培训等。

以上所归纳的现代职业教育体系各层次的内涵，也基本上不是单向度的归纳，而是把握时间维度和空间维度相互联动、"环境—系统—主体"三位一体的原则下得出的结论，为节约篇幅，仅举几个例子进行说明。

第一，现代职业教育体系与环境之间的关系中，职业教育与产业经济的关系占主导地位，二者均具有时空特征，并形成了共生合作的关系，即产业经济结构、水平等为职业教育的专业设置、人才培养标准等提供了依据，而职业教育则在此依据的基础上为产业经济提供了相应的人力资源，如果这个关系出现脱节，则会发生供需矛盾，如人力资源结构性矛盾等。因此，职业教育要适应现代产业经济的发展趋势，就要主动与产业形成共生同盟，否则必然被其他教育类型取而代之。

第二，在要素投入方面，无外乎是人的要素投入和物的要素投入。根据和谐管理理论，要想使现代职业教育体系建设目标能够顺利实现并能够发挥应有的预期功能，二者必须达到和谐。其中，"和则"应对组织中"人的永恒的不确定性"所显现的规律的概念，以协调人际间的共处、人与组织的共处，乃至组织间、组织与环境间的共处，如制度、规则、契约、文化、舆论、社会观念等；"谐则"是指任何可以被最终要素化的管理问题，是可以通过数学或量化处理模式根据目标需求得以解决的。从本质上讲，和谐主题、和则、谐则以及外部环境相互关联而又相互依赖，并且前三者之间在一定时期内形成和谐耦合（HeXie Coupling，HC）并保持相对动态的一致性，伴随环境共同演化，才能促进组织对环境的适应和发展，从而使组织获得竞争优势和好的绩效。

第三，在职业教育体制与社会及个体的需求方面，职业教育体制必须具有稳健性，这是职业教育得以稳定发展的基础，但是这种稳健性会在某种程度上牺牲体制的创新性，从而影响职业教育学习者发展的能动性，且不能够满足社会对多种规格人才的需求，这就要求现代职业教育体系必须具有灵活的学制。

第四，随着社会的发展，产业经济的调整和升级越来越频繁，因此学习者的内涵发生了巨大变化，他们已经不仅仅是适龄入学的学生，还包括转换岗位、转换职业、岗位晋升等各种各样的已经有一定学力的成人学习者，而当前学校职业教育的招生考试制度显然不太适合已经有一定学力的成人学习者。此外，由于职业教育工学结合的本质要求或者其他原因，各级各类学习者（尤其是成人学习者）必须在工作领域和学习领域之间多次迁转，这就决定了传统的学籍管理制度不能继续适应现代职业教育学习者的需求，因此现代职业教育体系必须积极引入学籍注册制和完全学分制。

第五，当前职业教育体系具有鲜明的终结性，对于学习者升学、就业、转岗换业等多种需求不能很好地满足。此外，职业生涯具有连续性，因此要求现代职业教育体系必须能够具备终身教育的功能，为学习者的职业生涯提供依托。

4. 现代职业教育体系内涵重构

内涵是"一个概念所反映的事物的本质属性的总和，也就是概念的内容。例如'人'这个概念的内涵是能制造工具并使用工具进行劳动的动物"。但是，根据系统论"整体不等于部分之和"的原理，以上所归纳的各层次的内涵并不是现代职业教育体系概念的内涵，其罗列起来的"代数加和"也不是现代职业教育体系概念的内涵，而仅仅是现代职业教育体系的各个层次的内涵。因此，诸如"系统性、现代性、开放性、终身性、融通性、协调性、公益性和可持续性"等，均不宜作为现代职业教育体系的内涵。换言之，现代职业教育体系的各个层次内涵不能参与现代职业教育体系内涵的"有机合成"。但是，现代职业教育体系之所以能够成为教育体系的"半壁江山"，是因为其具有自身的特色和不可替代性，据此表征了其存在的价值和意义，这就是其本体内涵的依托。

从现代职业教育体系的分析模型来看，其内涵绝对不能是现代职业教育体系这个概念的词素的内涵，如"现代性、职业性、教育性、体系性"，也不能是现代职业教育体系的部分属性，如"中高职衔接、职普融通"，更不能是时间外延维度、空间外延维度、关系链维度或者本体维度上的单一向度的属性，而是这些向度"分量"的"有机合成"。因此，现代职业教育体系的内涵需要将上述四个维度进行"有机合成"，即在时间维度上把握"传承历史，立足当下，面向未来"的原则，在空间维度上把握"内部协调衔接完善，外部开放适应引领，内外互动共生发展"的原则，在关系链维度上把握"人本性，适应性，可持续性"的原则，在本体维度上把握"定位准确，特色鲜明，职普融通"的原则，这个属性就是适应性。这样，现代职业教育体系的内涵就应该是既能够充分适应社会经济有机构成的变化对产业工人的多样化需求，又能够充分适应各类主体在职业生涯发展过程中多元化的学习需要的教育体系。

综上所述，现代职业教育体系的内涵应该是上述四个维度的"有机合成"，即在时间维度上把握"传承历史，立足当下，面向未来"的原则，在空间维度上把握"内部协调衔接完善，外部开放适应引领，内外互动共生发展"的原则，在关系链维度上把握"人本性，适应性，可持续性"的原则，在本体维度上把握"定位准确，特色鲜明，职普融通"的原则，这个"有机合成"的属性就是职业教育的适应性。现代职业教育体系在本体维度的问题是其空间外延维度（环境）和时间外延维度共同"约束"的问题。截至目前，职业教育的特色已经"主要经历了种间差异和种内差异两个阶段，并相继出现了类属特色、层级特色、国别特色和个别特色四个层面的含义。已经或正在进入精细化和微调阶段"。因此，在本体维度，现阶段的主要问题已经不是职业教育的特色和定位问题，而是在继续保持职业教育特色和准确定位的基础上，依据社会经济的发展需求和职业教育学习者的发展要求，坚持以人为本的理念，构建面向终身学习的、全纳性的大职业教育体系。在空间外延维度上，现代职业教育体系"本体"需要能够适应我国各地区社会经济的不平衡性和国内改革的步伐，并在经济发展方式转变、产业结构调整、统筹城乡综合改革等过程中有所作为；适应世界各民族教育文化的多元性和国际变迁的进程，并在中国走向世界政治经济舞台的过程中，熟练运用国际通行规则和标准，偕同中国经济和文化的输出战略走向世界。在时间外延维度上，现代职业教育体系"本体"需要能够适应时代的变迁，在传承我国和世界各国的优秀教育文化遗产的基础上，立足当前职业教育改革的需要，面向未来发展的趋势，做好总体设计和规划；适应学习者发展的需要，在终身教育的理念下，形成职业启蒙教育、职业准备教育和职业继续教育一贯制，学校职业教育、社会职业培训和企业职业培训并举，并能满足职业教育学习者就业、升学、转岗换业等多种需求的全纳性的大职业教育体系。

这样，现代职业教育体系的内涵就应该是既能够充分适应社会经济有机构成的变化对产业工人的多样化需求，又能够充分适应各类主体在职业生涯发展过程中多元化的学习需要的教育体系。

第四节　基本内涵对现代职业教育体系建设目标研究的启示

一、总体建设目标必须直接体现现代职业教育体系的内涵

现代职业教育体系的内涵以其本质属性为核心，因而也是规定现代职业教育体系总体建设目标的核心。这就是说，现代职业教育体系建设的总体目标必须能够直接体现其适应性这个本质属性，即既能够充分适应社会经济有机构成的变化对产业工人的多样化需求，又能够充分适应各类主体在职业生涯发展过程中多元化的学习需要。

二、分项建设目标必须符合现代职业教育体系内涵的要求

现代职业教育体系的分项建设目标是依据其总体建设目标分解的子建设目标，但是由于在建设过程中会受到任务分割或者各个项目之间信息沟通不畅等问题影响，分项建设目标的制订往往会偏离总体建设目标的指向，如过分强调规模发展目标则可能会导致无暇兼顾质量发展目标。因此，在设定和实施现代职业教育体系的分项建设目标时，必须符合现代职业教育体系内涵的要求。

三、分项建设目标之和必须等于现代职业教育体系的总体建设目标

现代职业教育体系的分项建设目标是现代职业教育体系建设目标的下位概念，也是其总体建设目标的子目标，它们是现代职业教育体系建设目标体系这个目标集合的一个元素。将现代职业教育体系的总体建设目标分解为分项建设目标的目的是为了使建设项目便于实施和控制，但是如果操作不当，在分解为分项建设目标的过程中，往往会出现遗漏，从而导致不能完全实现总体建设目标。因此，必须借助系统分析方法和项目管理中工作分解结构中"百分之百"原则进行校验，使分项建设目标之和等于现代职业教育体系的总体建设目标。

第三章　我国职业教育政策的历史沿革

第一节　近代以来职业教育的开创与探索

"教育是促进经济社会发展、民族富强和人的自由全面发展的永恒话题。它是推动社会进步的伟大的无形的手。"现代职业教育是适应工业大生产而应运而生的教育类型，发轫于工业革命时期的欧洲。中国现代意义上的职业教育伴是随着被动近代化而逐渐发展起来，至今已经有150年左右的历史。鸦片战争之后，西方列强用坚船利炮强行打开了中国闭关锁国的大门，揭开了西学东渐的序幕。在中国近代社会开始"数千年来未有之变局"的转型期，经世致用思想成为近代很多仁人志士应对时局、学习西方、振兴中华的理论武器。"一股'采西学'、以'自强'的社会思潮沛然而兴，以'自强''求富'为目的的洋务运动随之揭开序幕。为管理机器生产，为对外交涉的需要，学习西方科学技术与培养各种专门人才成为洋务运动深化的必然结果，洋务派对西方文化的认识也从'技'上升到'学'的层次。"以"尚实"为宗旨、以"变器不变道"为原则、以"中学为体，西学为用"思想为指导，中国开启了近代以来现代化进程的慢启动，这种情形下，以学习西方语言和军事、科学技术为主要内容的中国第一批职业学校（新式学堂）应运而生。其中，1866年建立在福州马尾的福建船政学堂是最早的职业学校之一。甲午战争惨败宣告了洋务运动的破产，中国的民族资本主义工商业在19世纪末20世纪初有所发展。以康有为、梁启超、严复等为代表的资产阶级维新派认为，一个国家的强弱与其教育的发达与否密切相关，提出了"工战不如学战"的主张，倡导"教育救国"。严复指出，"根本救济，端在教育"。在民族资本和教育救国思想双重影响下，一些独立、专一的实业学堂开始兴办。1896年，在江西高安开设的蚕桑学堂成为中国职业教育单独设校的新起点。以张謇代表的实业家，秉承"教育兴国"理念，首创艺徒学校，先后创办几十所不同门类的职业技术学校，以推广"实业兴邦、本其学术、学用适地、大众教育"的理念和实践，成为20世纪初中国职业教育的开拓者，使职业教育发挥了改善民智、开启民风的重要作用。民国初期，蔡元培在教育部任上，因势利导，提出了实利主义教育的主张，"通过教育获得生活的知识和技能，从而取得谋生的资格"，陆续颁布了一些规定，强调职业教育要与民族资本发展相调适，专业设置要更加社会化，因地制宜去开设课程，服务于当地较有优势的产业发展。如江苏的蚕桑类、纺织类学校，凸显学校专业设置与当地经济发展的紧密关联性。经过50多年的探索和发展，在服务好国家振兴、经济发展、民族大计的历次考验中，中国近代职业教育才初具规模，为以后职业教育发展奠定了基础。

1914年第一次世界大战的爆发和辛亥革命后中国政治发展的断裂，出现了内外控制放松的境况，给民间资本提供了难得的发展时机。"1914—1924年，中国出现了一次小小的工业化浪潮，工业年均增长率达到13.8%（1912—1920年）。20年代后期到30年代前期又出现了一次经济增长浪潮，年均增长率为8%—9%（1927—1937年）。"这为职业教育发展壮大提供了环境和土壤。黄炎培先生是这个时期职教发展的代表人物，对职教办学思想和政策调整做出了重要贡献。他的职教思想脱胎于蔡元培实用主义思想。在1914年，他实地考察了安徽、江西、浙江、山东、北京和天津等地的经济社会发展后，敏锐发现当时教育与社会生活的严重脱离，学生难以习得一技之长去融入社会。在随后考察美国、日本、菲律宾等国中，他广泛接触实业界、教育界人士，深入系统地学习借鉴外国经验。当时美国已经完成了第二次科技革命，其飞速发展得益于职业教育，进入了现代工业社会阶段。鉴于对国内外教育的深入考察和细心体会，他深刻认识到，"职业教育是救国的上策。""提倡爱国之根本在职业教育……"1917年，他创办了中华职业学校，联合教育界、实业界精英蔡元培、梁启超、伍廷芳、张謇等人成立了"中华职业教育社"，通过与"中华教育改进社""中华平民教育促进会"等民间教育团体分工合作，大力宣介职业教育，来促进社会的进步和发展。根据在美国考察经历，黄炎培以《学制系统方案》审查委员会主任和起草人身份，身体力行，将职业教育纳入普通教育之中，主导通过1922年11月实行的壬戌学制，使职业教育成为国家教育大厦的一个战略支点，正式纳入国家教育制度体系中。该学制主要是参照美国的教育体制来加以设计的，"部分吸纳欧洲做法，规定在小学设职业预科，在普通初中和普通高中设职业科，同时允许在高中阶段独立地分设职业学校。至1925年，全国职业学校从1921年的842所增加到1548所，达到了新中国建立以前的最高峰"。职校数目的剧增并没有给职业教育带来多么长久的繁荣期。黄炎培针对全国职业学校1929年下滑到194所的严峻现实，全面认识到职业教育与政治、与其他教育类型、与经济社会发展密切关联后，率先提出"大职业教育"主张，号召整个社会参与其中，把职业教育界、职业界、社会运动等有机整合起来，协同发挥作用，不能仅局限于职业学校，教育界或者农工商几个产业。随之，黄炎培告别了"职业教育'谋个性之发展'狭隘目的，转向为'使无业者有业，使有业者乐业'的大视野"。在以他为代表的职业教育先驱的呼吁下，"在20世纪30年代，当时的教育、农林等部门相继制订了以《职业学校法》为代表的一系列有关职业教育的法规体系。职业学校从整个教育体系中重新分列出来，形成逐级分流的格局"，为后来民办、私立学校主要承担为社会培养各行业急需的职业技术人才提供了法制上的保障，成为政府举办普通教育的补充。后来，抗日战争时期，国民政府及时调整政策，加强后方建设所需中级技术人才的培养。在1939年颁布《各省实验分区辅导职业学校办法大纲》，督促"教育厅会同本省及外省公私立大学、专科学校及有关生产建设、军事工业机关，就其所在地区及所设科目的便利条件，辅导各种职业学校，编订教材、选择教本以及改进教学方法等"，在当时的解放区也有职教力量在坚持服务于抗战需要。抗战期间，新西兰国际友人路易艾黎（后入中国籍），远涉重洋来到中国，通过领导开展"工和"运动，既为前线生产了大量鞋、食品、棉纱、毛毯、毛巾等生活品和军需品，又通过兴办培黎学校，秉承"创造、分析、理论联系实际"理念，举办相当数量的以短期为主，灵活多样、力求实用的职业教育，在工农子弟中为抗战培养了大量技术人才。

回首现代职业教育在我国20世纪前半叶历尽艰辛的发展，不难发现政治因素对职教事业的影响深重，稳定繁荣的政治环境对职教发展起到至关重要的作用。一大批仁人志士在社会转型中竭尽全力通过兴办职教为国家繁荣、民族振兴做出探索。尽管有所遗憾，但现代职业教育在人们思想观念中已经逐渐产生影响，为以后职业教育实践的探索积累了宝贵经验。

第二节　改革开放前职业教育政策发展

一、全面建设社会主义时期职业教育政策

1956年9月在北京召开的中国共产党第八次全国代表大会标志着我国已经开始了全面建设社会主义的新阶段。中共八大引领全国人民将工作重心集中到发展社会生产力，实现国家工业化，逐步满足人民日益增长的物质和文化上来。新中国成立之初的七八年时间里，伴随着经济秩序的重建和社会秩序的全面恢复，我国教育事业也得以蓬勃发展。

新中国成立初期的几年里，我国高校、中专和技校已经取得长足发展，但由于实行归口性的部门办学体制，受到各种实际办学条件的限制，很难满足各种层次学生尤其是农村学校毕业生的升学需要。要想使当时不能升学的学生真正掌握一技之长，便于他们就业，还需要去开辟新的途径加以妥善消化。新形势下，职业教育的重要性更加凸显出来。1957年的教育事业计划提出"适当收缩，保证重点"的方针，要求职业学校在规模发展的同时要更加重视办学质量，提升职业教育对国民经济的贡献。当时的职业教育发展重点主要表现在兴办农业中学、中等专业技术教育改革、城市职业学校兴办和半工半读教育、两种教育制度探索两个方面。

（一）中等农业技术学校的兴起

农民教育在 20 世纪 20 — 30 年代我国乡村教育活动中曾经蓬勃发展过，主要以晏阳初、梁漱溟等为代表，仅在江苏无锡、河北定县、山东邹平等特定地区进行的实验性活动，活动多是进行生活教育、基础文化教育和道德修养的熏陶，农业技术教育相对薄弱，受制于当时的经济社会条件，没有在全国铺开。1952 年 3 月底，政务院发出通知，要求学校教育与各种训练班要结合起来，这样，新时期农村职教就从各种训练班开始起步发展起来。在随后进行的全国高校院系调整过程中，国家采取苏联做法，对全国农业院校进行大调整，同时也对中等农业教育进行改造和重建。"对农业专科教育进行了大幅度的调整，将接管后的省立高等农业职业学校改为中等农业技术学校；并且对为数较多的私立（包括一部分公立）的初级农业职业学校、设立在初级中学中的农科班进行接收和改造，成立了一批中等农业学校。"在管理方面，中等农业学校归属农业部统一领导，地方政府农业部门具体负责业务管理。归口管理后，农业部门对农校的体制进行规范，办学体制整体上呈现政府行政命令统一布局、小而散的特点。培养目标方面，为农业部门和乡镇农技站及时培养技术人员。专业设置方面，依据经济发展水平变化，从原来的两三个专业逐步增加到养殖、种植等，实现与高等农业院校专业设置的对接吻合，为社会主义新农村建设培养了大量实用型技术人才。由于中国建立了城乡分割的二元户籍制度，在解决当时农村多半中小学生不能升学的棘手问题中，国家又强调要在中小学教学中增加农业生产教育内容，确保学生学习不脱离农村生产生活实际，获得将来从事农业劳动的技能和技巧。1957 年 11 月份以后，国际形势突变，中苏关系恶化，使得我国的很多政策处于急剧变化之中。1958 年 4 月，党中央召开教育工作会议，讨论教育方针，批判了教条主义、右倾保守思想和脱离生产、脱离实际倾向，直接提出了教育问题和改革任务，教育形势随后发生骤然改变。新建高校和中等工科技术学校，地方可以自行决定或者由协作区协商决定。通过该文件发现，中央开始高度重视地方政府在教育发展中的主导作用。9 月份国务院的指示颁布后，一个以教育与生产劳动相结合为中心的教育大革命和"多快好省地发展教育事业"的群众运动，在全国范围内蓬勃发展起来。教育界以建立"农业中学"为中心的农村教育改革运动和"大跃进"、人民公社化运动交织在一起，出现了在农村开办农业中学的"井喷"，出现乡乡都有农校遍地开花的"虚胖"局面。随着问题的出现，在对国民经济进行全面的"调整、巩固、充实、提高"方针下，1963 年，全国 80% 的农业中学停办整顿。经过调整，1965 年，"全国农业中学发展到 54332 所，在校生达到316.7 万人。各农业中学除开设农学、林果、养殖、畜牧、农副产品加工等专业，积极开展农、林、牧、副、渔多种经营"，并纷纷设置卫生班，为农村培养卫生技术人员，对提高农村农民的卫生保健做出了重要贡献。

回首昔日的农业中学教育政策，有很多值得我们深思的地方。首先，从积极方面看，当时的农业中学办学模式适合农村特点，满足了农村农业对实用型人才的需求。从 1958 年开始，农业中学吸纳基层群众代表参加管理，成立办学委员会，在事关学校发展的关键问题方面开展集体讨论，充分体现了自力更生、民主平等、集体协商、群策群力的高度自治精神。同时，农业中学推行教育与生产相结合的理念，为农村基层输送了很多有文化的农业劳动者和急缺的初级技术管理人员。他们了解农村，对农村有感情，能够扎根农村，对新中国农业生产技术改良和提升起到了积极推动作用。随着"两种劳动制度和两种教育制度"的提出，农村中学也与时俱进，推行耕读结合，开展半耕半读，解决了很多人无处继续求学的困难，对提高农村整体文化水平，开办适合农村实际需要的职业教育，提高农业生产水平发挥了重要作用。其次，在农业中学发展中受大气候影响也出现了"急性病"症状。突出表现在：教育管理权力下放后，各地集资争着办学校，不管条件是否具备，推崇盲目发展，搞运动式办学，忽视了办好学校的一些基本条件和规律，导致总量急剧增加，师资、设备、校舍等严重紧张，一窝蜂式的快速发展，不仅出现了教育工作的失控、严重影响了办学质量，也给国家增加了很多困难。做决策的不理性、不慎重，导致农村劳动力资源严重减少，波及农业生产效益，办学基础建设的条件欠缺，导致质量严重下降，最终出现了劳民伤财、昙花一现的表面辉煌，给国家和社会带来了诸多的隐患和危害，成为我们今后制定教育政策的一个深刻教训。

（二）中等专业技术教育改革与调整和城市职业学校的兴起

1958 年 2 月全国人大一届五次会议通过，将高等教育部和教育部进行合并，教育部设立中等专业教育司，负责综合管理全国的全日制中等专业学校。劳动部负责全国的技工学校管理工作。教育管理权力下放后，打破了国家统办专业技术教育的单一局面，出现多渠道多形式办学的新路子。新的办学体制的主要特征是高度组织化和有效的行政介入、办学主体多样化，是一个政府主导、企业和群众团队充分参与的多层次办学管理体系。"不仅有助于解决国家教育经费、校舍、设备和师资等短缺问题，同时又力促使教育和生产劳动相结合的方针得到贯彻落实。"与农业中学的发展起伏类似，随着教育管理权力的下放，办学渠道多样化后，中等专业技术教育很快就出现了局面失控现象，各地不顾条件限制，盲目扩充数量、忽视了质量建设。

1963 年前后，历经调整整顿，我国的经济开始复苏，城市经济和产业提升对技能型劳动者需要有很大增长，加上初中教育的快速发展，中专技校在困难时期的大幅缩减后复苏乏力，就需要通过发展城市职业教育来化解以上矛盾和问题。7 月，中宣部提出要按照过去的传统办学经验，在继续发展中专和技工学校的基础上，加快发展多种形式的职业和技术教育。为了大力发展职业教育，加强职业教育工作的领导管理和统筹安排，1964 年 10 月，国务院文教办下文指出，中专、技校和职校面临的主要任务是积极试办和改变半工半读的状况，所以把三类学校的管理职责划归教育部中等专业教育司，这个重要举措表明我国开始全方位统筹管理职业教育，其中，中专和技校由行业部门及企业办学的格局没有改变，教育行政部门只是业务方面的领导而已。这个划分一定程度上还是淡化了职业教育色彩，也导致后来教育部主动放弃对技工教育的管理工作。随着我国国民经济的全面好转，各类中等职业技术学校也得到了显著发展。1966 年，中央继续强调要处理好普通教育与职业教育、技术教育的关系，继续发展中等专业学校、技工学校和职业学校。

（三）中等专业教育制度发生两次较大的波动和变迁

一个是半工半读教育，一个是两种教育制度。半工半读教育起源于 1957 年 5 — 6 月的《中国青年报》《人民日报》两篇提倡学生勤工俭学的社论。实际上，"实行半工半读、半农半读教育制度，教育与生产劳动紧密结合，理论与实际紧密结合，为逐步消灭脑力劳动与体力劳动的差别创造了条件"。

二、"文革"时期职业教育和艰难前行

然而生产一线迫切需要大量的技术力量却得不到满足，1971 年 7 月全国教育会议充分吸纳各地代表强烈要求办好中专的意见。意见强调指出，过去中专培养的学生，多数在各条战线上不同程度地发挥了作用。随着社会主义建设的发展，各条战线需要大量人才，单靠大学培养是远远不能够，在普及科技术文化教育的工作中，中专和技校依然是一支不可忽视的重要力量，必须办好。1972 年以后，职业教育又步入了恢复性增长时期，职业教育在曲折、起伏和艰难中逐步得到发展。

尽管出现了很多的波折，但职业教育作为对普通教育的补充和有效分流，在经济社会发展的关键时节依然发挥着重要作用，对国家整个人才队伍建设发挥着重要的支撑作用，关系到个人职业生涯发展和整个社会阶层的流动与和谐，有力地支撑中国整个产业体系的建设和发展。随着中国工业化发展进程的推进，其必然会在现代教育体系中占据不可或缺的一席之地。一旦中国的治国理政方略转向正确的方向，以发展经济和持续改善民主为中心，职业教育必然会焕发新的生机和活力。

第三节　改革开放以来职业教育政策的发展

改革开放以来，我国政府紧紧围绕"要不要发展职业教育？需要一个什么样的职业教育？怎样发展职业教育？"这三个问题来对职业教育事业进行思考，回首三十多

年的职教政策变迁历程，可以清晰地看到我们对以上三个问题进行了不断探索。根植于中国伟大转折历史进程中的职业教育，"其改革与发展的方向、深度、广度、力度以及难度，无不受到各个时期政治改革、经济转轨、社会转型、制度变迁、技术进步以及中国参与国际竞争等因素的深刻影响"。三十多年来，职业教育遵循本身发展规律，紧紧围绕现代化建设的大局，服务于经济社会发展，克服了各种问题和挑战，不断迎来发展机遇期，经历了恢复和发展期（1978—1984）、快速发展期（1985—1996）、滑坡下滑期（1997—2001）、重振发展和战略定位期（2002至今）等阶段，在促进经济、扩大就业、改善民生等方面走出了中国特色的发展之路。

一、职业教育恢复和发展阶段政策

十一届三中全会以后，党和国家的工作重心转移到经济建设上来，在经济建设急需大量人才的特定历史时期，周期短、见效快、用得上、见实效的实用人才培养是教育改革尤其是职业教育改革的重点。为了适应新形势的需要，为社会培养亟须的专业技术人才成为职业教育发展的首要任务。职业教育的恢复和发展阶段主要是从1978年到1984年，其间国家职教政策变迁主要围绕以下几个方面依次展开。

（一）改革中等教育结构，努力发展职业高中

截止到1976年，"中等职业学校主要由中专和技校构成，各类中等职业学校（含中师）共计3710所，在校生91万多人，占高中阶段学生总数的比重由1965年的52.6%降至6.1%，高中阶段普职比为15.4：1"。针对这种比例的严重失衡，邓小平在1978年4月22日的全国教育工作会议上明确指出，"国家计委、教育部和各部门，要共同努力，使教育事业的计划成为国民经济计划的一个重要组成部分。这个计划，应该考虑各级各类学校发展的比例，特别是扩大农业中学，各种中等专业学校、技工学校的比例。我们制定教育规划应该与国家的劳动计划结合起来，切实考虑劳动就业发展的需要"。这些重要论述，指明了整个国家教育改革的大方向。从此以后，党和国家制定开始把改革教育结构、大力发展职业教育作为重要内容加以推进。从历史发展的视角来看，这次会议实质上是中等教育机构改革的政治动员会议，在当时的形势下，之所以需要做出政策调整，主要是多重因素影响，成为必须尽快调整中等教育结构的驱动力。

一是技能型人才，技术人员比例从1965年的4.1%下降为当时的2.9%。工人缺乏必要的岗前技术教育和培训，严重影响企业劳动生产率的提高，人力资源质量为企业发展带来很大隐患。

二是到1979年，在高中阶段毕业生中，"有普通高中毕业生726.5万人，而职业

教育仅有中专毕业生 18.1 万人、技工学校毕业生 12 万，约占当年高中阶段毕业生总数的 4%"。当年高招规模较小，累积多年的考生都扎堆挤在一起，而高中升学率仅仅能够达到 3.8%，必须大力发展职业教育，使那些毕业生有一技之长，被社会接纳，成为国家建设的有用人才，减少社会的不稳定因素。

三是产业结构调整和第三产业发展亟须大量的技术人才，职业教育必须尽快培养人才补充到经济建设队伍中去。

四是新中国成立后的人口膨胀高峰期和知识青年回城潮等力量累积，形成严峻就业形势，必须改革中等教育机构，为他们提供合理出路。

在中央领导的大力倡导和各方因素的推动，1980 年出台《关于中等教育结构改革的报告》，对中职教育开始实行明显的倾斜政策，比如把部分普通高中改为职业（技术）学校、职业高中等。该报告的一个亮点是，在推动中专、技校数量增长的同时，出现了由普通中学改办而成的职业高中这一新的中等职业教育机构。职高以其清晰的办学特色，如不包分配、联合办学、服务地方、灵活多样等，在社会上广受欢迎，促使很多相对薄弱的高中转成职高，发展速度很快超过中专和技校。此外，报告还提出来"放宽办学主体渠道，允许社会力量办学，各种职业（技术）学校集体和个人也可以去办"，这是对职业教育发展较为明显的突破。之后，各地纷纷结合本地实际情况，采取措施，职业教育得到快速发展。据统计，仅 1980 年，全国职业中学有 3314 所，在校生 45.4 万人。其中农村职业中学 2924 所，占学校总数的 74%；学生人数达 32 万人，占职业中学学生总数的 70%。到 1985 年，"高中阶段中等专业学校、技工学校和农业职业高中的在校生分别比 1980 年增长了 26.4%、9.1% 和 4.8 倍，总人数达到 415.6 万人。高中阶段接受职业教育的学生人数占到高中阶段学生总数的 35.9%，比 1980 年提高了 17.2 个百分点"。这些数据表明，随着我国经济社会建设步入正轨、快速发展，中等职业技术教育也逐渐形成自身特色，成为中国职业技术教育体系的主要组成部分。

（二）推出多项发展举措，推动中等职业教育快速发展

1980 年 10 月，国务院配套出台一系列措施，从政策支持到财政支持等多方面推动中等职业教育的发展。主要措施包括：

一是加强宏观管理，提高财政拨款经费额度。1983 年，教育部和财政部联合向各省、市、自治区教育、财政厅（局）发出《关于追加发展城乡职业技术教育开班补助费的通知》，通知指出："发展职业技术教育，是适应社会主义现代化建设需要的一项战略措施。为了支持城乡职业技术教育的顺利开展，1983 年由中央财政对教育部门办的职业技术教育追加一次性开办补助费，且追加的补助经费，不进行平均分配，要求各地在安排使用追加的补助经费的同时，要根据地方财力，也应该尽可能地拨出相应的经费，积极支持城乡职业技术教育事业的发展。各职业技术学校要管好、用好追加的补助经费，

把钱用在发展职业技术教育最急需的方面。要讲求经济效益，少花钱多办事，事情办好。"1983—1985 年，中央财政每年拨出 500 万元的职业教育补助费，各省、市、县财政也都依照以上文件精神，相应地追加了职教补助费。这些款项使得职业教育得以扩大招生规模，改善办学条件。特别是职业学校的教学仪器得以大量补充，为提高教学质量提供了物质基础，筹建了职业技术教育中心，并有计划地开展了专业课师资的培训工作。

二是注重办学经验的交流和推广。1982 年开始，教育部多次牵头组织各省教育厅职教处处长在辽宁、青岛、厦门、西安等省市召开职业技术教育小型座谈会，对先进典型的办学成绩和经验进行深度分析和交流。其中，辽宁阜新市集中人力、物力筹建职业教育中心并成功运作就是一个典型，它"既面向普通高中开设职业技术教育课，又面向社会待业青年；既是职业技术培训中心，又是社会生活服务中心。对全市职业教育起到了带动和支持作用，显示了优越性"。各类座谈会还对农业中学、职业中学师资队伍建设、农村职业教育、职业教育的领导管理、职教经费和城市职业中学毕业生安置等问题进行探讨，促进了国家职教事业整体办学水平的提升。

三是加强内涵建设，通过培养专业师资、职教管理干部、编写教材等方式夯实基础能力。1983 年教育部专门发出通知，借助很多高校平台，通过定向招生、定向培养等途径，建立了顺畅的职业教育师资培养机制，使得专业师资有一个较为稳定的来源，促进了职业技术教育的顺利开展。1983 年 6 — 7 月，对全国各省、市、自治区职业教育 47 名管理干部进行培训，邀请日本、澳大利亚等国职教专家介绍外国职业教育经验，请国内专家作报告，围绕办学指导思想等一些重大问题交换了意见，把国内外职教发展的新动态和新思想很快传递到各地，为我国职业技术教育发展培养了一批得力的管理干部。

四是社会力量参与职教事业发展。1982 年党的十二大报告指出，"四个现代化的关键是科学技术的现代化。目前我国许多企业生产技术和经营管理落后，大批职工缺乏必要的科学文化知识和操作技能，熟练工人和科学技术人员严重不足"。"必须大力普及初等教育，加强中等职业教育和高等教育，发展包括干部教育、职工教育、农民教育、扫除文盲在内的城乡各级各类教育事业，培养各种专业人才，提高全民族的科学文化水平。"在这种形势下，除了政府大力推动职业学校建设外，民主党派的地方组织和其他社会团体纷纷提出建议并直接参与职业补习和员工培训，深受广大青壮年职工的欢迎，为整体提升企业员工素质做出了重要贡献。

（三）推进中等职业教育制度改革，不断提高办学质量

1979 年 11 月 5 日，教育部发出《关于全日制中等专业学校领导管理体制的暂行规定》，"对中专学校实行分工分级，按系统归口的管理制度。按照领导关系，分为

部属学校和地方学校，分别由有关部委直接领导和省市有关业务部门主管。教育部则根据党的教育方针和党中央、国务院指示，对中专负责业务指导和制定具体工作方针和规章制度"。依照这项规定，各地开始积极开展中等专业学校的改革，目的是恢复并提高中等专业学校的办学质量。党的十一届三中全会后，负责承担职业教育的机构主要是中等专业学校（中专）和技工学校（技校）。在技校管理方面，主要是做了两方面的改革：

一是在1977年2月，把技工学校综合管理工作由教育部划归国家劳动总局主管，教育部予以协助。这样就更为科学地转变了技工学校的领导体制，迈出了中等教育改革的第一步，使得技术工人培养和使用一体化，兼顾到行业、企业办技校的特点，在人才培养中利用好既有的技术、设备，实现工人学习和工作的紧密结合，客观上为提升技校办学质量和水平创造了条件。

二是国家劳动人事部和国家教委联合制定颁发了提高技工学校质量和管理水平的《技工学校工作条例》，对技工学校的办学规律和办学特点进行详尽论述，对技校的生产、实习和教学工作做出了全面、具体规定，为技校改革提供了正确指导。

1986年4月劳动人事部发出《关于改革技工学校毕业生分配制度等问题的意见》，明确要求："凡是1982年底以前招收的学生，毕业时可仍按原来规定的分配方法办理；凡1983年以后招收的学生，毕业时根据需要和'三结合'的就业方针，统筹安排，择优分配，不合格的不录用。"这是技工学校办学历史上针对学生就业问题做出的较早论述，同时也一定程度上反映出技工学校办学过程中对培养高质量一线技术操作工人这一目标的关注。在中等专业学校管理方面，采取诸多措施来确保办学质量：

一是不断加强思想政治工作。以邓小平提出的"教育要面向现代化、面向世界、面向未来"为指导思想，通过学科教学进行思想政治教育，为建设事业培养合格的全面发展的中级专门人才。

二是克服原有弊端，改革招生制度。招生逐渐过渡到以应届初中毕业生为单一招生对象，便于统一管理，提高办学质量；招生政策更有灵活性，如为录取学校留有一定选择余地，依据实际需要弹性扩大招生规模，采用单招、定向、委培等方式开展多样化招生，照顾到老少边穷等地区差异性，更加突出专业和地区生产特色，在性别上更加注意招收女生。这些政策充分体现了思想观念不断解放，不拘一格选拔并培养教育人才的特点。

（四）大力发展农村职业教育，解决新时期"三农"问题

20世纪70年代末80年代初，我国逐步在农村推行开联产承包制的改革，解放了生产力，农村经济发展有了很大起色，同时也呼唤与之适应的教育改革。新形势下，"农村教育综合改革实验全面展开，实行'三教统筹''农科教结合'，推行'燎原计划'，

使农村教育逐步深入地开展起来"。灵活多样的发展形式促进了教育同经济相互依靠、相互促进。1981 年 5 月 6 日中共中央、国务院联合发出《关于加强和改革农村学校教育若干问题的通知》，这是改革开放以来首次以农村教育为主题的文件。在当年 11 月份召开的第二次全国农民教育工作会议上，确定了新时期农民教育的奋斗目标是把农民提高到中等农业技术水平，具体任务之一是广泛开展技术教育。各地在中央的统一部署下，纷纷采取有效措施去进行探索尝试。主要做法是鼓励县办农民技术学校。

1982 年 6 月 9 日，教育部颁发《县办农民技术学校暂行办法》，该《办法》指出，农民技术学校属于农业（涵盖林、牧、副、渔、工等）中等专业教育性质的学校，其主要任务是为农村公社、村、生产队培养具有相当于中等农业科学技术水平的人才。招生范围主要是具有初中毕业以上具有实际文化程度的社队管理干部、技术员、有一定生产经验的农村青年和从事农民教育的教师。学习期满合格毕业后，从哪来回哪去，国家不包分配工作。学生在校学习期间，主要学习较为系统的农业科学基础知识和基本技能，切实提高解决实际问题的能力。"农业技术学校针对性很强，切合实际，真正去把基层一线的农业领导干部和管理人员给重视起来，去带动更多的农民接受系统的技术培训，掌握实际本领，成为能人，服务于农工商业、加工工业、专业化生产等领域，使农村职业教育形式真正成为一种教育和生产的联合体。"在鼓励大力发展县办农民技术学校的过程中，农牧渔业部和教育部联合组织编写农民技术教育教材，制定教学计划、大纲。因地制宜、面向农村实际，开设农学、果林、畜牧、兽医等专业；紧密切合农村劳动、生活特点，坚持理论与实践相结合，教材文字简洁，层次清晰，图文并茂，通俗易懂；注重传统农业与现代农业相结合，普及与提高相结合，充分体现出有中国特色的农业现代化要求，培养的学生有力地充实到农村基层建设一线，推动了农业提质增效、农民生活富裕和农村的日新月异。

（五）发展高等职业教育，满足现代化建设对人才的需求

长期以来，中等职业教育是我国职业教育的主体与核心。在专门人才培养链条中，中等职业教育主要承担一部分初、高级专门人才的任务。而随着社会主义现代化建设速度的加快，产业结构的调整也开始加速，新时期社会上对高素质技能型专门人才的客观需要也不断增加，大力发展高等职业教育就成为新形势的必然要求。改革开放以前，高等职业教育发展一直很缓慢。

1980 年，国家对全国中专进行了初步评价，确定了 100 多所重点中专，还把原来曾经办过大专和本科的中专升格为大专。与此同时，对高等教育结构、层次比例进行调整，积极推行在大城市、经济发展快的中等城市及大型企业开办高等专科学校和职业大学。截止到 1985 年，单独设置的高等职业院校招生数达到 3.01 万人，在校生 6.31 万。这标志着我国职业教育又一次发生了历史性的跨越，高等职业教育得到强劲推动

和发展。新时期我国对高等职业教育的尝试和探索主要从以下几方面展开。

一是1980年前后，国家强调在各省、市、自治区积极筹办职业技术师范学院，为职业技术学校的教师建设和科研工作提供保障。天津和吉林两地率先在1979年创办两所职业技术师范学院，这成为我国加快高等职业教育发展的标志性事件。独立设置的职业技术师范学院的陆续创建和在综合性大学及师范大学中设立的职教师资培训项目都在为职业教育发展起到保驾护航的作用，对职业技术学校师资建设和科研工作提供了很大支持和帮助。

二是批准设立城市职业大学。随着经济发展形势的持续转好，社会上对一线实用型人才的需求也开始陡增，尤其是在经济先发展地区更是需求迫切。1980年，教育部及时批准成立了金陵职业大学、无锡职业大学、江汉大学、洛阳大学、杭州工专等13所职业大学，这些学校采取动态调整和改革专科和短线专业比重、收费走读、强调提高动手能力、毕业不包分配及择优推荐等举措，给人以面目一新的感觉，引起了社会各界的关注。后来，教育部又在1983年、1984年连续批准新建了55所地方性职业大学，有效满足了当地经济社会发展对科技、工艺和管理等各种应用型人才的需要。

三是规范整顿职工大学。职工大学由企业创办，但是由于企业的实力、条件、需求以及对高等职业教育认识和理解程度不同，各学校办学条件差异大、质量参差不齐。1981年12月教育部专门下发文件对职工大学和业余大学进行审核，使其更加规范有序，渐渐成为高职教育的重要组成部分。四是试办五年制高等职业教育。1983年4月，国务院转发《关于加速发展高等教育的报告》，以发展中等职业技术教育为重点，同时"积极发展高等职业技术院校。高中毕业生一部分升入普通大学，一部分接受高等职业技术教育。这是我国官方文件首次规范地表述高等职业技术教育这一概念"。报告同时强调，我国经济建设迫切需要的人才很多，不仅需要有文化、懂技术、业务熟的普通劳动者，还需要富有创新精神和卓越能力的厂长、工程师、园艺师等高级管理人员和专业技术人员。尽管当时的高等教育也正处于恢复发展阶段，但培养应用型人才的专科教育相对来说也是处于薄弱环节。

1981年专科生仅占到本科生总数的17.1%，人才结构比例极其不平衡。因此，需要积极发展专科层次的职业技术教育。后来，教育部职教司深入研究职业教育体系的建立健全问题，把中专和专科紧密连接，避免很多新升成专科的学校继续向本科层次靠拢的惯性，开始重新审视新中国成立初期苏南工业专科学校实行的初中后五年高等专科学制，"提出了试办'初中后五年制的技术专科学校'的实施方案，决定在航空工业、机电工业、地震预测行业开展小规模的试点"。当时主要是在西安航空工业学校、上海电机制造学校和国家地震局所属的地震学校三所中专开始试办五年制高职。

1991年批准建立的邢台高等职业技术学校则从初中毕业生中直招五年制中高职衔接生。这一新的培养模式既打破了接收高等教育必须通过高考招生（包括成人高考、自学高考等）的传统界限，为教育体制改革开辟了新路；又凸显职教特点，使得中职和高职有机衔接，便于通盘设计专业教学，学生受到更为全面、系统的专业知识技能教育；还可以依照他们入学早、可塑性强，可以采取富有针对性的分阶段、分层次教学，利于学生们的职业规划和发展。这一方案时至今日仍然是很多地方高职院校的办学方式之一，突出了职业教育的特性，节省了就读时间，培养了大量应用型人才。但经过多年实践发现，五年制高职生在培养中也存在一定的瑕疵，主要表现在：年纪比较小，自制力比较差，文化基础底子薄弱，没有经过带有选拔性质的高考或者进入高职阶段的资格考试，自认为高枕无忧可以直通专科顺利毕业，产生依赖性和惰性，没有危机意识，导致自我失去学习的动力和上进心，中途出现了较为严重的流失率问题，导致出现学生半途而废、人才培养质量不高、走向社会后知识和技能储备、职业素养欠佳等弊端，这就需要做出通盘设计和考虑，扬长避短，做好中高职有效衔接，在日常过程管理中加大力度，严格要求，建立学业预警机制，保证质量不下滑，努力为社会培养合格人才。除以上几种办学方式外，国家还在1983年批复建立了一批干部管理学院，招录对象主要是高中毕业以上的、五年以上工龄、年龄在40周岁以下的在职管理干部，参照大专院校办学特点，学制二至三年，毕业后仍回原单位工作，这一新的办学方式旨在适应新时期干部教育经常化、正规化、制度化的新要求，如一些政法干部管理学院、煤炭管理干部学院和教育学院等，对在职管理干部整体提升素质起到很好的推动作用。

二、职业教育快速发展期的政策

这个时期主要是从1985年到1996年，该时期内职业教育政策调整主要体现在两个关键的阶段，分别是20世纪80年代中后期五年和90年代前期的五六年。这个阶段被人们认为是职业技术教育的调整与改革后的快速发展期，也是改革开放后我国职业技术教育体制的形成期，体现出政府推动、外部驱动特点，重点在于规模发展。其中比较有标志性的是：1985年5月的"一会"（党中央国务院召开的全国教育工作会议）和一"决定"（《中共中央关于教育体制改革的决定》），将发展职业技术教育作为教育体制改革的突破点；1991年国务院《关于大力发展职业技术教育的决定》，对职业技术教育下一步的发展目标、任务加以明确；1993年国家教委颁发的《中国教育改革和发展纲要》，规划了我国职业教育在世纪之交发展的大方向；1996年通过的《中华人民共和国职业教育法》使职业教育发展有了自己的专门法。一系列重要会议的召开和一些重要规划、法规的出台，标志着职业教育在中国教育体系中的地位和作用有了进一步的明确，基本上确立了职业教育的基本体系框架，在进行社会主义市场经济建设大背景下，职业教育开始进入法治化健康发展的轨道。

（一）围绕改革大局推动职业教育发展

1984年10月党的十二届三中全会通过了《中共中央关于经济体制改革的决定》，标志着我国已经把经济建设作为改革的主战场。随后，中央书记处成立领导小组，将科技、教育改革提上日程，要求小组尽快提出关于教育体制和科技体制改革的初步方案。文件起草小组在赶赴江苏、安徽等地调研时发现，苏州在1982年基本普及初中教育的基础上，在继续就读的75%学生中，在普通高中和职业高中就读的比例达到1∶1，位列全国前沿。且苏州市建立了自己的职业培训体系："未升学的初中生在经过学校一年半培训进厂做工人，职业高中学生经过学校两三年培训当技工，高等职业学校学生经过三年培训当技术员和高级技工。"苏州的成功案例，促使当地劳动力全面提升，强有力地助推了苏州市经济、社会的快速发展。在当时的背景下，苏州等地的宝贵经验确实为以后国家如何更好地发展职业教育提供了参考和借鉴。这些宝贵的经验和做法为改革开放初期做好职业教育改革的顶层规划和设计打好坚实的基础。

1985年5月15日至20日，党中央、国务院召开全国教育工作会议，从历史发展脉络看，这是新时期工作重点转移到社会主义现代化建设之后，教育战线的一次空前盛会。中共中央以文件方式发布的政策，在政策的层级上处于高位，这种关于职业教育发展的政策具有高度权威性的表述，为新时期职业教育发展确定了基调。邓小平在会上讲话指出："我们国力的强弱，经济发展后劲大小，越来越取决于劳动者的素质，取决于知识分子的数量和质量。一个十亿人口的大国，教育搞上去了，人才资源的巨大优势是任何国家比不了的。"会上深刻认识到发展教育和改革教育体制的重要性和迫切性，对教育体制改革的步骤和措施进行了研究，提出了必须加快改变不适应社会主义现代化建设的教育思想、教学方法。

5月27日，颁布《中共中央关于教育体制改革的决定》（以下简称《决定》）。这与以前先后颁发的《关于经济体制改革的决定》《关于科学技术体制改革的决定》的文件是相互呼应协同发挥作用的。《决定》指出，现行教育体制存在的主要问题是"（1）教育事业管理权限上，政府部门对学校统得过死，缺乏应有活力，而政府应该管理事情，又没有很好地管起来。（2）教育结构上，经济建设大量急需的职业和技术教育没有得到应有的发展，高等教育内部的科系、层次比例失调。（3）教育思想、教育内容、教育方法上，不同程度地脱离经济和社会发展需要，落后于当代科学文化发展。"因此，要在全党和全社会进行教育思想理念的变革，树立行行光荣、行行出状元的观念，实行教育体制与劳动人事制度改革同步进行，严格遵守"先培训、后就业"的原则。该《决定》中首次明确提出了"职业技术体系"的概念，根据要求，我国开始实行中学阶段前后的分流制度。首次分流是在初中毕业前后，一部分进入普通高中，另一部分接受相当于高中阶段的职业技术教育。第二次分流在高中毕业前后，一部分升入普通大学，一部分接受职业教育。五年时间使职业学校与普通高中招生数相当，从根本上扭转了目前中等教育结构不合理局面。

中职教育在整个职教事业中占重点，必须与经济和社会发展需要密切结合，因地制宜，充分发挥中等专业学校的骨干带头作用。"在城市要适应企业提高生产技术、提升管理水平和发展第三产业的需求，在农村要适应调整产业结构和农民劳动致富的需要。同时，积极发展高等职业技术院校，逐步建立起一个从初级到高级、行业配套、结构合理又能与普通教育相互沟通的职业技术教育体系。"这是在改革开放以后，我国正式文件里面首次提及"高等职业技术院校"，并将其定位为高中后实施、有别于普通教育并且是与行业配套的一种新的教育类型。《决定》还强调指出，"要充分调动企事业单位和业务部门的积极性，并且鼓励集体、个人和其他社会力量办学。"为多形式办学奠定了政策基础，使市场力量介入职业教育办学成为可能。思想是行动的指南，该《决定》是十一届三中全会以来教育体制改革思想理论、方针政策的继承和发展，是指导教育体制改革的纲领性文献，是中国教育体制改革和教育发展史上的里程碑。尤其是明确了职业技术教育在我国现代化建设中的地位和作用，为我国 20 世纪 80 年代中后期至 90 现代末继续建立和完善职业教育体系提供了指导方针。

随后，在 1986 年 5 月，正式成立职业技术教育委员会，作为国家教育行政部门的一个协商、咨询机构，负责去协调各个部委、各个部门和省、自治区、直辖市的职业技术教育工作，并对涉及部门之间的有关职业技术教育工作的重大问题进行磋商或者提出建议、意见和方案。这些从执行层面都有力地推动了职业教育的发展。政策的出台，有力地促进了职业教育事业的快速发展。

据统计，在 1980 年全国中等专业学校仅有 3069 所，1990 年时达到 3982 所，10 年间增长了近三成，高中阶段各类职业技术学校和普通高中的招生数之比已经接近 1：1。截止到 1990 年底，各类中等职业技术学校已经发展到一万六千多所，在校生超过六百万人，同时全国建有就业培训中心二千一百余所，每年培训待业人员九十多万人。

在 1990 年至 1997 年期间，整个中等职业学校数量呈现出持续增加的趋势，1996 年中等职业学校招生数和在校生数占到高中阶段在校生的比例分别是 57.68% 和 56.77%，达到了最高点。职业教育经费也在不断增加，从 1987 年的 0.603 亿元上升到 1992 年的 14.21 亿元，年均递增 18.7%，其在全国地方教育事业费支出中的比重由 3.05% 提高到 3.65%；基本建设投资从 1987 年的 1.27 亿元增加到 1992 年的 736 亿元。

1986 年 7 月初，国家教委联合其他三部委召开全国职业技术教育工作会议。这是新中国成立后和改革开放后的第一次全国性的职教工作会议。会议确定了今后"七五"期间发展目标："逐步形成一个既便于进行地方统筹协调，也能调动各业务部门的积极性，学校又有较大自主权限的管理体制。国家教委在国务院领导下，从宏观上统筹管理全国职业技术教育事业，并协同计划、经济、财政、劳动人事各口分工管理有关职业技术教育的各项工作。技工学校、就业培训中心和学徒培训工作，在国家教委的统筹指导下，仍由劳动人事部门管理。"总体上看，在第一次全国教育工作会议之后，我国形成了从中央到地方各级党委和政府层层重视职业教育改革和发展的好形势，不断优化调整中等教育机构，职业技术教育获得快速发展。

高等职业技术教育方面，截止到 1990 年，形成三类高等职业技术教育机构：一类是高等职业技术师范院校，共有 14 所；一类是短期职业大学，共开办 114 所，7.2 万人；一类是五年制技术专科学校。中等职业技术教育方面，构建了包括中专学校、技工学校、职业中学、职业技术教育中心和就业培训中心等多种类型的教育体系。

（二）不断深化职业教育改革

20 世纪 90 年代初，我国政府确定优先发展教育的战略，职业教育自然受到越来越多的关注和重视。1990 年 12 月 25 日至 30 日，党的十三届七中全会，"确定了我国实现第二步战略目标的行动纲领，标志着我国社会主义现代化建设将进入一个新的发展阶段"。在新的发展阶段大力发展职业技术教育事业，千方百计提升劳动者综合素质、为社会主义现代化建设夯实人才基础，这是一项关乎国家长治久安、民族振兴、人民幸福、泽及后代的可持续发展事业。由于我国绝大多数新增劳动力没有接受系统的职业技术培训和教育而直接进入劳动岗位，存在较为严重的文化技术短板，影响了产品质量和经济效益，日积月累就自然会制约我国现代化进程。"职业技术教育不仅同生产、经济的发展有直接关系，也同人民生活富裕、幸福密切相关。一个国家、一个地区，生产设备和某些技术可以引进，但劳动者的素质是无法引进的。"在今后经济社会建设与发展中，需要实现职业教育与经济发展的良性互动。因此，可以说没有职业技术教育的现代化，就没有现代化，这是在很多发达国家已经证明且非常正确的规律。要贯彻好党的十三届七中全会制定的"关于大力发展职业教育"精神，高度重视和大力发展职业技能教育就势在必行。

1991 年 10 月，国务院做出《关于大力发展职业技术教育的决定》（国发 55 号），指明国家职教政策发展大方向，使职业教育政策内涵更加充实有新意。该《决定》提出，随着我国经济与社会的不断发展，大多数新增劳动力需要接受最基本的职业技术训练，尤其是涉及专业性技术性较高的岗位，更需要接受系统、严格的职业技术教育。"到本世纪末，初步建立起具有中国特色的，从初级到高级、行业配套，结构合理、形式多样，又能与其他教育相互沟通、协调发展的职业技术教育体系的基本框架。"在具体政策上，该《决定》要求"各级政府的统筹下，发展行业、企事业单位办学和各方面联合办学，鼓励民主党派、社会团体和个人办学；要充分发挥企业在培养技术工人方面的优势和力量"。

1996 年全国中等职业教育招生数达到新时期的最高数量，职普招生数比例首次达到 1：1。办学质量方面，由于"职业学校起步较晚、基础薄弱、师资力量不强、长期投入不足、校企合作机制不健全等原因，使职业教育的特色和办学水平受到很大影响"。针对这一突出问题，《决定》要求以办好骨干校、示范校为突破口，带动整体办学质量的提升。

从 1991 年开始，连续几年对中等职业学校进行全面评估，在全国范围内评选出国家级重点中等专业学校、重点职业高中和重点技校各 249 所、296 所和 196 所。"以评促建"的政策导向，促进了主管部门对职业学校的各方面投入，从根本上提升了职业教育的基础能力建设。师资队伍方面，做出"职教师资班学生享受师范生待遇，免收学费，并实行专业奖学金制度，以便鼓励中等职业技术学校优秀毕业生和高中毕业生投身职教事业，保障职教师资队伍的稳定"。在职教生继续升学问题上，国家明确规定职高生与普通高中考生一样具有同样的资格和权利，录取时享受同样待遇。这个政策搭建了职业教育与普通高等教育之间的畅通渠道。

1992 年初，邓小平南方谈话的发表，为今后各项事业的发展指明了前进的方向。在随后 10 月份召开的党十四大上，党中央明确指出了我国经济体制改革的目标是建立社会主义市场经济体制，标志着我国经济体制改革和经济发展进入了一个全新的历史发展阶段。

1993 年，充满改革理念的《中国教育改革和发展纲要》出台，这是改革开放以来国家层面首次系统提出面向未来发展趋向的宏观教育发展规划。在《纲要》中，对职业教育的定位更加清晰明确，"职业教育要为经济建设提供优质的劳动者，职业学校要与社会加强联系。在现阶段，职业技术教育和成人教育主要依靠行业、企业、事业单位办学和社会各方面联合办学"。从政策文本来看，举办者主体已经发生改变，原来是政府办学为主、社会力量办学为辅，现在主要依靠社会力量来推动职业教育的发展。这次政策转变，标志着我国普通教育和职业教育的举办体制开始分离，普通学校仍是以国家举办为主，而职业教育则主要依靠社会举办。由于其与经济社会发展紧密对接的特殊性，使得职业学校首先要面对市场考验，围绕社会上人才市场需求变化去开设专业，在专业设置、招生和就业方面逐渐减少政府的干预，有更多的办学自主权。职业教育办学思路的转变，在社会上也起了到潜移默化的引领作用。总体上看，随着我国经济体制改革的不断深入，教育改革也是全方位展开，职业技术教育逐步走向市场。为了适应社会主义市场经济体制的需要，中国职业教育也开始从体制上进行了改革。从 1992 年以后就渐渐成为发展的主要潮流。

（三）实施《职业教育法》，为职教发展提供法律保障

国家教委对职业教育的立法工作最早始于 1989 年。进入 20 世纪 90 年代以后，职

业教育立法工作进一步受到党中央的高度重视。1993年的《中国教育改革和发展纲要》、《国务院关于大力发展职业技术教育的决定》（1991年）、《中华人民共和国教育法》和《中华人民共和国劳动法》等决定和法律都为加快《中华人民共和国职业教育法》的起草工作提供了参照和依据。在研究职业教育立法过程中，社会各界也对该项工作的重要性和必要性进行了深入细致的探讨。同时，在有的地方围绕职业教育立法进行了较为前沿的尝试和探索。

1994年12月26日，《中国教育报》以介绍西安市颁布《职业技术教育条例》为例，对法律法规规范下的职业教育发展问题进行了集中讨论。经过几年的深入调研、征求各地方、各部门意见，《中华人民共和国职业教育法》在1996年5月15日八届全国人大常委第十九次会议上得到通过。当年9月1日开始实施，这是"职业教育政策发展中的重大事件，它是在全国已经初步建立具有中国特色的学历教育和职业培训并举的职业教育体系的背景下推出的"。它共有4章40条，包括总则、职业教育体系、职业教育的实施、保障条件和附则。从内容上看，它在调整范围、职业教育体系、兴办职业教育的责任、办学条件保障与扶持等多方面对职业教育发展中的若干问题进行了详细规定和说明。该法"确定了高等职业技术教育的法律地位，制定了高等职业技术学校的设置标准，构建了不同层次的职业技术教育之间以及普通高等教育与职业技术教育之间的立交桥"。对政府、社会、企业、学校及个人的权利和义务进行了明确规定，对"职业教育的根本任务、办学体制和管理体制，提出了发展职业教育的方法途径，制定了职业学校的设置标准和进入条件等"。虽然《职业教育法》基本属于"宣言性"立法，但毕竟总结了新时期10多年来职教发展经验，规定了政府在发展职业教育中的职责，"一是把发展职业教育纳入国民经济和社会发展规划，大力推进职业教育的改革和发展，加大对职业教育工作的统筹力度；二是要办好骨干和示范作用的职业学校和职业培训班机构；三是对社会各方面依法举办的职业学校和职业培训机构给予综合协调、宏观管理"。此外，职业教育发展也受益于相关配套政策的陆续出台。

"八五"时期（1990—1995），各级地方政府也相应加强了对职业教育的领导和管理，相关部委也推出了适合本行业发展需求的加强职业教育的措施和规定，有力地促进了职业教育的发展。这其中包括《关于普通中等专业教育与发展的意见》《关于普通专业学校招生与毕业生就业制度改革的意见》《国家级重点职业高级中学标准》《关于加强全国职业中学校长岗位培训工作意见》《关于推动职业大学改革与建设的几点意见》《关于成人高等学校试办高等职业教育的意见》等文件，涵盖了职业教育发展的重要方面及关键领域。在这些政策保障下，"我国职业教育在规模和体系建设上都取得了前所未有的成就"。据统计，"八五"期间，我国中等职业技术学校持续发展，中等教育结构进一步取向合理，"到1995年高中阶段各类职业技术学校在校生人数占到高中阶段学生总数的57.42%，比1990年上升了9.8个百分点，办学效益有了明显提升"。

该时期，我国也初步建立了职业学校教育与职业培训两大体系。就职业学校教育内部而言，"高职对口招收中职毕业生，实现了中高职之间的衔接和沟通"，职业培训体系内也是日益完善，技校、就业训练中心、企业职工培训基地数量和质量逐步提升，职业培训能力得到进一步增强。

1996年6月19日，由国家教委、经贸委、劳动部联合召开全国职业教育工作会议，这是自改革开放以来召开的第三次全国职业教育工作会议，对进一步落实《中国教育改革和发展纲要》和《国务院关于大力发展职业技术教育的决定》，促进中国教育事业健康发展起到重要的推动作用。会议指出，作为我国教育事业的重要部分之一，大力发展职教从根本上是提高全民素质，开发人力资源，提高产品质量的重要举措。要不断深化职业教育改革，提高办学质量，建立与经济社会发展相适应的职业教育制度。

20世纪80年代，伴随着经济的快速发展和科技的迅猛进步，我国开始引入并使用更多的新设备、新技术和新工艺，对生产一线人员的整体素质提出更高要求，高等职业教育也就顺势而生。

1996年，"全国有高等职业技术学院37所，职业大学73所，高等技术专科学校3所，举办五年制高等职业教育班的中专学校14所"。针对高职教育的健康发展，1998年教育部提出"三多一改"的政策，即"多渠道、多规格、多模式发展高等职业教育，对其进行教学改革，使其真正办出特色"。当年8月29日九届全国人大四次会议通过并颁布的《中华人民共和国高等教育法》明确界定："本法所称高等学校是指大学、独立设置的学院、高等专科学校，其中包括高等职业学校和成人高等学校"，从而把高等职业学校作为高等教育的一部分给确定下来。在这一法规的指引下，很多地方学校开始创办高等职业学校，许多县市职业学校通过合办、挂靠等形式举办了高等职业班，部分中专升格为高等职业学校，民办高校也纷纷探索高等职业学校发展之路，全国出现了一股"高等职业教育办学热"。

截止到1998年底，"经教育部批准独立设置的专科层次高校（包括高专、高等职业和成人高校）共计1394所"。高职教育在跨世纪前后几年的快速发展，既带动了中职的发展，也提升了服务经济社会发展办学层次，为解决人才供需的结构性矛盾做出了贡献。回首1985—1996年职业教育事业发展历程，发现整体呈现出稳步发展特点，主要源于三个方面的外部因素驱动。

一是计划经济惯性使然。当时主要还是实行计划经济，逐渐发展起来的市场经济体制的冲击和影响还不是很明显，国家整体上对中专、中职毕业生实行的还是统包统配，毕业"出口"稳定有保障，能够很快实现社会垂直流动，良好的发展预期吸引了很多优秀初中毕业生去接受中专、技校教育。

二是受经济社会发展需求的影响，促进了适应市场变化规律、能够促进毕业生自主择业的职业高中的稳步发展，很多职高毕业生能够在毕业后实现升学或者就地就业的目标，促进了城市服务业的发展，带动了生源的良性循环。

三是一系列保障和激励职业教育发展的政策先后发力，如不断扩大职业教育规模、建设一批国家、省级重点骨干示范院校、"鼓励普职沟通、优先对口就业、加强职教立法等，促成职业教育规模快速发展。这一时期，以外部驱动为主带来的外延发展的繁荣暂时推迟了职业教育中潜在危机的显现"。

三、世纪之交职业教育政策调整与变革

在世纪之交新的历史发展阶段，尤其是在1997年到2001年间，中国职业技术教育发展面临着众多的机遇与挑战，出现了职业教育从计划经济体制转向引入市场驱动机制的转型期，中职教育在数量规模方面出现了快速增长、迅速下滑、逐渐恢复等波浪式发展态势，面临着改革开放以来前所未有的困顿和发展危机，其间职业教育办学层次有所提升，严峻的生源危机倒逼着一些中职学校挤上了提格升级的生存发展之道。

随着1980年左右出生的一代进入高中，"自1997年开始，中等职业教育招生数在总量增加的同时，占高中阶段招生比例在不断下降，从1998年开始招生数出现负增长，1999年职业学校招生数占高中阶段的比例下跌至50%以下"。从1997年至2001年，中职与普高的招生比例从62.15 ：37.85 降至41.58 ：58.42。职业教育面临着严重的困难，突出表现在中职生源减少，比例下降，资源流失，质量降低。与1996年职教发展最高峰时中职招生数与高中招生数比57.68%形成鲜明对比。

（一）职业教育发展滑坡的主要原因

一是生源急剧减少，自身改革滞后。行业主管部门和企业在发展职业教育中发挥着极其重要的作用。以20世纪90年代末期为例，"行业主管部门和企业举办着我国90%以上的技工学校、80%的中等专业学校、60%的成人中等专业学校和20%的职业高中以及大量的职工教育和培训中心，成为我国职业教育的主体力量"。1997年7月，始于泰国的亚洲金融风暴席卷东南亚各国，造成一些新兴经济体出现经济萧条甚至是政局动荡不安。外部经济政治危机对中国也带来了严峻挑战，"外贸出口受到严重影响，就业面临前所未有的困难，仅1997年，城市下岗人员已经达到1000多万"。随着我国社会主义市场经济体制改革逐步深化，国有企业受整体环境影响，需要剥离很多社会责任，便于企业轻装前行。其中，把与生产密切相关的职业院校也顺势划转给地方教育部门举办和管理，这样，导致行业企业举办的职业院校在自身发展中面临着财政经费、教师福利待遇等诸多困难，导致行业指导作用受到严重弱化，影响到产教融合、校企合作，职业教育原来有计划的人才培养模式基础逐渐丧失，影响职业教育发展的全局。外部的社会经济基础在发生改变，而职业学校受到计划经济的影响，在专业设置、

课程体系方面与外面变化的就业市场联系不紧密，导致学生毕业时候在实际操作能力方面滞后于外部人才市场变化。内部经济结构不断调整，企业转制、关停并转增多，出现大批工人下岗现象，这样导致中职毕业生就业岗位快速减少。毕业生就业困难所释放出来的信号，倒逼着初中毕业生对将来发展方向选择上开始进行理性选择和慎重选择，对职业教育生源产生明显的抑制效应和负面影响。

二是扩大内需需要，高校持续扩招。从国内外宏观形势看，亚洲金融危机的突然爆发和国内面临的巨大就业压力，是导致中国政府转变高等教育政策的内外原因。自1994年开始，高等教育一直保持稳步发展的进度，每年扩招在3%—4%，以低于GDP增长的两个百分点为原则，尽管如此，社会上对高等教育依然有强烈的需求。相对于物质生活产品来讲，教育是精神产品，尤其是高等教育，出现了严重的供给不足现象。1996年，国家实行高校"并轨"招生，把自费、公费统一起来，克服原来的二者"双轨"运行造成的高考招生不公平和不规范问题，这构成了中国高等教育面向市场经济的一个嬗变。1999年上半年，为了应对亚洲金融危机和国内有效需求不足所带来的困难，政府决定将加快医疗卫生、文化、教育事业发展作为扩大内需的重要举措之一。当时我国面临着新中国成立以来规模最大的突发性失业高峰。大规模国企改革出现大量下岗职工，每年新增劳动力又会去与他们争夺有限岗位。通过大学扩招可以使得新增劳动力延迟进入就业市场3—4年，为下岗职工腾出工作机会。而大学扩招，可以充分发挥高等教育对劳动力培养和储备的"蓄水池"功能，有效拉动消费投资，以便保持国民经济持续快速发展。由此可见，当时提出高校扩招有着直接的经济背景。1999年以来，以扩大内需拉动经济增长而实施的高等教育扩招政策，促使我国高等教育规模急剧膨胀起来，短时期内高等教育毛入学率从1990年的3.4%提升到2002年的15%。总体上满足了经济社会发展对高级专门人才和人民群众日益强烈的接受高等教育的迫切愿望，带动了国家通过国债连续投入教育120多亿，地方投入和部门投入教育150亿左右，高等教育投入增长了200多亿。客观上确实带动了一定的内需，对缓解通货紧缩带来的经济增长乏力起到了推动作用，有效化解了因东南亚金融危机对中国发展带来的外部冲击。同时，促使高等教育本身战略转型，开始了从精英化教育向着大众化阶段转型的历史进程。

三是政策信息不明，支持力度有所下降。政策层面，对怎样发展新形势下的中职教育的信息不明确。1998年10月7—9日，教育部召开职业教育改革与发展座谈会。会上，教育部领导指出，"发展教育要首先考虑到社会与经济的发展，制定下个世纪教育发展战略就要研究经济。就教育论教育不行，就职业教育论职业教育也不行。目前职业教育产生的波动是经济发展到一定阶段的产物，既不能惊慌失措，也不能麻痹大意。我国中等职业教育的发展，要从以数量发展为主转移到以巩固提高为主"。1999年6月中旬，党中央、国务院召开改革开放以后的第三次全国教育工作会议指出：

"我们要在切实保证义务教育健康发展的同时，积极调整现有教育体系结构，扩大高中阶段教育和高等教育的规模，大力发展各级各类职业技术教育，拓宽人才成长的道路。"在随后的《中共中央国务院关于深化教育改革全面推进素质教育的决定》中又提出："高等职业教育是高等教育的重要组成部分。要大力发展高等职业教育，积极发展包括普通教育和职业教育在内的高中阶段教育。"以上表述变化能够真切反映出来，在新旧世纪交替的过渡期，先是"巩固提高中职"，然后又是"大力发展高职"，在高中扩张的严峻形势下，中等职业学校的生存和发展空间受到很大挤压。随着高校扩招，人们又开始把青睐的目光转向大学和高职，而中职教育就处于边缘化的尴尬局面。迫于生存压力，各地中等职业学校开始了致力于升格为专科层次的高等职业院校的努力。与之同时，随着1994年分税制改革的推进和初见成效，中央在整个政府财政收入中的比重有所增加，这样就导致地方财政进行适度压缩和调整，导致对中专和技校的诸多倾斜政策很快被取消，包括招录学生有计划、上学即农转非且有适度补贴、毕业即分配等政策逐渐退出历史舞台。"从1995年开始，中专学校毕业生要逐步实现个人缴费上学、自主择业的政策效力开始显现，使得占中等职业教育招生总数三分之一以上的中专学校渐渐失去了对初中毕业生低收费、包分配的巨大吸引力。"很多优秀初中毕业生经过审慎理性的分析与选择，大都去选择普通高中教育，通过普通高等教育之路来实现自己的梦想。

此外，在外部影响力量中，国际组织也对中国职教政策产生过一定影响。如世界银行在1998年《中国21世纪教育发展战略目标》中提出，建议适度压缩和降低中职招生数，逐渐降低中职学生占高中阶段学生的比例。客观上讲，这种主张和建议或多或少还是影响到国内中职发展，随后中职教育比重严重下滑的事实表明，该建议不符合中国实际，为今后职教健康稳定发展埋下隐患。

（二）职教政策的调整和改革

针对部分地区因高校扩招引发的"高中热"而导致的中等职业教育滑坡现象，中央领导、教育部领导都纷纷着眼于我国国情和经济发展的长远需要，对职业教育的发展进行推动和思考。为了让"普高热"尽快降温，国务院办公厅和教育部先后下发推行劳动预备制度和妥善处理普高与中职关系的文件，要求大家理性对待高中教育和中职教育，但收效不大，依然没有挡住日益高涨的"高中热"。后来，教育部领导在2000年度教育工作会议上强调，今后要长期坚持大力发展职业教育的方针，"通过严格的劳动准入制度和职业资格制度，把社会上的就业需求转化为对职业教育的需求"。从2001年开始，为了确保中职教育规模稳定，实现与普通高中均衡发展，学生可以凭初中毕业证或毕业成绩单参加中职学校组织的自主招生，实行分批化入学方式，保证中职招生可持续发展。

四、新世纪职业教育快速发展阶段的政策

自改革开放以来，职业教育在经济社会和教育工作中的地位、作用和价值逐步得到全社会的认同，战略地位逐步提高，并体现在具体的工作实践中。2002 年 11 月，中共十六大报告指出："教育是发展科学技术和培养人才的基础，在现代化建设中具有先导性全局性作用，必须摆在优先发展的战略地位。全面推进素质教育，造就数以亿计的高素质劳动者、数以千万计的专门人才和一大批拔尖创新人才。加强职业教育和培训，发展继续教育，构建终身教育体系。"为了尽快解决职业教育发展与经济和社会发展相匹配问题，满足人们多样化学习的强烈需要，国家通过制定和颁布三部法律（《教育法》《职业教育法》《劳动法》）、召开三次全国职教会议（2002 年、2004 年和 2005 年）、出台三个重要文件（《国务院大力推进职业教育改革与发展的规定》《教育部等七部门关于进一步加强职业教育工作的若干意见》和《国务院关于大力发展职业教育的决定》）来全力推进职业教育事业的健康发展。会议的层级、频度，在新中国成立以后的职教事业发展历程中是前所未有的，从中可以看出，中央政府对发展职业教育、保持职业教育可持续发展的急迫心情。在这个时期，"国家把职业教育放在更加突出、更加重要的战略位置，将加快发展中等职业教育作为整个教育工作的战略突破口。坚持职业教育面向人人、面向全社会的发展方向和大力发展职业教育的工作方针，坚持以服务为宗旨、以就业为导向的办学方针。职业教育在改革创新中加快发展的局面基本形成：地位更加突出，政策更加明确，思路更加清晰，改革不断深化、事业不断壮大，基本实现了又好又快发展"。

2002 年 7 月底，第四次全国职业教育工作会议在北京召开，针对当时存在的办学模式单一、筹资渠道不畅、与外部人才市场变化不适应等问题，澄清了"把职业教育单纯作为传统学校教育、过度学历化、企业行业不办职业教育、财政性经费不再对职教新增投入、过度依靠市场调节"等误区，在随后《国务院大力推进职业教育改革与发展的规定》中，确定了新时期的发展方向。

一是目标："十五"期间，初步"建立起适应社会主义市场经济体制，与市场需求和劳动就业紧密结合，结构合理、灵活开放、特色鲜明、自主发展的现代职业教育体系"。服务对象及内容包括"为初、高中毕业生和城乡新增劳动者、下岗失业人员、在职人员、农村劳动者及其他社会成员提供多种形式、多种层次的职业学校教育和职业培训"。

二是职教管理体制。逐步建立"在国务院领导下，分级管理、地方为主、政府统筹、社会参与的职业教育管理体制。强化市（地）级人民政府在统筹职业教育发展方面的责任"。同时，扩大职业学校办学自主权，增强其自主办学、发展能力。

三是主动适应社会和企业需求，深化改革。"职业学校和培训机构要主动适应经济结构调整、技术进步和劳动力市场变化需要，增强专业适应性，办出特色。"同时，还要加强实践教学，提高受教育者的职业发展能力。

四是持续推进"三教统筹"，加强地区、城乡职业学校对口支援工作，提升整体办学水平。以及还有建立严格的就业准入制度，"多渠道筹集资金，不断加大职教经费投入，利用金融、税收以及社会捐助等手段支持职业教育的发展，不断加强职业教育经费的管理水平"。在国务院大力推动和协调组织下，职业教育发展处于下滑的局面得以很快解决，办学规模和层次有了显著的变化。

在国家政策的及时调整下，中等职业教育的发展规模在历经1999年和2000年的下滑趋势后，在2002年出现明显的复苏，开始止跌回升。尽管办学学校数额减少，但职业学校的平均规模却呈现提升态势，进一步优化了职业教育资源的使用效率和办学效益。

通过数据统计可以得知，在全国高校扩招情况下，高等职业教育也迎来快速发展的大好机遇。学生规模不断增加，招生数、在校生数、毕业生数占普通高校学生的比例呈现逐年上升状态。高等职业技术院校招生数从1999年的61.19万人增加到2004年的237.43万人，增加了176万人次；在校生规模从1999年136.15万人增加到2004年595.65万人，增加了460万人次；毕业生从1999年的40.67万人增加到2004年的139.49万人，增加了近100万人次。

2004年6月中旬，教育部、财政部等七部门在江苏召开全国改革开放以后的第五次职业教育工作会议，正式建立职业教育工作部际联席会议制度。通过联席会议制度，积极展开部际之间的合作，围绕职教工作中的重大问题进行协商，充分调动起各方面举办和参加职业教育的积极性，形成推动职教发展的合力。与会各部委代表都认为，职业教育与普通教育是教育体系的两个支柱，必须协调发展，要改变"重普通教育、轻职业教育""重文化知识、轻技能培养"的倾向。今后在职业教育的办学指导思想上，需要及时进行转变："一是从计划培养向市场驱动转变；二是从政府直接管理向宏观引导转变；三是从专业学科为本位向职业岗位和就业本位转变。"办学思想的转变打开了职业教育改革与发展的局面在。随后出台的《教育部等七部门关于进一步加强职业教育工作的若干意见》，在办学方向、人才培养模式、办学体制及布局、办学形式和办学模式等方面，进一步提出了富有针对性的意见，从而为提升职业教育办学内涵和特色，积极推进职教集团化、连锁化和规模化办学，取得了良好的社会成效。

在2005年11月，国务院召开第六次全国职教工作会议，强调各级政府要通盘考虑职教发展，因地制宜，将职教事业纳入国民经济和社会发展"十一五"规划，统筹安排。在新时期国家职业教育公共管理政策体系的指引下，按照当年《国务院关于大力发展职业教育的决定》要求，紧紧围绕"扩大规模、优化结构、深化改革、提高质量、促进公平"等重大政策目标，创造了新时期职教发展的行动范式，创造了中国自身的职教办学特色。具体来讲，可以从以下六个方面加以总结和概括："坚持一条特色道路，强调两个重点，推进三项制度建设，实施四大工程和五大计划，六大机制创新。"它们组成了推进职教事业发展的工作模式，构成了很好的制度设计框架，使得各项政策配套协同发挥重要作用，确保职业教育走上了一个快速健康发展的道路，对今后职业教育的改革与发展有着长远的指导意义。

（1）一条道路

以服务为宗旨、以就业为导向、在实践探索中总结自身特色的发展之路，这实际上是涉及"走什么路"的方向性问题。要根据中国职教发展实际，立足本国国情，以开放包容的心态汲取他国已有的成功经验和做法，为我所用，走出能够符合我国职业教育治理现代化要求的新路子。

（2）两个重点

围绕着就业导向，重点加强学生职业道德教育和实际技能培养和提高，促进人的全面发展。这是教育本质的理性回归，实质上是解答"培养什么人"的问题。"十一五"期间，就业人口进入高峰期，职业教育肩负着在巨大人才市场需求和高素质劳动者供需之间桥梁的重任，需要在能力本位和水准上下硬功夫，这样才能够培养更加符合人才市场需要合格人才。

（3）建设三项制度

这涉及招生、助学、实习等环节，是"怎样去健全人才培养制度"的机制构建问题。一是加强中职招生制度的改革问题，统筹管理高中阶段招生，同时做好中职招生服务工作；二是推进家庭经济困难学生助学制度的改革与创新，体现国家教育公共服务公平性、普惠性特点，不断扩大资助范围，提升补助标准；三是大力推行工学结合、校企合作、半工半读的改革及制度建设，建立健全学生顶岗实习制度，"坚持教育与生产劳动相结合的方针，遵循职业教育规律，组织和安排好学生顶岗实习工作。"三项制度为职教扩大办学规模、提升质量、确保公平提供了政策基础，尤其是在资助和实习制度衔接和设计上充分体现出"以生为本"的理念，前两年每人发放1500元国家助学金，最后一年顶岗实习、在校企合作中去提高实践技能、获取应有报酬、用以补贴学习和生活费用，这些政策都富有成效地减轻了学生家庭负担，在民众中提升了职业教育吸引力。

（4）四大工程和五个计划

四大工程是："职业院校制造业和现代服务业技能型紧缺人才培养培训工程，国家农村劳动力转移培训工程，农村实用人才培训工程和成人继续教育和再就业培训工程"，按照"以服务为宗旨、适应市场变化、保障充足供给、做贡献求发展"原则，从根本上解决"如何提高服务水平、扩大办学规模、保证人才质量"的方法和途径问题，通过持续的人力物力财力投入，为新世纪技能型人才的全方面培养奠定了坚实基础。据统计，四大工程实施期间，先后组织"1000多所职业院校和2000多个企业开展了多种形式的合作，覆盖学生和学员超过300多万人；全国教育系统为农村劳动力转移培训和农民工培训超过3500万人次，农村实用技术培训超过6000万人次；全国企业职工年培训平均规模达到9100万人次"，为职教事业能够惠及千家万户，提高城乡劳动者就业能力和可持续发展能力作出了重要贡献。

（5）五个计划

五个计划包括："职业教育实训基地建设计划，县级职业教育中心专项建设计划，100所国家示范性中等职业学校建设计划、100所国家级示范性职业技术学院建设计划和职业院校教师素质提高计划"，根本上解决了"强化自身建设、保证教学质量"的内涵提升问题，能够帮助职业院校持续加强基础能力建设，不断改善办学条件，为提升办学水平夯实基础。截止到2008年7月，"2000多个实训基地建设，已投入建设1080多个；1000多个县级职教中心和1000所示范性中职学校，共投入建设1200多所；100所国家示范性高等职业技术学院已基本完成项目建设"。实训基地建设和示范性项目的建设，带动了整个职业院校办学水平的稳步提升。

（6）六个机制：主要包括"办学主体'多元化'办学模式'集团化'学生要求'双证书'教师资格'双师型'培养模式'订单式'课程设计'模块化'"。这些机制凸显了职教办学的特殊性，符合技术技能型人才成长规律，从根本上增强了职教办学的实力。

我国职业教育整体上呈现快速高位发展态势，对办学规模加以攻坚，生源数量增加很多，各项改革举措活跃，对城乡之间职业教育资源进行统一安排和部署，有力地推进了职业教育数量和整体办学水平的提升，从根本上扭转了职业教育办学规模下滑影响到经济社会发展对技能型人才迫切需求的局面。

2010年7月29日，凝结社会各界智慧，代表政府执政意愿，承载无数个家庭及数以万计学生诸多期望的《国家中长期教育改革和发展规划纲要（2010—2020）》发布。《纲要》中提出教育财政性支出占国内生产总值4%的目标已经于2012年底如期实现，为以后不断提升教育事业在国家财政支出中的比重。针对今后职教事业的战略目标是："到2020年，形成适应发展方式转变和经济结构调整要求、体现终身教育理念、中等和高等职业教育协调发展的现代职业教育体系，满足人民群众接受职业教育的要求，满足经济社会对高素质劳动者和技能型人才的需要。"为了实现以上目标，提出了"大力发展职业教育、调动行业企业积极性、发展面向农村的职业教育、增强职教吸引力"等新举措，为今后职教发展指明了工作重点，标志着中国的职业教育更加注重抓质量强内涵，步入改革不断深化，办学质量持续提升，基本制度建设更加规范，构建现代职教体系的新阶段。

党的十八大总揽全局、审时度势，针对当今世界正在发生的深刻变革为我国经济社会发展提出的新挑战，明确提出，"教育是民族振兴和社会进步的基石"。这对新时期教育的重要作用有了更新的概括和认识，凸显了大系统教育观，把提高劳动者整体素质和培养大量技术技能型人才作为实现我国经济发展方式转变的关键举措，做出了"加快发展现代职业教育"的重大决策，从1985年《中共中央关于教育体制改革的决定》提出"职业技术教育体系"的概念，到十八届三中全会提出"加快现代职业教育体系建设"，标志着富有中国特色的职教理论不断成熟，同时也反映了职业教育改革的演进脉络，为今后一个时期推进职业教育改革创新指明了前进的方向。

2013年11月《中共中央关于全面深化改革若干重大问题的决定》指出："要加快现代职业教育体系建设，深化产教融合、校企合作，培养高素质劳动者和技能型人才。"这就需要我们按照"紧紧围绕更好保障和改善民生、促进社会公平正义深化社会改革"的新部署和"更加注重改革的系统性、整体性、协同性"的新要求，把握住促进全体人民学有所教、学有所成、学有所用的政策基点，深化职业教育领域的改革，更新教育观念，理顺结构体系，创新培养模式、加强能力建设，推动内涵发展上下功夫，全面形成与全面建成小康社会要求相适应的有活力、有效率、更开放、利长远的管理体制，办出具有中国特色、世界水平的现代职业教育。国家针对职业教育的总体部署和安排有以下明显特点。

一是战略位置更加突出。与教育领域综合改革的总要求密切相关，能够更好地服务经济社会发展，满足人民群众对多样化、高品质教育的需求。二是人才培养目标更加清晰明确。"既要满足当前生产力发展水平的需要，又要满足知识更新、技术进步、生产方式变革的新需要，培养数以亿计的高素质劳动者和技术技能人才。"三是凸显职业教育的类型特点。坚持以促进就业为导向，在专业设置与产业需求、课程内容与职业标准、教学过程与生产过程三方面实现"无缝对接"，确保职业教育的职业性。四是特色更加明显。积极吸纳行业、企业等社会力量作为利益攸关方去深度参与职教事业的改革与发展，建立良性互动、合作共赢的关系，同时推动公办教育与民办教育的共同发展，开创办学的新局面。五是抓住招生制度改革的突破口，为人们进行更有针对性的选择和继续在职学习提供灵活便捷的通道。六是积极构建终身学习社会，拓展服务范围，为广大劳动者构建能够有利于职业生涯长远发展的终身职业培训体系。

2014年是中国职业教育发展历程上最为有收获和期待的难忘一年，被业界称为职业教育又一个黄金发展期的到来。2月26日国务院常务会议研究加快发展现代职业教育问题，强调要以改革的思路办好职业教育，确定了发展现代职业教育的五大任务和措施。一是牢记职教使命，认清其在整个人才培养体系中的重要作用。二是大胆创新，在职教模式上推陈出新，建立职教人才培养的"立交桥"，打通从中职、高职、本科到专业学位研究生的持续上升通道，满足学生长远发展和社会上对人才的迫切需要。

三是努力提高人才培养质量。在更广范围内去推行"三对接"，做到学有所获、学有所用、学以致用，确保人才培养实用、有市场、可持续发展。四是引导支持社会力量兴办职业教育。五是强化政策支持和监管保障。

2014年5月2日正式印发《国务院关于加快发展现代职业教育的决定》，对现代职业教育体系进行了顶层设计。6月份教育部六部门印发《现代职业教育体系建设规划（2014—2020年）》和召开时隔八年的全国职业教育工作会议，表明国家对职业教育投入了前所未有的关注，职业教育正面临着前所未有的变革，为今后职业教育发展创设了更为广阔的空间。李克强同志在接见职教会议全体代表时候讲话时候强调，"职业教育大有可为，也应当大有作为"。他明确提出了三项要求，"要把提高职业技能和培养职业精神高度融合，让千千万万拥有较强动手和服务能力的人才进入劳动大军，使'中国制造'更多走向'优质制造''精品制造'，使中国服务塑造新优势、迈上新台阶。要用改革的办法把职业教育办好做大，统筹发挥好政府和市场作用，既要加大政府支持，又要通过政府购买服务等方式，更多促进社会力量参与，形成多元化的职业教育发展格局。要走校企结合、产结融合、突出实战和应用的办学路子，依托企业、贴近需求，建设和加强教学实训基地，打造具有鲜明职教特点、教练型的师资队伍"。6月16日印发的《现代职业教育体系建设规划（2014—2020年）》强调指出，"建立现代职业教育体系，是促进现代职业教育服务转方式、调结构、促改革、保就业、惠民生和工业化、信息化、城镇化、农业现代化同步发展的制度性安排，对打造中国经济升级版，创造更大人才红利，促进就业和改善民生，加强社会建设和文化建设，满足人民群众生产生活多样化的需求"。

为了更好地推动我国现代职业教育加快发展，促进《职业教育法》的贯彻实施，凝聚共识，全面落实全国职业教育工作会议精神，2015年3月到5月间，张德江同志担任执法检查组组长，全国人大常委会开展了《职业教育法》施行近二十年来的首次专项检查。检查组先后到8个省（区、市）开展了执法检查，同时委托23个省（区、市）人大常委会按照检查方案对本省（区、市）职业教育法实施情况进行检查，做到执法检查全覆盖。6月29日，张德江代表执法检查组作了《关于检查〈中华人民共和国职业教育法〉实施情况的报告》，报告指出，需要正视职业教育面临的突出困难和问题。

2016年2月24日《国务院关于落实职业教育法执法检查报告和审议意见的报告》，对进一步转变观念、明确办学定位、强化统筹规划、提高职业教育经费保障水平、师资队伍建设、区域职业教育发展均衡等问题都进行了详尽答复，对今后如何运用法治思维和法治方式推动职业教育改革发展也提出了针对性举措，如修订职业教育法、主动服务好国家整体战略、搞好配套政策建设、强化部门联动工作机制等。这表明，在执法检查的有力推动下，职业教育改革发展进入了新阶段，制度标准建设逐步体系化，办学水平和服务能力进一步提升。

　　为了在全国范围内进一步扩大职业教育的影响力，2015年4月17日，国务院决定在每年5月的第二周设立职业教育活动周，开放校园、开放企业、开放院所、开放赛场，让更多的学生及其家长对职业教育有一个了解、接触、参与和感受的过程。2015年活动周的主题是"支撑中国制造、成就出彩人生"，2016年的主题是"弘扬工匠精神、打造技能强国"，通过持续开展宣介活动，人们对职业教育的内涵、特性及其重要性有了更为理性全面的认识，对扩大职业教育的社会影响力起到了一定的铺垫作用。

　　以上重要批示、讲话、文件及政策与措施，为加快我国职业教育发展，做出了战略部署，明确了今后改革的方向和重点，提出了新时期职业教育发展的任务，标志着我国职业教育改革发展进入了一个新的历史发展阶段，肩负着实现"两个一百年"奋斗目标的使命，承载着转方式、促改革、调结构、惠民生的艰巨任务，在我国成功跨越中等收入陷阱、实现中华民族伟大复兴的历史征程中将会谱写新篇章，在经济转型升级持续发展的关键时期，做出更大的贡献，赢得更多的尊重和社会认同，获得更大的发展空间。

第四节　改革开放以来职业教育政策评析

　　回首过去多年尤其是改革开放以来的职教发展历程，在促进职业教育健康稳步发展的顶层政策定位方面，形成了一个体系完整、层次清楚、相互协调的"职业教育公共管理政策框架"，引领职业教育在服务经济社会发展中取得快速发展，将职业教育带到自近代150年以来改革与发展最好的时期，为以后职业教育发展提供基本战略指引、政策依据和行动指南。

一、发展动力从经济需求转向综合需求

　　职业教育是与经济社会发展最为紧密的一种类型，经济发展形势的好坏直接影响到职业教育事业的兴衰与成败。出于对个人未来就业、创业和职业发展的考虑，接受职业教育可以满足一个人理性务实的就业需求。尽管在社会上仍然有很多人对职业教育有着或多或少的鄙薄看法，但随着工业化进程的推进，随着后工业社会的来临，现实生活中技术技能型人才在社会上越来越发挥着重要作用，在投身社会实践中也能够找到适合自己的位置，实现自己的理想和抱负，同样也可以有自己人生出彩的机会和梦想。因此，在推动职业教育发展的动力系统中，经济需求是其发展的外在主要驱动力。当下和今后很长一段时间内，随着产业结构的不断优化调整，新科技在生产中的普及和应用，对生产一线的技术技能型人才的需求数量和质量会越来越多、越来越高。尤其是中国实现制

造业强国的征程中，高素质技能型人才已经成为中国制造或中国创造的核心竞争力关键组成部分，决定着中国产品在世界产品价值链条中的位置是否上移，是否在国际制造业竞争中谋取更大的发展空间。除了经济需求外，还有出于解决就业问题、有效融入社会、维护政治稳定的需求，实现青年人人生梦想、满足其发展需要、实现自己理想的民生需求。因此，抓职业教育表面上是教育领域的行为，从整个社会系统论的视角来看，它是抓好经济、促社会和谐、提高人们幸福指数乃至提升整体国民素质的必要手段。可以说，职业教育承载着无数个家庭的希望，承载着国家经济发展战略的需要，也承载着企业长久发展的需要，更承载着无数学子对未来生存和发展的寄托和希望。因为它肩负着很多方面的利益需求和渴望，在自身发展中也必然会出现各种矛盾，使得职业教育在发展中进行不断的调适和优化，实现多方共赢。

二、职业教育政策执行中的问题及解决办法

问题主要体现在：管理体制问题较多。其中，职业教育与普通教育的沟通，在学生初中后分流之后，往往是只有一次机会。在进入职业学校和普通高中之后，就很难再进行灵活转轨情况，至于在高等教育阶段能够实现职业院校学生与普通高校学分互认更是难上加难，对很多有继续进行发展方向调整意愿的学生来说只能一条道走到底，不利于人员的流动和成长。再者，职业教育由于涉及教育、财政、人力与社会保障等多个部门和行业、企业等很多方面，存在多头管理、职能交叉、统筹乏力，资源分散太多，难以形成合力达到最佳效益的情况，需要发挥政府作用和市场机制作用，既要发挥政府的作用，还要通过市场调节各方利益实行动态调整，真正吸引社会各方面力量去参与推动职业教育发展的格局还远远没有形成。

政策执行中存在以上问题的解决办法有以下几个方面：第一，教育政策的价值冲突。每一项政策的制定都要兼顾效率与公平、当前利益与长远利益、个体与群体之间的矛盾，教育政策制定过程也就存在着决策主体的元价值、隐价值和显价值之间的冲突。职业教育是面向人人、面向社会的教育，通过接受职业教育，它可以帮助实现人的全面发展，推动经济发展，促进社会公平正义，因此，大力发展职业教育是政府义不容辞的责任，体现着政府所追求的价值观，同时也体现着多方面的多元价值追求。在决策主体的显价值追求上，政府为了更好地发挥出自身的主导作用。

第二，完善相关配套体制。例如，《职业教育法》1996年9月刚刚实施的时候，确实对各相关方积极投身职业教育事业起到一定的促进作用，很多情况都发生了很大改变。需进一步完善职业教育的整体规划、专业设置，使之与社会需要相吻合。

总之，职业教育政策经过多年的发展，取得了很多的成就，形成了自己的特色。但是在政策质量、政策工具的充足性以及政策的执行力方面还需要在今后的职业教育治理中加以完善和提高。

第四章 现代职业教育体系的动因与困境

现代职业教育体系的动因是其建设的动力因素，困境是其在约束条件下建设的阻力因素。因此，为了给现代职业教育体系设定最佳的建设目标并取得最佳的建设效果，很有必要深刻分析其建设的动因和困境，并结合研究的现状和约束条件，寻求现代职业教育体系的应然状态的突破路径。

第一节 现代职业教育体系的动因分析

一、现代职业教育体系的动因分析模型

现代职业教育体系建设，就世界发展来看，是重建"社会—经济—自然"生命系统伦理原则的改革实践的重要组分；就国际交流来看，是职业教育适应经济全球化通行规则并实施蓝海战略的重要环节；就国内改革来看，是产业经济和教育体系耦合共生的需要；就教育体制来看，是教育理念和教育发展方式的世纪性反思；就个体成长来看，是职业生涯发展和人的可持续发展的内在需求。不过，从现代系统科学的角度来看，现代职业教育体系是"环境—职业教育体系—主体"共生系统，因而其发展必然受到外界宏观环境发展、自身发展以及体系内部主体发展三方面需求共同促动。可见，现代职业教育体系的建设目标，从宏观来看必须积极响应社会政治经济的需求，从微观来看必须积极呼应职业主体多样化的学习和发展的需求，并在内外双重动力的促动下，从低层次逐步向高层次发展，从被动适应向主动改革发展。

二、现代职业教育体系的动因

1. 宏观环境变迁和发展的需要

就国际局势来看，国际间冲突与合作、竞争与妥协开始由慢节奏转向快车道，安全形势错综复杂，多元化的国际政治经济新秩序正在经历阵痛期和过渡期，当今世界正处在大变革、大发展和大调整的重要时期。世界局势风云变幻，国际政治舞台波诡云谲，

外交领域针锋相对，货币战争一触即发，金融市场动荡不堪，领土争端此起彼伏，贸易纠纷避之不及。金融危机中心从美国转向欧洲，并由危机中心向周边扩散，欧美国家从"去工业化"回归"再工业化"，并重新认识实体经济和职业教育间天生的纽带关系。

就国内形势来看，国内社会、政治、经济、法制和教育等各项事业的改革和建设进入深水区和加速期。尤其是"十八大"以来，政治体制改革被推向前台，反腐倡廉斗争从应对网络舆情向建立多元监督机制转变。社会改革领域，消弭二元对立的统筹城乡综合改革进入攻坚期，工资和收入分配制度改革如箭在弦，"先富"战略开始向"共富"战略转换；在统筹城乡和城市化建设过程中，从农村向城市转移的新市民需要可持续发展的能力，而从农村转移出来的产业工人需要接受新的技能培训，留守在土地上的农民面对农业经济结构调整，需要提升劳动力素质。经济方面，在外汇市场上欧元和美元贬值以及国内经济发展需求的双重压力下，人民币日益坚挺和被迫升值，出口压力加大，内外需求萎缩，前30年通过改革释放出的红利正在递减，中国经济发展增速趋缓已成定局，稳定经济增长速度，转变依靠人口红利、土地成本、能源成本和环境成本的经济发展方式，中国未来经济改革战略的重要趋势是积极调整产业结构，加快技术升级、提高经济的有机构成。法制建设方面，建设进度加快，但法制之间的冲突和分割依然存在，法制的体系化建设成为必然趋势；经济秩序和市场规则亟待规范，职业伦理和职业道德亟须重构。中国社会经济的发展战略从规模战略向质量战略转变，促使人力资源市场不断调整劳动力资源需求的规模和数量、规格和质量、类型和结构等，从而诱导职业教育的发展必然由规模和外延战略向质量和内涵战略转移。

以上国际、国内的发展形势对职业教育的发展方式提出了新的要求，必须建立能够应对国际合作与国内改革过程中的突发事件和常态事务的人才培养体系，培养能够应对新的国际和国内政治经济发展形势的高素质、高技术、高技能专业人才和业务精英。

2. 教育体制改革和发展的需要

从现代职业教育体制建设历程来看，学术界早在20世纪80年代就开始出现相关研究，并在20世纪90年代中期明确提出"现代职业教育体系"概念；国家教育行政部门最早是2002年《国务院关于大力推进职业教育改革与发展的决定》（国发〔2002〕16号）提出此概念。近年来，为稳步推进现代职业教育体系建设进程，国家还从理论研究、政策制定和实践探索等层面采取了相应的对策和行动。理论研究层面，全国教育科学规划办设立《现代职业教育体系研究》国家重点课题，全国社科基金教育科学规划设立《构建现代职业教育体系》国家重点课题，教育部职成司设立教育部职业教育专项重大课题《构建现代职业教育体系》；政策制定层面，《国务院关于大力发展职业教育的决定》（国发〔2005〕35号）、《国家中长期教育改革和发展规划纲要（2010—2020年）》、《国务院办公厅关于开展国家教育体制改革试点的通知》（国办发〔2010〕48号）、《国务院关于加快发展现代职业教育的决定》（国发〔2014〕

19 号）和《现代职业教育体系建设规划（2014—2020 年）》（教发〔2014〕6 号）等相继颁发；实践探索层面，2011 年初，教育部将中等职业教育与高等职业教育划归职成教司统一管理，一批改革目标明确、政策措施具体的职业教育改革项目完成备案程序，标志着建设"中国特色、世界水准的现代职业教育体系"的国家职业教育体制改革试点工作全面启动。此外，各省、直辖市（自治区）的理论研究、政策制定和实践探索也紧步跟进。可见，现代职业教育体系建设是职业教育发展方式的理性抉择。

3. 职业教育主体生涯发展的需要

社会时代在变迁，职业教育主体的职业发展和需求发展也出现了新的变化。由于市场机制不断完善和自由竞争的加剧，经济组织的分化和整合不断加剧，职业主体转岗换业的几率越来越大，其职业生涯发展的成熟度已经不能用同一种职业的可持续性和从业年限来衡量，而应该用职业变迁能力的高低来衡量。学习者会在其职业生涯中多次面临就业、升学、自主创业、转岗换业等抉择，教师会在其专业发展过程中经历"学校系统培养期、职前经验获得期、新手职业适应期、成手专业发展期和专家专业稳定期"等阶段，甚至会由于职业高原期、职业倦怠期和职务晋升等原因调整工作岗位。可见，在新的发展时期，学习者的学习需求和发展需求开始分化、升级，职业教育教师的专业发展需求开始出现多元化态势。这就要求现代职业教育体制必须由供给导向的行政型管理体制向需求导向的服务型管理体制转变，按照师生发展的需要提供教育服务和行政指导等工作。

三、动力机制给予现代职业教育体系建设目标研究的昭示

1. 现代职业教育体系必须适应社会变革的需要

就宏观层面外部社会经济的发展来看，我国已经从农业大国成为工业大国，并正在从制造型大国向创造型大国转变，但是由于历史原因和地域的不均衡性，我国各区域、各产业之间（以及内部）的生产力水平和发展水平参差不齐，正处在服务经济、农业经济、工业经济与知识经济共存且以知识经济为主的四元经济时代，这就需要现代职业教育体系的建设既能够适应这种固有的历史基础，还能够适当引领，在统筹城乡综合改革、经济发展方式转变、产业结构调整、建设和谐社会等改革中有所作为。

2. 现代职业教育体系建设是教育体制改革的必然选择

就总体而言，现代职业教育体系必须能够适应外部环境发展和内部主体发展的双重驱动，改变以往职业教育体系"以静制动"的惰殆作风，以变制变，促使职业教育不断发展，不仅要形成与普通教育相互衔接和沟通的渠道，还要使自身发展壮大并形成特色和优势。

3. 现代职业教育体系建设必须为主体的可持续发展服务

就职业教育体系内部主体发展来看，职业教育的主体（师生）的职业发展和需求也具有发展性。首先，根据德雷福斯（Hubert Dreyfus，1929— ）的理论，教师的专业成长需要经过新手、优秀新手、胜任教师、熟练教师和专家型教师等阶段；其次，根据萨柏（Donald Edwin Super，1910—1994）的理论，无论教师还是学生等职业角色，其职业生涯均会经过成长阶段、探索阶段、建立阶段、维持阶段、衰退阶段；再次，根据马斯洛（Abraham Harold Maslow， 1908—1970）的需要层次理论（Hierarchy of Needs），各类职业主体的生理和心理也具有发展性，他们会表现出从生理性、物质性的低级需求向心理性、精神性的高级需求发展的特点。最重要的是，这些需求还与主体职业生涯的发展有一定的相关性，如一般来说在新手阶段，他们"初出茅庐"，事业、家庭都处于初创阶段，其对基本生存的渴求比较强烈，而在其成为专家阶段，他们对职业任务"游刃有余"，事业和家庭都非常稳定，他们能够有精力把职业当作"事业"来看待，而不必疲于奔命寻求职业所能带来的物质补偿以求生存。

第二节　现代职业教育体系的困境分析

在约束条件下，现代职业教育体系的建设必然表现出一定的困境。因此，欲使现代职业教育体系的建设取得预期效果或者设定最佳的建设目标，很有必要研究现代职业教育体系建设的困境。

一、现代职业教育体系建设困境的表现

1. 认知困境

目前，职业教育的研究者和改革者对现代职业教育体系仍然存在许多认知误区。首先，对现代职业教育体系内涵的认知尚有待澄清，主要表现在对现代职业教育体系的本质属性把握不准。其次，对现代职业教育体系的外延界定不明，并形成了两种倾向：一种是固守于学校职业教育体系内部关系的重构而不敢越雷池一步，因此依然是就教育论教育的改革理念；另一种是泛职业教育观念主导下的泛职业教育体系改革理念，这种理念将职业教育和其他教育的本质区别混为一谈，实不可取。再次，对现代职业教育体系的结构理解不透彻。这是因为，很多职业教育的研究者和改革者尚没有找到合适的分析工具来解析现代职业教育体系的结构。复次，对现代职业教育体系的功能定位不准或者认识有失偏颇。在对现代职业教育体系定位不准方面，表现在过分关注职业教育的某些功能方面，而不是现代职业教育体系的整体功能方面。比如，将现代

职业教育体系的出口功能定位在短期就业而不是从业者长远的职业生涯发展，就业的考核指标紧盯毕业时的就业率，而忽视就业质量和就业的对口率。如此一来，现代职业教育体系的教育功能将被逆向定位在狭窄的职业技能培训方面，而不是职业素质的陶冶方面，于是用职业证书取代职业教育学历的观点居然能够甚嚣尘上。最后，由于市场经济过程中，中小型企业的过度发展而大型企业还没有生成，中小型企业的生命周期普遍较短，它们追求短期效益，是人口红利的主要追求者和获益者，而大型企业由于其生命周期较长，因而追求长期发展的战略和高端人才带来的人才红利。因此，他们更加看重高学历者在进入职业领域后的职业素养的强化，而大型企业对于高学历者的偏好以及低学历者不可持续的发展现实，加重了中小企业的错觉，它们也会盲目认为高学历者能够给他们的企业带来长期收益。而事实是中小企业根本经受不住新一轮技术变革的冲击，未等见到高学历者产生的长期收益，中小型企业已经被重组或者倒闭，高学历者或者在此之前已经另谋高就或者在此之后远走高飞。可见，学校职业教育培养的人才与社会对人才的需求并不是精确而机械的匹配，而是市场供需机制和个人意愿双重选择的结果。因此，学校职业教育无法期望能够提供理想中的"零距离"就业的职员，否则会降低学校教育的效率，企业也不能回避新入职者长期培养的重要性。这表明，现代职业教育体系的根本目的就在于沟通学校与社会的关系，对教育权利进行重新分配。

综上所述，尽管职业教育具有非常明显的经济功能，但是在新的时期构建现代职业教育体系，并不仅仅是看重职业教育的经济功能，它其实更多地承载着职业教育学习者学习权利的自由伸张。

2. 表层困境

表层困境是指现代职业教育体系理论研究的层面尚未涉入深层的困境。尽管我国当前的职业教育体系为国民经济增长、社会劳动就业和个人职业发展立下了汗马功劳，并能在数量和规模上与同层次教育类型分庭抗礼。但是，随着社会经济发展方式快速变化和劳动者对自身发展方式的能动性不断增强，职业教育开始备受攻讦，很多学者已经从职业教育体系的组织层、规则层、表现层、环境层等诸多层面进行了剖析。

在组织层，被批驳的焦点主要集中在中高职不衔接、职普不融通、比例不协调、布局不均衡、发展规模与实际需求不相称、体系的层次不完善、资金来源渠道单一且投入不足和投入不均衡、生源质量差且来源较为单一、师资专业能力不强、师资培养体系不完善、保障条件不健全、实习实训基地建设不足、管理体制不顺畅等方面；在规则层，受责难的重心主要聚集在职业教育法制体系不健全、标准体系不完善等方面，如校企合作的法律制度、职业教育质量评价标准、职业资格证书和学历证书等值互换的制度、弹性学制和完全学分制、职业教育教师资格体系和专业能力标准等亟待建立；在表现层，遭反诘的核心主要凝聚在职业教育功能、定位和质量等方面，如社会和企业对职业教育的人才培养质量和规格不甚满意，主要是职业教育的教育、科学和技术的研究、社会服务三大功能开发不足，不能顾及个体升学、就业、转岗换业、学历提升和技能提升等多种需求，限制了主体可持续发展的空间；在环境层，被诟病的软肋主要聚焦于职业教育体系对劳动力的供给能力与社会经济的有机构成脱节，如职业教育体系对劳动力的供给能力与社会对劳动力的需求规格发生了冲突，对产业结构调整和经济增长方式转变的适应能力不强。

诚然，这些观点已经从不同层面点破了当前职业教育体系的缺陷，其中不乏真知灼见。但是，这些研究的局限就在于过分关注现代职业教育体系本身，没有系统性地对以上几个层次进行研究，未能顾及职业教育体系变革的时间和空间变量的影响，未能把握职业教育体系与环境、职业教育体系与主体等关系。因此，这些研究采用的是静态的研究视角，难免有顾此失彼的遗憾。

3. 时空困境

时空困境是指现代职业教育体系发展过程中受制于时空条件的状态。职业教育体系是涉及多个层面和多种要素的复杂的生命系统，其存在的价值就在于其能够适应社会经济有机构成的变化。经济的有机构成是指特定经济类型或者特定的经济单位中由于其技术构成决定并反映技术构成变化的经济贡献构成情况。"经济的技术构成是指国民经济中各种类型和层次的技术的贡献的比例，它在一定程度上反映了各类型技术和各种水平的技术对 GDP 的贡献情况，反过来，也反映了经济总量中技术的构成情况。"可见，社会经济的有机构成可以反映不同国家或者不同地区不同时间段各产业、行业或者企业的经济发展水平或者经济贡献程度。因此，职业教育对社会经济有机构成的适应能力可以反映它的时空属性，这也是建设现代职业教育体系必须关注的重要方面。

按照时间 / 空间分布的次序进一步分析当前职业教育体系中存在的问题，可以发现以下三个具有规律性的特点。

第一，职业教育体系在空间上存在严重的二元对立性。例如，在环境层面，尽管大力倡导"产学结合、校企合作、工学结合"的人才培养模式，但是在没有长效机制保障的现阶段，职业教育与产业 / 企业的合作远未进入"深水区"，学习领域和工作领域的对立依然存在，师生专业发展的过程断层明显；教育部与人力资源和社会保障部仍然各自把握着庞大的职业教育体系。职业教育体系在空间上的二元对立特性，会给职业教育的发展和职业教育学习者的发展造成非常大的阻尼性或者非连续性，比如，职业教育和普通教育之间的二元对立性导致职业教育的学习者接收普通高等教育的机会大大降低；中等职业教育与高等职业教育之间的二元对立性，导致职业教育的学习者在毕业的关口面临就业或者升学的抉择时很难遂心所愿、自由自主地行使自己的权利；职业教育与产业、企业的对立，导致师生学习领域和工作领域的对立，从而限制了师生职业能力的提升，延缓了其专业化发展的进度等。

第二，职业教育体系在时间上表现出明显的间断性。比如，中高职不衔接、职普不融通，职业启蒙教育、职业准备教育、职业继续教育不贯通等，导致职业教育体系不能很好地满足学习者升学、就业、转岗换业等多种发展需求，从而使当前职业教育体系具有鲜明的终结性，并使职业教育学习者的职业生涯发展出现非连续性。

第三，职业教育体系在空间维度和时间维度之间存在难以愈合的分割性或二维对立性，即其空间维度的属性没有随着时间维度的属性变化而变化，职业教育体系的空间转移和时间推进是不同步的。比如，尽管 2011 年初教育部将高等教育司的高职与高专教育处、远程与继续教育处划转到职业教育与成人教育司，以推进中高等职业教育协调发展，完善职业教育体系，但是，很多地市的高等职业教育和中等职业教育仍然还是由高等教育处和职业教育与成人教育处分别管理；弹性学制和完全学分制没有建立，学习者的学籍不能在不同的学习地点自由流通，也不能灵活转换就业和接受教育的权利等。

实际上，由于时空的共轭性，以上三个特点有着重要的内在联系，即我国当前职业教育体系问题的实质在于职业教育体系空间上存在的二元对立性在时间上又表现为强大的阻尼性（阻断性或者断层性）。其中，职业教育体系在空间维度上存在的二元对立性实际上主要是对社会经济有机构成（或社会经济的发展）的不适应性；在时间维度上表现出的强大的阻尼性（阻断性或者断层性）实际上主要是职业教育主体（尤其是学习者）发展需求的不适应性。

可见，职业教育体系在空间维度上的二元对立性，实际上是以牺牲职业教育的可持续发展和职业教育主体（师生）的可持续发展为代价的，而且职业教育体系的空间转移和时间推进是不同步的。例如，尽管在当下的现代经济社会提倡建设现代职业教育体系，但是现代职业教育体系的"现代性"并不能与职业教育体系应该具备的"现代质"等同起来，即不能将"现代"的时间特性和"现代"的质的特性等而视之。

4. 本源困境

本源困境是指现代职业教育体系形成过程中造成的二元对立特性的根源。造成当前职业教育体系困境的浅层表象和深层表现既有先天历史性的原因也有后天人为性的原因：一是由于职业教育体系在初创阶段受制于地理位置、依托的产业和企业等不可人为控制的空间因素而形成了先天性的二元差异性；二是由于职业教育体系在形成过程中各级各类行政部门对教育资源投入的不均衡性而形成了后天性的行政性分层；三是由于职业教育体系在发展过程中对市场的敏锐度的不同而形成了后天性的市场性分化。此外，这三种原因在职业教育体系发展的不同时期，还会相互交织产生共振效应，加剧了二元对立的特性。但是就目前职业教育体系建设的情况来看，行政分层占据了形成二元对立特性的主导位置。例如，尽管行政引导下的示范院校建设在树立职业教育特色的过程中起到了一定的成效，但是对其所期待的示范效应和辐射效应却因为行政手段对资源调配的不均衡性而黯然失色，甚至加剧了二元对立的局面和教育资源的不均衡性，以及基层改革的"等、靠、要"的惰性。

因此，当前职业教育体系二元对立特性的根源是法制保障下的市场机制不完善、顶层教育体制设计存在先天缺陷、过度的行政调节手段干预了市场机制的自然生成、市场和行政对教育资源的配置能力存在的张力没有消除。

5. 关系困境

关系困境是指现代职业教育体系与其环境和主体之间蕴含冲突、限制和互动等相互关系。尽管当前研究描述了职业教育体系的表层困境，但却未能由表及里触及其困境的实质，其原因就在于未能从动态的视角紧紧抓住职业教育体系发展中的矛盾运动规律。

通过职业教育体系的分析模型可以看出，现代职业教育体系实际上是以"环境—体系—主体"三大核心要素相互紧密耦合而成的共生系统。职业教育体系的环境是指不受职业教育体系左右的外在因素，具体来说主要是社会经济，这是其发展的约束条件和基础，舍此则没有职业教育的存在价值；职业教育的主体是指受职业教育体系约束的内在要素，具体来说，主要是各级各类职业教育的学习者和教师，这是其社会经济和职业教育可持续发展的重要人力资源，舍此则绝无职业教育的存在基础。要发掘职业教育体系困境的实质，就必须从"环境—体系—主体"三大核心要素的互动关系中研究现代职业教育体系。

在这个共生系统中，有三个关系链：环境—体系、体系—主体和环境—主体。就行为流程来看，前两个关系链条是最直接的，后一个关系链条则是间接的，需要通过"体系"作为中介才能实现。这是因为，社会经济与学生和教师之间并不能直接产生互动关系，它需要职业教育组织（如职业院校）从中起到信用担保人、中介人和教育者的角色。就职业教育体系发展来看，"主体"是这个共生体系中最具有生命活力的要素，这种要素的参与使得职业教育体系的环境（社会经济）获得劳动力补充，从而实现了社会财富的积累，并奠定了职业教育体系的物质基础，这种要素的参与使得职业教育的存在具有了不可磨灭的价值。就存在基础来看，职业教育体系的环境（社会经济）是职业教育和"主体"得以存在的活动空间和物质基础，是职业教育功能得以发挥的参照系，如课程和专业的设置、人才培养规格和质量标准的制定等都需要参照社会经济的需求，也是主体（尤其是学习者）职业生涯发展的依托，他们的专业活动空间不可能脱离社会经济领域。从关系存在的空间来看，"环境—体系"和"环境—主体"关系是职业教育体系的外部关系，"体系—主体"关系是职业教育体系的内部关系。从主体的发展来看，"环境—体系"和"体系—主体"关系是促进主体发展的手段，"环境—主体"关系是主体发展的最终目标，这是因为职业教育的主体是来自社会的人，职业教育培养人的目的是促使他们能够顺利回归社会并实现其价值，社会才是其"海阔凭鱼跃，天高任鸟飞"的空间和舞台。

职业教育体系的价值就在于通过沟通"环境"与"主体",提升了"主体"在"环境"中的生存能力、发展能力、应变能力以及社会价值。

6. 体制困境

尽管改革开放已经 30 余年,但是按照市场经济规律举办职业教育的体制并未真正形成,计划经济体制的痕迹仍然十分明显。在职业教育管理体制方面,多部门协调机制形同虚设。首先,教育部与人力资源和社会保障部之间的职能未能够按照市场经济的规律进行配置,二者之间沟通不畅。教育部与人力资源和社会保障部各自拥有规模较为庞大的自成体系的职业教育,各自发放不同的学历证书,而在职业资格证书的发放权则在人力资源和社会保障部,除了借助自学考试或者成人教育以及职业教育的单独招生和对口招生外,二者的职业教育体系基本上互不相通,职业教育的学习者无权自由选择学习的内容和学习的场地,因此市场调节机制发挥不了作用。其次,教育部或人力资源和社会保障部内部的职能未能够按照市场经济的规律重新调整,内部管理不顺。无论是教育部还是人力资源和社会保障部的职业教育,尽管均有中等和高等层次的职业教育,但基本上都是"断头"教育或者"终极性"教育,除非借助其他教育类型,基本上不能够实现有效的衔接。为此,教育部将高等职业教育和中等职业教育的管辖权统一交割给职业教育与成人教育司,但是很多地方教育行政部门依然是由高等教育处和职业教育与成人教育处分别管理高等职业教育和中等职业教育,这种改革并不彻底,即便自上而下形成一贯制的管理体制,则必然使高等职业教育被排除在高等教育之外,可见,职业教育的内部管理体制依然没有理顺。再次,国家部委之间的职能未能够按照市场经济的规律进行协调,职业教育体系的管理顶层体制没有形成。教育部、人力资源和社会保障部、工业与信息化部、财政部、国家税务总局等尚未能就职业教育体系的顶层设计达成一致意见,导致职业教育的资源存在着严重的分散局面,难以按照教育规律和市场机制进行统筹整合和优化配置,阻碍了职业教育的协调发展。

7. 制度困境

就目前的情况来看,现代职业教育体系建设的制度困境主要表现在制度的障碍和制度的缺失两个层面,具体表现在四个方面。第一是职业教育的核心制度需要改革,如固定的学制和学籍管理制度、每年定期的招生考试制度等已经难以适应现代社会频繁的人口流动和职业变迁,弹性学制、学分银行以及自由转学的制度等亟待建立;职业教育教师的编制问题严重影响了社会上有技术技能特长的人员进入职业学校担当兼职教师等;校企合作的法规以及学生顶岗实习的制度亟待建立。第二是职业教育的辅助制度需要改革,如税务法规中不利于校企合作的条款应该予以研究并重新制订相应的税收优惠条款。第三是与职业教育发展密切相关的制度亟待改革和建立,如国家职业资格框架和职业准入制度必须尽快建立，工资和收入分配制度亟待改革，以便消除农民工和职校生薪酬倒挂的现象等。第四是学历制度和职业资格制度相互沟通的机制亟待建立，如学历证书和职业资格证书的等值互换问题，这个机制将会影响弹性学制、学分银行以及自由转学等制度的建立，实际上也是影响学习者在市场机制保障条件下学习权利的自由转换。

二、建设困境给予现代职业教育体系建设目标研究的警示

根据以上困境表象的论述，现代职业教育体系的认知困境是指职业教育的研究者和改革者对现代职业教育体系存在的认知误区；表层困境主要是指当前职业教育体系本身各个层次以及环境层存在问题的现象描述；时空困境是指当前职业教育体系在时空维度上的二元对立性和阻尼性；本源困境是指当前职业教育体系时空困境的起始根源；关系困境是指当前职业教育体系"环境—体系—主体"共生系统的三大矛盾运动，而且这三大矛盾运动是统驭其他三个层次困境的主要矛盾；体制困境和制度困境是指现有体制和制度对现代职业教育体系建设造成的阻碍。因此，要建设现代职业教育体系就不能仅仅关注职业教育本身，而是要在三大核心要素的矛盾运动中寻求职业教育体制改革和创新的途径，实现公众对职业教育不断赋予新期望。

1. 现代职业教育体系必须解决三大关系之间的矛盾

从现代职业教育体系三大关系之间的逻辑层次来看，其内在逻辑是促进"主体"从职业教育"体系"内部走向外部"环境"，而现代职业教育"体系"功德就在于通过解决"体系—环境"和"体系—主体"之间的直接关系并以此为手段，最终解决"环境—主体"之间的矛盾，实现"主体"在"环境"中快意生存和自由发展。这就是说，现代职业教育"体系"建设的最直接的目标是解决"环境—体系""体系—主体"之间存在的矛盾，最终目标则是解决"环境—主体"之间的矛盾，并促进他们快意生存、自由发展和实现社会抱负。

2. 现代职业教育体系必须消弭固有的二元对立特性

现有职业教育体系中二元对立的特性是影响健康发展的重要问题，解决这个问题的手段一般有两种：第一是消弭二元对立特性，构建一元性的职业教育体系；第二是消弭二元对立特性，构建职业教育法制和标准体系保障下的多元化的职业教育体系。一元性的职业教育体系当然是非常理想的状况，但是实现起来代价极其高昂。从当前职业教育体系困境的根源来看，即便各级政府部门拨付的教育资源是均等配置的，各地区、各院校的原有资源也不会是等量齐观的，更遑论社会的教育需求永远是多样性的。诚所谓"和实生物，同则不继"，史载以来，绝无纯粹一元化的教育体系。正因为社

会经济成分的多样性、学习者的需求多元化、产业多元化、产业技术构成的多层次性，各产业对劳动力的需求也呈现多元化的态势，所以在国家层面统一的标准和法制保障下，构建多元化的职业教育体系才是建设现代职业教育体系的旨归。

3. 现代职业教育体系必须坚持以人为本的建设原则

从主体在现代职业教育共生系统中的作用和功能来看，对外来说，"主体"是"环境"（主要是社会经济）中活的生产要素，创造了"环境"和"体系"得以存续的财富；对内来说，"主体"既是"体系"的要素，同时又是现代职业教育"体系"价值共同体中最重要的主体，是现代职业教育"体系"发挥其价值的主要依据。因此，现代职业教育体系建设必须坚持以人文本的原则，以"主体"的生存为基本要求，以"主体"自由发展为根本目标。按照马斯洛需要层次理论，主体的需求具有发展性，而主体的发展也表现出对特定资源的需求性。因此，现代职业教育体系必须能够满足不同主体和同一主体在不同发展阶段的发展需求，促进主体的可持续发展。为此，必须解决中高职衔接、职普融通、法制和标准的体系化建设等表层困境。

综上所述，就建设困境的表现来看，现代职业教育体系建设的关键就在于必须坚持以人为本的原则，重构"环境—体系—主体"之间的共生关系，在国家层面统一的标准和法制的保障下构建多元化的职业教育体系，促进职业教育主体的可持续发展。

第三节　现代职业教育体系的突破路径

通过上述研究表明，现代职业教育体系的建设需要综合分析研究现状、约束条件、建设动因和建设困境，从而找到突破路径。

一、夯实现代职业教育体系建设的科学性基础

从研究现状可以看出，当前有关现代职业教育体系的理论建设非常薄弱，不足以支撑改革实践的需要，也不足以成为学科发展的新的增长点。更有甚者，仅仅是实践经验的泛泛而谈，并未真正成为现代职业教育体系的基本理论。这样一来，现代职业教育体系建设规划的科学性、改革管理的规范性和学科地位合法性均会受到质疑，从而也会给建设目标的设立制造原始的障碍。因此，要科学设定现代职业教育体系的建设目标，必须首先建立相应的理论根基，如此才能如火如荼地构建起理想的现代职业教育体系。

二、提升现代职业教育体系发展的持续性

从现代职业教育体系约束条件的分析来看，约束条件既是现代职业教育体系建设的基础，也是现代职业教育体系的限制性因素。相对而言，约束条件对现代职业教育体系的影响还是直接和明显的，而现代职业教育体系对这些因素的逆向影响则是间接和缓慢的。现代职业教育体系要想在社会经济中有所作为，要想在教育体系中拥有引领性和话语权，不可局限于一蹴而就的短线改革行为，而应该做好长远的战略谋划，通过循序渐进的改革和持续不断的发展，利用好约束条件的有利方面，规避其不利方面，逐渐形成对社会经济和文化生活具有引领作用的教育体系。

三、注重现代职业教育体系功能的人本性

从现代职业教育体系建设的动因来看，社会政治经济变迁和发展的需要是其外部动力，职业教育体制改革和发展的需要以及职业教育主体生涯发展的需要是其内部动力，而无论是社会政治经济，抑或是教育体系，其主体必然是人。因此，现代职业教育体系的建设不能仅仅关注社会政治经济的发展或者教育体系的发展，更应从根本上关心人的发展，即职业教育主体的发展，这是其功能发挥的根本出发点和最终落脚点。

四、淬炼现代职业教育体系整体的适应性

从现代职业教育体系建设的困境来看，尽管困难重重，但是其实质在于"环境—体系""体系—主体"之间存在矛盾，从而导致"环境—主体"之间的矛盾表现较为严重。因此，现代职业教育体系的建设，必须把握"环境—体系—主体"三者之间矛盾运动规律，通过提高对社会经济有机构成的需求和主体发展的需求的适应性，从而最终提升职业教育的主体（尤其是学习者）适应社会经济有机构成的需求。

第五章　现代职业教育体系的建设基础

《规划纲要》实施以来，我国职业教育的经费投入不断增加，发展规模稳步扩大，体系和结构循序调整，对促进社会繁荣发展、经济结构调整、产业转型升级和人民生活改善作出了贡献。然而，随着经济发展方式和产业结构调整速度逐渐加快，社会生产力技术水平不断提高，职业教育的供需矛盾和吸引力不高等问题依然突出。一方面，高素质高级技能型人才严重短缺，低端技能人才培养过剩，难以满足产业升级的需要；另一方面，国家财政对职业教育的投入不断加大，但职业教育的吸引力依然不强。为此，在"十三五"规划期间，必须加快完善职业教育的法制体系，遵循市场运行机制，深化产教融合和校企合作的机制体制建设，深入推进职业教育的供给侧改革，消除职业教育的体制性问题、结构性矛盾和吸引力不足等问题，为社会经济发展方式转变、产业经济结构调整、提高人民大众生活水平、满足学习者的多样化需求等提供优质的教育服务。

第一节　职业教育对社会经济的贡献及发展困境

《规划纲要》发布与实施以来，我国职业教育的规模不断扩大，体系更加完善，结构趋于合理，为社会经济的发展提供了大量的人才资源。但是，随着社会经济转型速度加快，职业教育的深层次矛盾也日益明显，限制了职业教育的发展潜力。

一、职业教育对社会经济发展的重要贡献

1. 为学习者提供了就学机会

《规划纲要》实施五年以来，职业教育累计提供24382.17万个就学机会，其中，高等职业教育（专科）累计招生1606.51万，中等职业教育累计招生3742.08万，初等职业教育累计招生2.93万，职业技术培训机构累计招生19029.44万。2014年，中等职业教育招生数为628.9万人，与普通高中招生规模大体相当，占高中阶段教育招生数的比例为44.11%，已经成为普及高中阶段教育的重要力量；2014年，高等职业教育招生数达到337.98万人，招生数占高等教育招生数的比例达到46.9%，已经成为实现高等教育大众化的重要组成部分。

2. 搭建了人才培养的"立交桥"，为学生继续深造开辟了通道

《规划纲要》实施以来，逐步构架了纵向衔接、横向沟通的职业教育人才培养体系，为学生继续深造搭建了"立交桥"。一方面，通过高职分类考试招生、中高职贯通培养、课程学分管理等方式，逐步建立中、高等职业教育相互衔接的体系。2014 年，高职分类考试招生 151 万名，占高职招生人数的 45%；另一方面，通过自学考试、成人高等教育、开放大学招生和普通高校推荐等方式，实现了职业教育和普通高校之间的沟通，为职业教育学习者转换教育类型提供了可能。

3. 培养了大量的高素质技术和技能型人才

《规划纲要》实施以来，职业教育为社会经济发展提供了大量人才资源，已经成为培养高素质技术和技能人才的重要教育类型。据统计，2010—2013 年职业教育累计培养 24336.04 万各类技能型专业人才，占新增就业人口的 60%，极大地提高了劳动者素质。其中，高等职业教育向社会提供 1084.45 万劳动力，中等职业教育向社会提供 3307.98 万劳动力，初等职业教育向社会提供 4.62 万劳动力，职业技术培训机构为社会提供 19937.84 万专门人才。近年来，中等职业教育毕业生的就业率保持在 95% 以上，高等职业教育学生毕业半年后就业率达 90%，就业对口率接近 76%，占加工制造、高速铁路、城市轨道交通、民航、现代物流、电子商务、旅游服务、信息服务等行业新增从业人数的 70% 以上。

4. 为教职工提供了就业机会和专业技能岗位

据不完全统计，自《规划纲要》实施以来，职业教育系统年平均提供 59.88 万个面向各类教职工的就业岗位、41.11 万个面向各类教师的专业岗位。其中，高等职业教育年平均为社会提供 60.05 万个面向各类教职工的就业岗位、41.40 万个面向各类教师的专业岗位；中等职业教育年平均为社会提供 118.18 万个面向各类教职工的就业岗位、87.21 万个面向各类教师的专业岗位；初等职业教育年平均为社会提供 0.17 万个面向各类教职工的就业岗位、0.15 万个面向各类教师的专业岗位；职业培训机构年平均为社会提供 49.22 万个面向各类教职工的就业岗位、27.47 万个面向各类教师的专业岗位。随着现代职业教育体系建设进程进一步加快，职业教育还将提供更多的职业岗位。

5. 为文化教育消费结构调整提供了新途径

2010 年以来，国务院、教育部、财政部等中央部门，以及各省市自治区的地方政府越来越重视职业教育对现代经济社会的重要作用。在中央财政引导下，各级地方财政持续加大对职业教育的投入，生均经费标准逐年增加，办学条件得到了极大改善，职业教育的办学特色和优势逐步显现，成为文化教育消费的重要增长极，优化了我国文化教育消费结构。在职业教育的投入机制中，政府的主体作用更加明显，全国各地基本都制订了生均经费标准，生均经费和生均公共财政支出不断增长，教育附加费用

于职业教育的比例逐步落实，学费免除和学生资助政策覆盖面扩大。近年来，为了进一步提高职业教育基础能力，增强职业教育的吸引力，教育部和财政部在增加财政性教育经费增长的同时，还就职业教育发展中的关键领域和薄弱环节设立了系列专项项目，主要支持了职业院校基础能力建设项目、示范性学校建设项目、职业学校学生资助项目和综合奖补项目四类重大建设项目。但是，职业教育多元化的投入机制仍有很大的改革空间，社会力量举办职业教育的潜力还需要进一步激活，民办职业教育的主体地位还没有凸显。2010—2011年，中等职业教育的国家财政性经费投入年平均递增率为18.2%，国家财政性经费占中等职业教育总经费分别为71.3%和76.8%；同时期，民办中等专业学校的年办学经费为129023万元和128688万元，分别仅相当于公办中等职业教育同期办学经费的0.95%和0.79%。

二、职业教育在服务社会经济发展中存在的主要矛盾

经济新常态时期，现代职业教育体系建设的两大深层矛盾更加明显：一是职业教育人才供给的结构性矛盾，即社会经济转型升级所需要的高素质的高端技能和技术型产业人才严重短缺，而低端技能型产业人才培养过剩；二是职业教育经费投入的绩效性矛盾，即产业经济增速换挡过程中，国家财政承受较大的支付压力，仍然不断提高职业教育的经费投入，但职业教育的社会吸引力依然不强。

1. 职业教育人才供给的结构性矛盾

（1）职业教育人才供给机制掣肘

改革开放以来，我国的经济领域逐步与市场经济体制接轨，而教育领域还基本维持计划经济体制，导致职业教育的人才培养模式相对封闭。到目前为止，我国职业教育还没有在市场经济体制条件下形成深度融合的校企合作机制，人才培养的供需矛盾依然突出，不能紧密追踪产业的有机构成变化，从而引导人力资源多元分流、促进劳动力素质有效升级；不能及时将新产业、新工艺和新技术转换为专业人才培养方案和课程教学内容，不能很好地满足经济新常态下产业结构加速调整和社会经济发展方式快速转变的需要，难以引导产业人才从城市向农村、从工业向农业进行适度反哺，不能快速响应职业教育学习者升学、就业、转岗、换业、创新、创业等多样化的学习需求。

（2）职业教育人才供给能力薄弱

经济新常态下，职业教育人才供给能力薄弱主要体现在两个方面。一方面，当前我国的职业教育人才供给能力尚不能满足社会经济高速增长的需要。自十一届三中全会以来，中国经济发展的两大重要特征是持续高速增长和体量巨大，甚至有些年度还出现两位数的增长。尽管近年来世界金融危机余波效应冲击，我国的经济发展有所减速，但是依然是全球经济增速最快的经济体。2011—2015年我国国内生产总值（GDP）

平均增长速度为 7.82%；2014 年 9 月底，世界银行和国际货币基金组织按照人均 GDP 数据及"购买力评价"做调整排名，认为中国已经是世界最大经济体。我国产业经济的高速增长和巨大的经济体量，对产业工人的需求巨大。据统计，2011—2015 年平均就业人口数为 76961 万人；2015 年年末全国就业人员 77451 万人，其中城镇就业人员 40410 万人。然而，由于我国职业教育的专业布局与产业布局结构的匹配度不高，以及近年来产业结构调整速度不断加快，而职业教育的专业调整速度相对迟缓，从而导致职业教育人才培养规格不能满足社会经济发展的要求。另一方面，我国职业教育还不能满足社会民生发展的深层次需求。随着城市化率逐年提高，我国社会人口、社会消费和居民需求特征出现了新变化。2011—2015 年，我国的城市化率从 51.27% 提高到 56.10%，第一产业人口逐渐向第二、三产业转移，城镇人口比例逐年增加，农村空心化、过疏化现象严重，社会劳动人口数量减少，人力资源流动频繁，社会出生人口和学龄人口下降，老龄化和社会抚养比增加；2011—2013 年，城镇居民和农村居民的恩格尔系数分别从 36.3 和 40.4 降至 35.0 和 37.7，社会消费和居民需求结构呈现多样化，交通、通信、医疗保健、文化、教育和娱乐等消费需求逐年上升，环境治理形势更加严峻。经济新常态下的这些社会变化，给职业教育提出了新的要求。然而，多年来我国过分强调经济总量和发展速度，职业教育的法律、制度和标准体系建设、教学和实训条件建设、课程设置、专业建设和师资培养等大多紧密围绕经济收益的短期效应展开，导致职业教育难以满足社会民生发展的深层次需求，也阻碍了职业教育满足各类学习者多样化、个性化学习的需求。

（3）职业教育人才无效供给过剩

随着历次产业经济调整政策的实施，我国国内生产总值构成开始大幅分化。据统计，自改革开放以来，我国第一产业比重不断下降，第三产业比重不断上升，并在 2012 年以 45.5% 的微弱优势超过了第二产业的 45.0% 的比重；2016 年第 2 季度数据显示，第三产业所占比重已经达到 52%，第二产业则为 41%。近年来，产业结构调整和技术升级的步伐逐步加快，新技术、新工艺、新业态、新产业和新的经营管理模式不断涌现，短期内社会职业岗位的有效供给将会相对不足，劳动密集型产业供给的职业岗位将会不断淘汰并释放大量低端技能的产业工人，这些工人在经济新常态下属于无效劳动力资源供给。此外，当前职业教育（尤其是学校职业教育）的办学模式相对封闭，难以按照市场经济的运行方式灵活调整专业和课程设置、人才培养和教学计划，从而导致职业教育不能满足社会经济的快速变革对人才的需求，必然带来大量新的无效的劳动力资源供给。这样，职业教育新、旧无效人才供给不断积累，就会造成教育资源和人才资源的严重浪费。

2. 职业教育经费投入的绩效性矛盾

（1）国家财政投入总量巨大，但社会吸引力依旧不高

近年来，国家财政对职业教育的投入力度逐年加大。2014年职业教育经费比2010年增长了42.2%，财政性经费比2010年增长了75.2%；2013年中等职业学校生均公共财政预算公用经费支出比2012年增长20.2%；地方教育附加费用于职业教育的比例不少于30%的要求逐步落实。尽管如此，由于职业教育所涉及的职业岗位的薪酬待遇、社会形象和社会地位普遍较低，以及人力资源市场和公务员考试制度存在歧视性等原因，职业教育学习者的发展空间狭窄，导致职业教育的社会吸引力依然不高。从统计来看，2011年中等职业教育招生数为813.90万，而2015年则为601.25万，下降了25%。2016年，高等职业教育甚至"有相当数量的高职高专院校遭遇'零投档'"的现象。

（2）国家财政支付压力增加，但经费投入需求量更大

经济新常态时期遭遇"三期叠加"，"增长速度由超高速向中高速转换"已经成为既定事实，中国经济将"面临全球需求疲软造成的'下行压力'"，国家财政的支付压力必然增大。根据一般公共预算支出和一般公共预算收入的比值折算，2011—2015年我国的公共财政支付压力系数为1.05、1.07、1.09、1.08和1.16，这就说明最近几年国家财政赤字有上升趋势，其中2015年中央财政赤字为11200亿元。可见，尽管国家教育财政的投入呈现增长态势，但是从职业教育投入构成来看，国家财政投入比例非常大，而其他渠道的投入比例较小且呈现下滑趋势。可以预见，在未来一段时间内，国内生产总值增速必将持续趋缓，国家财政支付压力必然持续增大，未来期待国家财政加大对职业教育的投入似乎不太现实。

（3）免费制度实现全面普惠，但难以满足差异化发展

齐性化的职业教育免费制度与差异化的区域发展需求之间存在悖论。进入21世纪以来，党和国家把发展职业教育放置在突出的战略位置，并且非常关心家庭经济困难学生能否顺利接受职业教育。2014年，中等职业学校全日制"在校生中所有农村（含县镇）学生、城市涉农专业学生和家庭经济困难学生已享受免学费政策"，占在校生的91.5%；同时，家庭经济困难和涉农专业的学生享受每年2000元的国家助学金，助学金覆盖率近40%；高等职业院校奖学金覆盖近30%学生，助学金覆盖25%以上的学生。"十三五"规划期间，将进一步"逐步分类推进中等职业教育免除学杂费"。然而，职业教育免学费政策的实施效果并不充分乐观，不但在一定程度上阻碍了民办职业学校的结构优化，甚至还制约了职业教育免费制度公平性的初衷。

三、制约职业教育社会经济贡献度的原因

在经济新常态下，现代职业教育体系治理制度体系创新乏力和治理体制改革滞后是导致两大深层矛盾的重要原因。因此，在经济新常态下，必须积极完善现代职业教育治理体系，进一步释放改革的红利。

1. 治理制度创新乏力，不能满足发展需求

（1）国家层面宏观制度改革迟缓，制约现代职业教育体系价值导向

首先，国家分配制度和人力资源管理制度的改革不协调。长期以来，国家一直努力通过"增加居民收入在国民收入中的比例、劳动报酬在初次分配中的比例"等措施改革分配制度。然而，由于历史原因，编制内外和各类编制的劳动者之间在社会分配过程中形成了巨大的收益差异：各类编制的劳动者之间的收入分配、薪水和福利待遇、社会地位、能够支配和利用的教育资源和社会资源等相差较大；尚未健全由知识、技术、管理等市场要素决定的报酬机制，劳动报酬在初次分配中占比偏低；编制类别造成的社会阶层之间的差距不断扩大，且具有较强的终身性，社会垂直流动的阻力较大。长此以往，就逐渐形成了不利于参与初次分配而有利于参与再分配的劳动者的社会分配制度，这就使得职业领域以工匠精神、职业精神和专业化发展为核心的职业文化传承遭受较大的阻尼。面对这些问题，当前的职业教育不仅基本上无所作为，反而固化了社会阶层差异，从而更加削弱了职业教育的社会吸引力。

其次，人力资源培养和职业资格认证存在双轨运行的局面。就目前来看，职业教育形式上的多元培养机制并没有在市场机制下形成良性互动的竞争和合作机制。教育部只能给管辖内的职业院校颁发学历证书，而人力资源和社会保障部则不仅可以向管辖内的技工院校颁发学历证书，还可以向全社会颁发职业资格证书，两大职业教育系统之间相对封闭并自成体系，且均在不同程度上将行业企业等劳动力的最终使用者排斥在人力资源培养体系的主体地位之外。然而，从社会化大生产角度来看，教育部门、人事部门和产业部门分别主要承担人力资源的培养、配置和使用职能；但是，截至目前，它们之间尚未形成良好的协调和制约机制，尽管后两者会对教育部门出台的人力资源培养制度和政策进行会签，但是它们并不对这些制度和政策的执行力进行背书，因此对它们也不具有强烈的自我约束力和协作合力。

再次，部分政策存在限制性，不利于职业教育发展。长期以来，对职业教育学生升学和转换教育类型的限制性政策、对职业院校升格的限制性政策，以及国家公务员选拔考试对职业教育学生的限制性政策等，在一定程度上削弱了职业教育的社会地位；对公共财政的公益性和社会资本的私有性认识不足，因而对民办职业教育的地位和盈利问题一直讳莫如深，限制了社会力量大规模举办职业教育。近年来，国家正在积极

消除前期政策失衡对职业教育的不利影响，并通过大力改革降低制度性的办学成本和学习成本，逐渐放松职业教育学生的升学政策，逐步清理对民办教育的不利条款。

（2）职业教育基本制度供给疲软，制约现代职业教育体系发展需求

首先，职业教育的核心法制体系建设滞后。1996年第一部《职业教育法》颁布以来，职业教育开始走上法制化轨道。但是，随着社会经济变革逐步深入，职业教育与产业部门之间的关系已经发生深刻变化，《职业教育法》的很多条款已经不能适应发展形势，国家依法治教和跨部门协作治理职业教育显得力不从心，行业企业和中介组织缺乏全面举办职业教育和深层参与治理职业教育的法制基础，限制了职业教育产教融合、校企合作、工学结合等教育理念的深入实施。

其次，职业教育的周边法制体系强制力不足。近年来，《中等职业学校学生实习责任保险实施方案》（教职成司函〔2010〕8号）、《职业学校兼职教师管理办法》（教师〔2012〕14号）、《职业学校教师企业实践规定》（教师〔2016〕3号）、《职业学校学生实习管理规定》（教职成〔2016〕3号）、首批《职业学校专业（类）顶岗实习标准》目录（教职成厅函〔2016〕29号）等相继颁布，但是依然存在依法治理职业教育的空白区域。特别是，这些部委的规定尚未上升为成文的法律条款，法律强制性不足，执行监管困难大，既不利于政府在新时期依法治理职业教育，也限制了职业教育办学主体之间有序竞争并通过市场机制实现优胜劣汰。

（3）职业教育标准体系存在问题，制约现代职业教育体系有序竞争

首先，职业教育的标准体系不健全。尽管近年来颁行了《中等职业学校教师专业标准》《中等职业学校校长专业标准》《中等职业学校设置标准》等一系列标准，但是仍然不能构成完善的标准体系，如高等职业院校的设置标准、职业教育教师的建设和专业发展标准以及职业教育质量标准仍在酝酿当中。

其次，职业教育的标准修订缓慢。职业院校的专业教学标准正在相继颁布，各省级行政单位基本全部制订生均拨款标准，但是在经济新常态下，产业经济结构升级速度日益加快，而国民经济"可能会经历一个L形增长阶段"，财政支付压力必然增加，目前职业教育的经费投入"与职业学校实际办学需求相比，我国职业教育生均经费差距较大"，因此职业教育的相关标准必须与时俱进进行修订。

2. 治理体制改革滞后，制约宏观调控能力

（1）职业教育管理体制积弊依旧，制约市场机制发挥效力

改革开放以来，为适应社会经济发展的阶段性需要，国务院经过六轮较大规模的行政管理体制改革，逐步形成了基本适应社会主义市场经济体制的组织架构和职能体系，政府职能转变取得重要进展，国家在公共管理中的行政职能更加高效，产业经济部门逐渐按照市场经济规律运转。然而，教育部门与经济部门并没有实现同步化的体制改革，教育部门和产业部门之间原有的业务纽带断裂，教育部门在很大程度上依然

按照行政级别进行建制，导致目前仍未形成基于市场经济体制的校企协作机制，职业教育积留已久的体制性问题还需要进一步通过改革以求解决。

（2）职业教育举办体制相对封闭，制约内在的开放性需要

20世纪90年代末到21世纪初，中央各部门的职责进一步明确，除了原劳动部举办的院校外，其他各个部委的院校逐步划转给教育部门管理，政府围绕经济建设不断调整职能定位，产业部门与职业教育之间的隶属关系被打破，从而导致职业教育形成相对封闭的办学体制，既难以深入实施产教融合、校企合作、工学结合等职业教育理念，也难以从行业企业获得必要的教学资源，学生和教师得不到足够的生产性技能的专业训练，人才培养规格不能较好地满足产业经济发展的需要，造成了职业教育的质量问题和人才培养的结构性矛盾。

（3）职业教育管理机制行政主导，制约双重调控耦合互动

经济结构决定了国家治理手段。当前，我国依然处于社会主义初级阶段，国家经济结构中，全民所有制经济依然占据主导地位，除了流通领域外，社会大生产的其他环节还没有完全实现市场经济体制。政府对流通领域主要依靠法律体系和市场机制进行治理，但是对于产业部门的其他领域还主要依靠行政命令和政策进行干预。经济基础对政治和教育等上层建筑的规定性作用，导致教育部门依然按照行政级别来建立组织架构，并依靠行政命令和教育政策实现治理，这就导致职业教育经费中国家财政性拨款负担很重。这样，在面临职业教育结构性矛盾的时候，政府依然只能采用行政手段进行干预，市场机制很难在职业教育治理中发挥有效作用，行政命令和市场机制有效结合的职业教育治理模式还没有完全实现。

第二节　职业教育面临的机遇和挑战

近年来，职业教育工作紧紧围绕着国家经济社会发展需求，按照服务全局、回报社会、推进改革、体现创新的工作思路，积极建设现代职业教育体系，着力培养高素质技术技能型人才，取得了重要进展。然而，随着国际国内形势的变化，职业教育开始进入机遇和挑战并存的重要发展时期，必须准确把握战略机遇期的深刻变化，更加有效地应对各种风险和挑战，早日建成具有中国特色、世界一流的现代职业教育体系。

一、治国理政的全新布局对职业教育提出了新的发展要求

随着"一带一路""四个全面""转方式、调结构、惠民生""大众创业、万众创新""中国制造2025""工业4.0""互联网＋""供给侧结构性改革"等新政逐

步实施,国内经济结构快速调整,经济发展方式不断转变,同时经济增长速度有所放缓,对职业教育的发展产生了重要影响。

1. 我国的国际合作战略新布局要求职业教育必须具有国际视野

"十八大"以来,我国提出重点实施以"一带一路"为核心的一系列国际合作战略,上海合作组织开发银行和亚洲基础设施投资银行等国际性金融组织相继成立,人民币纳入特别提款权(SDR)货币篮子,并于2016年10月1日起执行,人民币被认定为第五大可自由使用的国际货币,迫切需要职业教育树立国际视野。首先,"一带一路"战略涉及60多个国家,数十个语种,人口约44亿,经济总量约21万亿美元,需要职业教育紧密围绕战略的实施,调整人才培养格局,培养既精通业务,又熟悉外语,还了解当地社会文化和风土人情的复合型人才,发挥他们在各国交流合作中的桥梁作用。其次,我国的国际化步伐日益加快,需要职业教育加强国际交流,为产业输入国服务。中国实施"蓝海战略"由来已久,在亚洲、非洲、拉丁美洲、欧洲等海外投资结构越来越复杂,从资本构成上来看,既有中国独资产业,也有中外合资产业;从技术构成来看,既有铁路运输、通信网络、信息产业等技术水平较高的产业,也有服装、食品、木材加工和农业种植等传统产业,因此需要职业教育按照我国海外投资的结构,依托产业出海的机遇,为海外企业培养所需要的人才,为产业输入国培养所需要的专业技能人才,尤其要着力培养这些产业后续发展所需要的人才。

2. 我国的国内经济发展新战略要求职业教育转变发展重点

近年来,伴随世界经济和全球产业分工格局的巨大变化,我国经济发展方式和产业结构也发生了快速转变,"中国制造2025""工业4.0""互联网+""转方式、调结构、惠民生""大人创业、万众创新""结构性改革""供给侧改革"等经济政策逐步实施,以机器人为代表的先进制造技术开始加速进入生产领域,社会经济领域的技术水平不断提升,为职业教育的体系建构和结构调整指明了方向。为此,习近平总书记在2014年6月份就加快职业教育发展作出重要指示,强调职业教育是国民教育体系和人力资源开发的重要组成部分,是广大青年打开通向成功成才大门的重要途径,肩负着培养多样化人才、传承技术技能、促进就业创业的重要职责,必须高度重视、加快发展。李克强总理也多次提到"大众创业、万众创新",不断地鼓励全民创业,破解就业难题,推动国内经济结构加速转型,重点向第三产业、高新技术产业和互联网领域发展,催生经济社会发展新动力。2015年12月举行的中央经济工作会议,进一步阐明了新一届中央领导集体的治国理政方针,为当前和今后一个时期职业教育改革发展指明了方向。职业教育决定着产业素质,代表着民族品牌,关系着"转方式、调结构、惠民生"的国内社会经济改革的新布局,必须从服务治国理政的高度来明确定位,突出职业教育作为教育类型的基本属性,在更新理念、适应需求、科学统筹、运行有效、符合规律、突出特色、人民满意等方面取得新进展。

3. 我国区域发展新战略要求职业教育加快发展步伐

为了改变区域发展之间的差异，我国提出了统筹城乡综合改革、区域经济一体化等多种区域发展战略，这些战略为职业教育提供了新的发展空间。首先，统筹城乡综合改革为职业教育体系改革提供了新的机遇。统筹城乡改革是推进国家治理体系和治理能力现代化的重大改革举措之一，它旨在促进城市和乡村、城市居民和农村居民、各种产业结构、各个社会部门之间协调发展、共同繁荣和共同进步。为此，必须研究职业教育在统筹城乡综合改革中的发展空间和定位，实现职业教育和社会经济的互动发展和有机融合。其次，京津冀协同发展和长江经济带联动发展等区域经济一体化改革为职业教育的横向合作提供了新的契机。为此，职业教育必须紧跟区域改革的步伐，根据区域产业发展需要调整人才培养结构、专业结构和办学模式，缓解区域人力资源市场的供需矛盾，推动贫困地区脱贫致富，缩小区域之间的发展差距；在人才类型上，要能够涵盖新型职业农民、中等技能人才、高等技术人才、高级研发与管理人才等；在行业领域分类上，要能够覆盖制造、物流、交通、贸易、环保、管理等行业，加快培养物流、交通、贸易、环保、管理等行业紧缺人才。

二、经济体制改革促使职业教育投入机制改革

1. 经济增速趋缓，国家财政支付压力增大

要在 2020 年如期建成现代职业教育体系，必然需要大量的经费和资源投入，然而经济增长方式转变、经济结构调整加速、经济增速趋缓，已经成为新常态，这对政府财政投入职业教育的压力会越来越大。据统计，尽管我国国内生产总值和经济增速依然比较乐观，经济基本面长期向好，但是经济的增速则有较大幅度的减缓。2010—2015 年，我国 GDP 增速分别是 17.78%、17.83%、9.80%、9.50%、11.89% 和 6.90%，相比职业教育不断增加的规模而言，每年国家财政的投入均呈现增长态势。然而就整个职业教育经费和资源投入的结构来看，国家财政投入占非常大的比例，而其他渠道的投入则呈现逐渐下滑的趋势，且所占比例较小。因此，在现代职业教育体系建设的关键时期，必须拓宽职业教育的投入渠道，运用市场手段建成多元化的投入机制。

2. 职业教育未来发展规模庞大，所需要的资源和经费缺口巨大

首先，教师资源缺口巨大，需要大量的教师培养和培训经费。就 2013 年的职业教育规模来看，独立设置的职业技术学院 1321 所、中等职业教育 12262 所、职业初中 40 所、职业技术培训机构 112293 所，当年度总计在校人数 74136194 人，当年度专职教师人数 1579798 人，生师比为 46.93 ：1，按照教育部规定的合格生师比 18 ：1 测算，当年度的专职教师缺口相当大。尽管专兼结合的办法在一定程度上缓解了师资不足的问

题，但是并不能从根本上解决问题。其次，按照《国家中长期教育改革和发展规划纲要（2010—2020 年）》、《关于加快发展现代职业教育的决定》（国发〔2014〕19 号）、《现代职业教育体系建设规划（2014—2020 年）》等文件规定，现代职业教育体系预设的蓝图是广义的职业教育体系，即能够"适应经济发展方式转变和产业结构调整要求、体现终身教育理念、中等和高等职业教育协调发展的现代职业教育体系，满足人民群众接受职业教育的需求，满足经济社会对高素质劳动者和技能型人才的需要"。可以预想，要建成现代职业教育体系所设想的规模，生均经费、日常经费、校舍基本建设经费、实习实训基地建设经费等多方面的经费需求缺口非常大，这必然给国家财政造成巨大的支付压力。

3. 市场经济体制逐步完善，但是社会投入还存在瓶颈

中国经济体制改革的方向是，深化经济体制改革，使市场在资源配置中起决定性作用，坚持和完善基本经济制度，加快完善现代市场体系、宏观调控体系、开放型经济体系，加快转变经济发展方式。市场经济体制和产权制度进一步完善，为社会资源的广泛配置提供了基础。首先，市场机制逐步健全，为职业教育经费和资源投入机制改革提供了新的方向。为此，国家需要根据经济体制改革的指向，在制订负面清单基础上，建设与市场机制衔接的职业教育办学制度，建立公平、开放、透明和统一的职业教育准入制度，保障各类办学主体的权益，能够以平等的身份依法举办职业教育。其次，完善的产权制度给职业教育经费和资源投入带来新的挑战。十八届三中全会提出完善产权保护制度的改革内容，为形成多元化的职业教育经费投入机制奠定了操作基础。因此，必须对现有职业教育的产权进行分类和确权登记，形成归属清晰、权责明确、监管有效的职业教育资产产权制度；要制定利于促进职业教育投入渠道多元化的法律和制度，确定各类产权、产权人以及产权部门的责、权、利，依此作为经费投入和利益分配的法律依据，确保各类资本准入和退出有法可依。

三、产业经济的结构变化要求职业教育升级和转型

1. 产业经济的技术升级，促使职业教育体系升级

当前我国产业结构优化升级涉及三个方面：一是推动培育战略性新兴产业，具体包括节能环保、新一代信息技术、生物、高端装备制造、新能源、新材料和新能源汽车；二是加快以制造加工为主的劳动密集型等传统产业转型调整，解决其产能利用率低、产能严重过剩、结构性矛盾突出等问题；三是大力发展服务业，特别是现代服务业，包括生产性服务业、消费性服务业、公用性服务业和基础性服务业，是战略性新兴产业的重要支撑。其中，生产性服务业是现代服务业的主体，包括现代物流业、交

通运输业、金融服务业、商务服务业和信息服务业等。当前，我国产业结构优化升级遇到的问题主要是中高端技术人才短缺、创新能力不足、国际服务贸易比重低，这就要求职业教育深层次了解产业升级的新动向，及时提升办学层次，密切联系行业企业，不断深化教育教学改革，提高人才培养的质量，调整专业和课程结构，改革教学方式，尤其是要积极改进实训教学方式，积极寻求产业结构优化升级过程中的机遇。

2. 产业经济的结构变化，促使职业教育结构调整

当前，我国产业结构重心基本完成由第一、二、三产业向第二、三、一产业的转换，并正在继续向第三、二、一产业结构转换，这个趋势与我国劳动力的分布情况和流动情况相吻合。产业结构升级期间，农村大量剩余劳动力向城镇第二、三产业转移，而相比于第一、二产业而言，第三产业对劳动力吸纳的潜力较大，更能够促进产业结构与就业结构的协同发展。因此，职业教育要结合产业结构规划，及时调整职业教育的专业结构，针对第一产业，开展适应农业规模化发展和优势生态农业的职业教育和技能培训，促进农村劳动力的升级和农村剩余劳动力的转移；针对第二产业，升级职业教育的人才培养层次，大力培养培养职业素养高、技术技能水平过硬的高级职业人才，以适应高新技术产业、高科技含量产业的用工需求；针对第三产业智力性、创新性、战略性和环境污染少等特征，积极开展专业学位研究生教育，着力培养综合型、精英型职业技术人才。

3. 产业经济发展速度趋缓，需要职业教育注重内涵发展

2015年，国民经济仍运行在合理区间，经济结构进一步优化，转型升级速度进一步加快，人民生活水平进一步改善。但是，国际形势更加错综复杂，经济下行压力不断加大，经济发展速度趋缓。因此，职业教育要适应社会经济发展新常态，使发展规模与产业发展速度相适应，着力加强供给侧结构性改革，走内涵发展道路，与产业行业紧密合作，及时调整人才培养方案，编制能够反映行业产业最新技术和生产工艺的专业结构与课程体系，引进行业企业的岗位用工标准，引入行业企业对人才培养质量的评价机制，与行业企业形成教师资源、实训资源等共享共赢局面，切实提高职业教育发展的质量。

四、新兴信息技术促使职业教育改革教学和管理模式

近年来，云计算、物联网、移动互联网、新一代移动通信等新兴信息技术快速发展，激发了科技和社会发展的需求潜力，促进了社会经济发展方式的转变以及产业结构的优化升级。新兴信息技术给职业教育的发展也带来新的生机，涌现出仿真实训、慕课（MOOC）、微课、远程教学等新的教学方式，以及各种信息管理系统，给职业教育的

教学管理和评价、课程和专业建设、教学方式和教学组织形式等带来了极大的冲击。

1. 新兴信息技术促使职业教育改革课程和专业建设模式

新兴信息技术改变了产业部门的分工模式,部门内部的分工也更加细致,生产工艺、制造技术、生产分工、销售方式、组织管理方式等发生了巨大变化,职业类型和职业岗位要求不断更新,促使职业教育必须根据产业内部分工和企业组织内部分工的情况,研究工作领域中对职业资格要求的最新变化,调整专业类型和专业结构,更新课程内容和课程结构,重新编制课程标准,改革人才培养方案、教学组织形式和教学制度安排。

2. 新兴信息技术促使职业教育改革教学方式

新兴信息技术对教师的教学方式和学生的学习方式都产生了重要影响。在课堂教学中,多媒体技术可以将许多抽象的、难以用语言和二维图形表达的教学内容形象地展示出来;在实验实训教学中,计算机模拟和仿真技术为实验和实训节约了空间、时间和成本,且具有试误容错功能,给学生提供了重复实验和实训机会,便于巩固职业知识和职业技能。在学习过程中,运用云计算和移动计算技术,可以为职业教育的学习者提供多种在线学习资源,使学习者可以随时随地进行差异化和个性化的学习、在线作业,并参与教学评价;运用大数据技术,可以分析每个学习者的学习习惯、困难和不足,自主定制、分发个性化的学习内容和学习任务,促使每个学习者都能够实现自主学习和自主职业发展。

3. 新兴信息技术改变了职业教育管理模式

首先,新兴信息技术对职业教育的行政管理模式和教学管理模式提供了新的解决方案,促使职业教育的教务、学籍、学分、人事、财务、就业、教学质量评价等内部管理,以及校企合作机制体制建设等外部管理的信息化程度不断提升。其次,新兴信息技术为职业教育的资源管理模式提供了新的解决方案。当前,职业教育体系内部的资源和社会职业教育资源都比较分散,运用新兴信息技术可以建立区域职业教育资源配置系统,实现区域内职业教育资源的优化配置、调度和调剂。

4. 新兴信息技术对职业教育的师资建设提出新要求

首先,新兴信息技术影响产业部门分工秩序,并使产业分工加速,分化出很多新的职业,产生了很多新的职业知识、新的工艺和新的生产技术,这就要求职业教育的教师必须通过下厂锻炼等继续教育方式,更新专业知识,提升专业教学技能和教学水平。其次,新兴信息技术促进了职业教育教学方式的改变,要求教师必须懂得运用这些新技术开发课程、实施教学、进行教学评价,以及与学生及其他利益相关者交流互动。再次,新兴信息技术影响了职业教育的教学管理方式,要求职业教育的教师能够适应信息化管理的新趋势,在线提交相关教学管理文件、在线分发和批改学生作业、在线评价学生的学习绩效等。

五、社会民生发展需要职业教育深层次改革

1. 城市化率和产业人口分布影响职业教育的布局结构

根据统计，2009—2015 年城镇人口比例逐年增加，分别为 48.34%、49.95%、51.27%、52.57%、53.73%、54.77% 和 56.1%，乡村人口比例则逐年降低；从 2009 年到 2015 年中国经济活动人口数量和比例来看，第一产业人口逐年减少，第二、第三产业人口逐年增加。城市化率和产业人口分布情况给职业教育的发展提出了三个要求：其一，根据产业结构的发展趋势，调整职业教育体系的专业结构，提高面向第二、三产业的专业的比例；其二，根据产业结构升级的情况和行业产业对职业资格的最新要求，调整职业教育的人才培养方案，提升职业教育的层次、办学质量和办学水平；其三，针对第一产业，建设立体化的面向第一产业的职业教育体系，为第一产业的从业人员提供职业培训和职业教育，为从第一产业转移出去的劳动力提供转岗换业所需要的继续职业教育和职业培训；其四，根据产业结构调整和升级的情况，为各行各业岗位转换、职业转换、工艺革新、技术升级等提供多种形式的职业继续教育和职业培训。

2. 农村空心化对涉农职业教育发展的影响

在城市化率不断提升的过程中，常常会出现农村空心化的社会现象，其直接后果是耕地抛荒、农村常住人口减少、农村基础设施和公共服务运转困难、农村公共安全问题凸显以及留守老人、留守儿童和留守妇女等社会问题并发，严重影响了农村社会的繁荣和农村家庭的稳定。为此，职业教育体系应该进行以下几方面的改革，逐步建立农村技术和技能积累机制：其一，针对农村村落地理位置偏远、财政困难、经济薄弱、难以提供教育服务等情况，需要运用广播电视技术、现代信息和网络技术，尤其是移动网络技术，为当地的生产运行、产业升级、生活改善、进城务工等提供多层次、多类型的远程职业教育服务；其二，优化农村职业教育结构，突出职业与成人教育在农村教育中的地位；其三，通过加强农村教师的教育技术培训，推进农村（特别是偏远乡村）的教育信息化建设；其四，借助现代职业教育体系建设，继续推进城乡教育综合改革和综合治理，不断缩小农村和贫困地区与发达地区和城市的教育差距。

3. 人口流动和人口结构变化对职业教育招生和办学规模的影响

根据 2009—2015 年中国城镇、乡村人口比例和 2009—2015 年中国经济活动人口数量和比例的统计情况来看，社会总人口呈现出从农村向城市流动、从第一产业向第二和第三产业（尤其是第三产业）流动的趋势，这就要求职业教育在兼顾统筹城乡差别和三大产业发展差异的基础上，适当向城市区域和第二、三产业倾斜，尤其是要加大针对第三产业的专业建设。根据 2009—2015 年中国劳动人口比和抚养比来看，我国

近年来的劳动人口比（15—64 岁）和社会总抚养比基本维持稳定，而少儿抚养比逐年降低，老年抚养比逐年增加，这就说明未来一段时间内，学龄人口和劳动人口必然出现下降趋势，这就要求职业教育必须适当控制办学规模，挖掘职业培训的潜力，通过为劳动人口提供多种形式的职业培训，维持现有在校生规模和运营事业经费收入。

4. 社会消费需求对职业教育专业结构的影响

从 2009 年到 2014 年城镇居民人均现金消费支出比例和恩格尔系数来看，我国城镇居民和农村居民恩格尔系数逐年降低，城镇居民的恩格尔系数高于农村居民的恩格尔系数，我国居民的生活需求越来越呈现多样化。因此，职业教育必须适应居民生活多样化的需要，为社会提供多种多样的职业教育服务，除了继续稳定食品、烟酒相关的职业教育专业发展规模外，重点建设交通和通信、教育、文化和娱乐等方面的职业教育专业。

第三节　建设基础给予现代职业教育体系建设目标的启示

为了应对社会经济发展的新常态，必须依托国务院《关于加快发展现代职业教育的决定》（国发〔2014〕19 号）、《关于发展众创空间推进大众创新创业的指导意见》（国办发〔2015〕9 号）、《关于深化高等学校创新创业教育改革的实施意见》（国办发〔2015〕36 号）、《中共中央关于制定国民经济和社会发展第十三个五年规划的建议》等文件的基本精神，在巩固前期发展成果的基础上，深化职业教育的供给侧改革，创新职业教育治理体系，加快职业教育体制机制改革，完善职业教育的法制体系，实现职业教育要素的最优配置，激发社会力量举办职业教育的潜力和活力，扩大国际教育合作和交流，最终促进职业教育与产业经济的良性互动，减少职业教育结构性矛盾，使职业教育能够更好地服务于治国理政新布局、服务于社会经济改革、服务于改善人民生活，不断提升职业教育的社会地位和社会吸引力。

一、深层矛盾更加凸显，治理体系改革亟待深入

在经济新常态时期，现代职业教育体系发展过程中凸显的矛盾及其引发原因具有内在的逻辑关系。因此，必须把握现代职业教育体系发展矛盾的主次关系，从而厘清进一步改革的总体思路。

1. 现代职业教育体系发展矛盾的逻辑关系

从外部关系来看，"现代职业教育体系实际上是以'环境—体系—主体'三大核心要素相互紧密耦合而成的共生系统，在这个共生系统中，有三个关系链：环境—体系、

体系—主体和环境—主体"。其中，环境是现代职业教育体系发展的约束条件、存在依据和价值基础，它包括政治、经济、社会、技术、法律和伦理等外在因素；主体是现代职业教育体系和社会经济可持续发展的重要人力资源，它包括各类职业教育的学习者和教师资源等受现代职业教育体系约束的内在要素。

从内部关系来看，现代职业教育体系是担负行政管理职能的职业教育治理体系、执行职业教育人才培养职能的各类职业教育机构以及职业教育的主体组成的复杂系统，在其内部也存在三个关系链：职业教育治理体系—职业教育机构、职业教育机构—主体、职业教育治理体系—主体。可见，主体是沟通现代职业教育体系内部和外部的重要纽带和关键要素。要解决现代职业教育体系发展过程中的矛盾，还需要继续分析这些矛盾的逻辑关系和主次地位，最大限度地促进职业教育主体的发展。

2. 现代职业教育体系深层矛盾的消解思路

从外部关系来看，现代职业教育体系存在三对矛盾关系：其一，现代职业教育体系与环境之间的供需结构性矛盾，即职业教育人才供给和社会经济发展对人才需求之间的结构性矛盾；其二，现代职业教育体系的服务供给与主体（尤其是学习者）发展需求之间的结构性矛盾；其三，主体（尤其是学习者）与环境之间的发展性矛盾，即职业教育毕业生的社会竞争力和可持续发展能力不足的问题。

从内部关系来看，现代职业教育体系也存在三对矛盾关系：其一，职业教育治理体系与职业教育机构之间的供给的综合性矛盾，即职业教育治理体系的制度、法律、政策和标准等体系不完备、时效性不强；其二，职业教育治理体系与职业教育主体之间投入的绩效性矛盾，即国家财政对职业教育的投入巨大，但职业教育的社会吸引力依然不高，这是职业教育发展过程中积留已久的矛盾；其三，职业教育机构与职业教育主体之间的供需结构性矛盾。其中，外部关系中的前两个矛盾属于供需结构性矛盾，它是现代职业教育体系发展过程中的根本矛盾，决定着职业教育的社会贡献、社会地位和社会吸引力等；内部关系中的第一个矛盾，即职业教育治理体系的改革与职业教育发展需要之间的矛盾，是当前经济新常态时期职业教育发展过程中的主要矛盾。

综上分析，现代职业教育体系内部的三个矛盾是内因，它们对体系外部的三个矛盾具有决定性作用，而且，在经济新常态下，现代职业教育体系的主要矛盾影响其根本矛盾的发展趋势。可见，在经济新常态时期，必须解决现代职业教育体系内部的主要矛盾，才能很好地解决体系外部的根本矛盾和其他矛盾，最终才能促使职业教育的主体实现良性发展。具体而言就是，必须有效地消除职业教育治理体系与职业教育机构之间供需的综合性矛盾，才能解决体系内部的投入绩效性矛盾和体系内外的供需结构性矛盾，最终消解主体的发展性矛盾，实现主体可持续发展这个终极目标。

二、深化顶层机构改革，强化政府宏观治理能力

1. 创新中央部门合作机制，完善职业教育治理体系

按照 2013 年《第十二届全国人民代表大会第一次会议关于国务院机构改革和职能转变方案的决定》的精神，"以职能转变为核心，继续简政放权、推进机构改革、完善制度机制、提高行政效能"，在社会主义市场经济体制下，加快完善职业教育治理体系，为全面建成现代职业教育体系提供制度保障。

中央政府必须在职业教育的治理体系中起到领导作用。国务院要继续深化机构改革，创新中央部门的合作机制，协调中央政府、地方政府、职业教育机构、行业组织、社会中介机构等之间的关系，明确各自的职责和权力，建立和完善适应社会主义市场经济体制的职业教育治理体系；在国务院各部门职业教育联席会议制度的基础上组建相对独立的职业教育质量和标准管理局，作为专业化的职业教育质量和标准管理机构，与教育部门、人力资源和社会保障等部门并行协作运行，改变当前我国经济制度、劳动制度、教育制度之间相对分离的格局，统筹管理和协调规划全国职业教育的发展格局，行使国家职业教育标准体系建设、监督、实施、推广职能，以及为地方职业教育行政管理机构培养专业人才队伍等职能，向国务院直接汇报职业教育质量标准的实施情况，对社会公布核准的职业教育标准实施公报；继续推进部门之间的联席会议制度，完善职业教育顶层治理体系；进一步完善国务院领导下的地方为主、分级管理、社会广泛参与的协同治理结构；发挥行业组织、企业组织和社会机构在职业教育治理中的积极作用。

地方政府要在职业教育的治理体系中起到主导作用。地方政府要依照国家职业教育标准管理机构的建制模式，分离职业教育行政管理机构的教育评估职能，建立相对独立的地方职业教育标准管理机构，依据国家职业教育质量和标准管理体系，建设、监督、实施、推广本地职业教育质量和标准管理体系，实施上级职业教育质量和标准管理机构下达的评估任务，向上级职业教育质量和标准管理机构汇报质量标准实施过程中的情况，对社会公布年度标准实施公报。各级政府在职责范围内宏观调控和统筹协调职业教育，指导本级职业教育质量和标准管理机构开展工作，为职业教育发展提供制度和政策保障，进一步促进"职业教育与其他各类教育协调发展，建立多渠道的职业教育经费筹措机制，组织动员社会力量举办职业教育"。

行业组织和社会中介机构要在职业教育治理中发挥积极作用。各级政府要出台政策，按照去行政化要求，切断行政机关与行业组织和社会中介机构之间的利益链，建立符合社会主义市场经济体制的行业组织和社会中介机构的管理体制和运行机制，促进和引导行业组织和社会中介机构"以决策咨询、管理与服务的形式参与现代职业教育治理"，使其能够在职业教育机构和企业之间起到协调、监督作用。国家层面和地

方层面的职业教育质量和标准管理机构，必须与各行各业展开密切合作，邀请行业企业的专家担任职业教育标准体系的制定者、实施者和评估专家，从教育行政体系中选拔和培养一批专门化的职业教育标准管理队伍，按照职业教育专业建设情况，组建质量标准管理人才库，定期向职业学校提供职业教育标准的解读、培训、咨询和指导实施等服务。

2. 深入贯彻依法治教理念，理顺职业教育治理关系

深入贯彻依法治教理念，按照"统一领导、分级管理、职责分明"的原则，综合运用法律手段、经济手段和行政手段，挖掘"在国务院领导下，分级管理、地方为主、政府统筹、社会参与"的职业教育治理体制的潜力，形成适应经济新常态的职业教育治理机制，不断提升治理能力。

积极创新和完善职业教育综合治理体制，理顺职业教育体系内部各个部门之间的关系，促进职业教育和职业培训、职业技能与资格鉴定之间相互融通和衔接，在经费、资源、法律、法规、政策、标准、专业、课程、师资、实习实训、科研、信息等方面实现高度共享；理顺职业教育与社会各部门之间的关系，在就业创业、师资培养、协同治理、法律制约、资源配置、质量评估、教育督导、教学诊断等方面广泛吸收社会力量参与，促进职业教育结构的调整和优化，协调好资金投入和教育环境的建设，在校企合作、科研参与、办学合作、人员交流、组织制度、实施和监督职业教育法等各个层面建立长效机制。

全面理顺政府、学校、企业、学生、家长等多个利益主体的职责定位与行政、法律、市场、伦理道德等关系。政府主要承担总体发展和布局结构的规划、政策和制度供给、教育行为督导、教育质量评估和诊断、部门合作和协调、引导媒体广泛宣传、奖励办学先进和典型、资助和补偿弱势群体、培养和培训教师队伍、保障经费和资源投入，以及统筹运用行政手段、市场机制和法律制度，优化职业教育发展环境，保证社会力量平等参与和举办职业教育等职责。教育机构行使产教融合、校企合作、专业和课程建设、教育和教学模式改革、就业和创业指导、职业资格和技能鉴定等职能。企业具有发展职业教育、按需分担投入资金等义务，突出行业企业在职业教育治理体系中的主导位置，鼓励行业、企业或者其他社会力量以独立或联合等形式举办职业教育、设立冠名奖学金和助学金、落实劳动职业资格制度和劳动准入制度等。

努力构建和谐有序的竞争框架，积极引进世界银行、联合国教科文组织、经济合作与发展组织等国际组织、跨国公司、公司大学和媒体公司等境外教育服务机构，通过颁布教育改革咨询报告等形式，积极参与跨国、跨地区的职业教育治理，在职业资格证书和职业教育标准制定、基本能力建设、教育信息共享、教育科学研究、学术交流、远程教育和虚拟学习等方面开展多方位的合作，推进职业教育治理体系和治理能力的现代化进程。

3. 创新职业院校治理机制，激活社会资本办学潜力

根据社会主义市场经济的运行规律和运行特征，建设综合治理和现代法人治理并行的学校治理机制，继续完善"党委领导、校长负责、专家治学、民主管理、企业参与、社会监督"的职业学校治理结构，在现代职业学校章程建设、职业学校权力制衡机制建设、职业学校制度载体和运行规则建设等方面有所突破，"建立由行业、企业等社会各界人士参加的咨询委员会或理事会"，参与学校重大问题决策和发展规划；在治理体制、法律体系和政策工具的约束下，进一步改革办学体制，改变"政府主导、依靠企业、充分发挥行业作用、社会力量积极参与"以及公办与民办共同发展的职业教育办学格局，积极尝试公有制、股份制、混合所有制等多种所有制并存的办学方式，允许各类要素参与办学并获得合法回报，激励和支持社会力量和民间资本兴办职业教育，清除不利于民办职业教育的歧视性条款，创新民办职业教育办学模式，扩大职业学校的办学自主权，增强其自主办学和自主发展的能力，使职业学校在招生规模、专业设置、课程建设、学籍管理、教师聘用、经费使用等方面享有充分的自主权；积极扶持有条件的职业学校跨区域招生，与国内本地、异地职业学校联合办学，也可以开展跨国和跨境职业教育服务。

4. 同步优化产业和职业教育结构，提升服务于国计民生的能力

在经济新常态下，要鼓励制定新的区域社会经济发展政策，同步促进产业经济和职业教育的空间转移和结构优化，消除地区间经济、文化和教育等不平衡的发展格局，鼓励和扶持经济发达地区、中心城市大力发展技术密集型和资本密集型产业，同时促进这些地区的职业教育积极进行专业改造、专业升级，新建与这些产业配套的专业；帮助劳动密集型产业逐步向中西部地区、农村地区和经济欠发达地区转移，同时促进这些地区的职业教育进行相应的专业建设和专业改造；加大职业学校和行业企业的合作，允许各地区在法制框架下自主决定职业教育的办学形式和办学规模，因地制宜开展专业和实训条件建设，不断扩大职业教育和职业培训的受益面，保证当地产业发展所需人力资源能够接受充分的职业技能训练，促进人力资源在产业之间和产业内部的有序流动。在未来一段时期内，需要运用现代管理学的技术手段，积极研究社会经济的变化趋势，结合治国理政新布局，进一步落实现代职业教育体系的建设目标，形成更具体、更具有可操作性的改革任务，不断提升现代职业教育体系服务于国计民生的能力，积极应对城市化率不断提高、农村空心化现象加剧、人口流动日趋加速、社会需求极大丰富等趋势，为各级各类学习者谋职创业、转岗换业、个体的兴趣爱好等提供灵活选择职业教育和职业培训服务的机会。

三、深化基本制度改革，解决职业教育深层矛盾

积极深化国家职业教育基本制度改革，破解职业教育发展中因制度供给滞后而造成的深层问题，建立职业教育发展的长效保障机制，切实提高职业教育的质量，提升职业教育的社会地位。

1. 深化国家收入分配制度改革，提升职业教育社会地位

继续深化国家分配制度改革，"规范初次分配，加大再分配调节力度，调整优化国民收入分配格局"，缩小不同类型劳动者之间的收入差距，从而提升职业教育的社会地位，实现人力资本结构的优化发展，最终形成分配制度和市场价格机制良性互动的技术技能积累机制。首先，通过初次分配制度改革，使工资性收入向实现社会财富积累行业的劳动者倾斜，提高实体产业劳动者工资性收入，使其能够在技术创新驱动的产业结构调整中敢于担当；其次，通过税收制度改革，调节社会财富集聚行业劳动者的收入，使其在社会福利制度改革中承担更多义务和责任，能够为社会财富公平起到良好的调节作用；最后，消除由于分配不均衡而形成的隐性兼职和不良收入对职业精神带来的对冲效应，逐步树立工匠精神、职业精神和专业化发展等崇尚技能、崇尚劳动的职业文化，从而建立与经济新常态下供给侧结构性改革相适应的和谐而有序的收入分配新秩序，促进职业教育所培养的劳动力资源能够通过本职工作的劳动收入的积累，承受得起房地产等个人大宗消费和重大风险的冲击，实现幸福生存和持续发展的需要。

2. 加快职业教育制度改革，奠定职业教育治理基础

国家层面的职业教育制度，是职业教育的多元主体协作互动，实现治理现代化的基本规范和重要保障。就目前我国职业教育制度的建设情况来看，必须站在更宏观的层面，从体系化的角度设计职业教育制度，建立"国家有限宏观调控、市场自由竞争、行业企业主导"的职业教育制度框架；在这个制度框架下，还需要"建立相应的决策管理制度、教育培训机构体系、质量保障制度、经费投入制度、教师专业化发展制度、社会合作制度、技能工资匹配制度"、职业教育科研制度、职业教育改革绩效评估制度等职业教育的基本制度，以及建立产教融合和校企合作的法律与制度、国家职业资格框架、职业教育质量保障制度、职业教育分级制度、民间资本和社会资源参与和举办职业教育的制度等专项制度，解决职业教育发展重点和难点问题。

3. 尽快完善职业教育法律体系，确保举办主体合法权益

根据时代发展的需要，及时修订职业教育的法律体系，规范和保障民办职业教育、第三级教育、职教集团、社会资本对职业教育的投资和融资行为等，规范职业教育法

的立法基准和立法语言，提升职业教育法的刚性、权威性和立法地位，从终身学习角度明确现代职业教育体系的层次和结构，从责权对等角度明确界定职业教育的体制机制和相关利益者的义务与权利，增补产教融合、校企合作、顶岗实习、教师企业进修和专业化发展、办学基本条件、质量评估、职业教育科研、职业教育改革等法律条款，将职业教育纳入国家层面的法律、法规、制度或国家战略设计之中，为职业教育体系完善、经费和资源投入、校企合作、质量评估等提供法理依据。

4. 加速建设职业教育标准体系，促进学习者多元化发展

在经济新常态时期，要结合国际人力资源市场通行规则，加快研制职业教育标准体系，并建立标准体系的实施和保障机制，促进各类职业教育学习者的多元化发展。

首先，根据国际通行规则和国内社会经济发展需要，深化部际联席会议制度，加速构建国际人力资源市场认可的职业教育标准体系，制订职业教育标准体系的评估细则和实施细则，对办学条件、经费投入、教师评聘和人事晋升、学生录取、教师专业能力、课程与专业建设、实习实训基地建设、图书馆和体育设施建设、教学绩效、后勤服务、学生学业成绩和职业技能等进行科学评价。

其次，深入分析我国产业用工传统以及用工趋势，协调教育、产业和人力资源等社会部门，制订与国际人力资源市场接轨的国家职业资格框架和职业准入标准，统筹职业教育的学历证书体系与职业资格证书体系，建立职业教育学历证书体系与职业资格证书体系双向沟通的通兑互换机制，为职业主体的职业生涯提供顺畅的转换途径。

最后，建立职业教育标准体系的实施和保障机制，促进现代职业教育体系建设的标准化程度。建立职业教育标准体系的制订机构及常设机构，根据职业教育的发展规划以及教育部门、产业部门和劳动人事部门联席会议的决议，研究、制订和修订职业教育的相关标准；建立职业教育标准体系的推广和实施组织，向职业学校以及相关组织和机构、社会公众宣传和培训职业教育的相关标准的内容和条款，指导其正确理解和运用这些标准；建立职业教育标准体系的认证、评价与仲裁机构，对地方教育行政部门、职业院校以及其他职业教育相关部门自行制定的职业教育相关标准的合理性、科学性和可行性等进行认证和评定，对第三方职业教育实施机构、地方教育行政部门、职业院校以及其他职业教育相关部门开展职业教育的资质进行认证和评定，对地方教育行政部门、职业院校等实施对职业教育标准的情况进行评价；对职业教育标准体系的实施和评价过程中出现的异议进行仲裁和协调。

四、深化投入机制改革，保障职业教育健康发展

在经济新常态下，要进一步理顺政府与市场、企业与学校等之间的关系，改革职业教育的投入机制，完善职业教育资源的市场调配机制，建立多种所有制形式的办学

模式，利用国家财政的杠杆效应，逐步形成国家财政投入"保基本、促公平"，社会投入"促发展、出效益"的局面。在职业教育的法律和制度框架下，通过市场机制和行政手段实现职业教育的均衡化发展。

1. 改革财政投入机制，提高职业教育经费杠杆效应

积极优化职业教育投入机制，运用财政杠杆带动各个职业教育举办主体的投入力度，应对经济增速趋缓和财政投入压力增大的趋势，想方设法实现现代职业教育体系的建设目标。在保障职业教育经费投入总量的基础上，要坚持公共财政投入职业教育的公益性，发挥政府投资的主体作用和核心功能，完善职业教育经费财政保障制度，加大中央财政对欠发达地区和民办职业教育的转移支付力度；积极完善中央财政和地方财政在经费投入的配套政策，运用财政杠杆进一步拓宽职业教育经费的筹措渠道、优化经费结构，推动地方财政落实转移支付和经费配套的职责；通过税收激励、名誉激励、技术服务激励等方式，建立经费投入的激励机制，引导社会资金和民间资本投入；按照股份制、混合所有制等形式，积极引入行业企业等社会资金和民间资本，激发社会力量举办职业教育的潜力；进一步完善政府、行业企业、社会力量等多元参与的经费资源筹措体系；发挥市场机制在职业教育经费投入机制改革中的积极作用，允许以各类要素参与职业教育办学，保护办学主体的产权和权益，引导民间资本和社会力量大举投入职业教育，形成公办和民办并举、股份制和混合所有制并存的多元化办学形式和办学格局；改革职业教育学生的资助机制，向最需要经济补助的家庭困难学生倾斜，提高补助机制的针对性；要尽快建立按照以人才培养结果为导向的经费投入政策，政府根据培养结果采购教育服务，确定职业教育经费投入额度；按照区域集约化模式优化职业学校的空间布局；建立经费绩效评价机制，建立职业教育经费督查和审计制度，提高职业教育财政性经费的使用绩效。

2. 健全资源配置机制，推进职业教育要素有序流动

强化政府对职业教育资源的宏观调控能力，切实履行发展职业教育职责，优化配置职业教育资源，调整普通教育和职业教育的资源配置比例，促进职业院校布局和新型城镇化发展、区域建设的有机衔接；加强职业教育内部资源的管理，盘活职业教育内部资源，实现校际资源共享，提高职业教育内部资源的利用效率和集聚度，采用兼并、托管、联合等模式，促使职业教育集约发展。

打破职业教育封闭式的资源管理模式，通过产教融合、校企合作，实现校企资源共享，提高社会职业教育资源的配置效率；通过与国际组织、境外机构以及国外知名教育机构合作办学，在信息、师资、设施、管理经验等多方面实现国际和境外资源的共享。

建立和完善职业教育资源配置的法律法规，确保市场机制的调节和配置功能，让

职业教育机构成为职业教育的市场主体，真正拥有办学自主权，运用市场机制盘活职业教育资源，根据市场需求建立符合职业教育机构自身发展的资金运作机制，营造公平、共享、补偿的激励机制和法治、有序、良好的发展环境。

适应产业结构调整和经济社会发展，建立职业教育资源的保障机制；尊重各主体自主选择权，根据市场供求机制合理配置职业教育资源，健全职业教育资源的供求机制，提供社会所需要的职业教育服务；建立统一而开放的职业教育资源配置机制，清除职业教育资源市场壁垒，完善职业教育资源的竞争机制，加快形成自由流动、平等交换和公平竞争的现代职业教育资源市场体系；减少政府强制定价，确定劳动力市场人才聘用合理价格，构建职业教育资源的价格机制；建立信息披露制度，推动职业教育资源共享信息，完善职业教育资源的信息机制。

3. 盘活债务产能合作，积极承担国际教育责任义务

随着我国产业结构的调整，越来越多的中国企业会借助"一带一路"等国际产能合作战略走向国际市场，参与国际竞争和国际分工，不断向全球价值链上游迈进，承担越来越多的国际义务，为合作国家的经济建设和产业升级提供帮助。

"2016年上半年，中国企业海外并购总额达到1225亿美元，海外并购额超过德国（18%）和美国（12%），位居首位。"然而，由于合作国家教育水平以及技术工人职业素养的限制，中国企业的售后服务负担较重，且在当地的后续发展也受到了约束。因此，要使中国企业进一步巩固国际市场地位和国际竞争优势，必须积极向海外输出职业教育。目前，我国与三十多个国家、十几个国际组织都有非常密切的国际交流和合作，建立了中德、中瑞、中荷、中意以及中国—东盟等一系列合作平台。在经济新常态时期，需要继续利用这些交流机制，积极盘活国际债务，做好多边职业教育交流和合作。一方面，要利用国际债务转移机制，大力加强国内职业院校的内涵建设。具体而言，继续积极开展与欧盟国家、澳大利亚和美国等的职业教育合作，培养适合中国产业结构转型升级的职业教育师资和职业教育人才；积极引进优质的国际职业教育师资力量和国际职业教育资源，提升职业教育的基本要素水平；积极学习、引进、消化、吸收国际职业教育标准体系，借助国际专业认证的理念，改进职业教育专业的建设模式，确保人才培养质量不断提升，培养具有国际视野的高素质产业人才。另一方面，依托"一带一路"等国际产能合作机制，扩大沿线国家间教育领域互利合作和多边交流，承担更多的国际教育责任和义务。具体而言，依托国际合作机制，采用国际和国内标准相结合的方式，以国际标准为主、国内标准为辅，建立独资的墨子学院，或者与当地院校联合建立墨子学院，结合中国企业的发展以及当地产业经济的发展，为合作国家培养职业教育师资和职业教育人才，培训技术工人，将海外输出的技术本地化，形成中国产业技术可持续发展的长效保障机制，形成中国企业与当地社会共赢发展的局面。

第六章 现代职业教育对治理体系现代化的积极作用

"十年树木，百年树人"，教育是民族振兴和社会进步的重要基石。坚持把教育放在优先发展的战略地位，是我国现代化建设的一个重要指导思想。党的十八大在谈及"努力办好人民满意的教育"的内容中，明确指出要"加快发展现代职业教育"。十八届三中全会强调要"加快现代职业教育体系建设，深化产教融合，培养高素质劳动者和技能型人才"。十八届五中全会通过的《中共中央关于制定国民经济和社会发展第十三个五年规划的建议》中指出，"建设现代职业教育体系，推进产教融合、校企合作"。同时，他还强调指出，要"牢牢把握服务发展、促进就业的办学方向"，体现了中央领导集体对职业教育工作的高度重视和关怀。

我国经过几十年的持续快速发展，要想跨过这个坎，就需要在继续发挥后发优势的基础上，需要创造自己在新时期新阶段的先发优势，依靠科技创新打造竞争新优势，从而提升自身在国际产业价值链条中的位势。近年来，伴随着我国社会的快速转型，产业结构也在不断优化升级，对劳动力的需求也是逐渐向着高端方向发展，如有着更高附加值的技术用工转变。纵观很多发达国家走过的历程发现，经济结构的调整往往与人才结构的调整同频共振、相互倚重。我国当下正在推行的创新驱动发展战略，对劳动力的整体素质、人才结构都提出了很高的要求，劳动力的升级提质也需要与国家整体战略去进行同步调整、与之匹配，而职业教育作为培养人力资源开发的重要组成部分，对此责无旁贷。

中央领导对职业教育工作做出的一系列安排和部署，实际上也提出了一个事关全面治国理政的重要问题，其理论和实践意义已经远远超出职业教育本身范围。十八届五中全会通过的《中共中央关于制定国民经济和社会发展第十三个五年规划的建议》中指出，优化教育机构体系是不断提高教育质量的重点所在。首先，"需要是建设现代职业教育体系。推进'产教融合、校企合作'，推进现代学徒制试点、集团化办学、校企一体化办学、'双师型'教师队伍建设，推进终身职业技能培训制度，培养数以亿计的高素质劳动者和技术技能人才。其次，优化学科专业布局和人才培养机制。适应国家和区域经济社会发展需要，鼓励具备条件的普通本科高校向应用型转变，重点扩大应用型、复合型、技能型人才培养规模"。这些论断为今后职业教育的快速健康发展提供了思想武器和行动指南，为职业教育更好地为国家治理现代化提供积极作用指明了方向和重点。

第一节　发展职业教育与保障政治稳定

进入 21 世纪以来，我国职业教育得到持续快速发展，在促进社会公平、改善民生、维护稳定方面发挥了重要作用。职业教育作为面向人人的教育，为很多有志于走技术技能成才道路的青年学生提供了实现自己理想、顺利融入社会的机会和可能。据调查，很多职业院校学生家长对孩子接受系统的职业教育有着非常务实理性的目标诉求，其出发点大都是盼望孩子能够通过几年的系统学习，丰富知识，开阔眼界，提高涵养，可以学到真本事，在走向社会的时候，自食其力，自力更生，独立自主地走好自己的人生路。对孩子的期望大多是基于能够自食其力、勤劳勤勉的一位普通劳动者，这代表着广大民众最为朴素的心声。这些理念有利于广大毕业生以更加平和的心态融入社会，从基层做起，脚踏实地、一步一个脚印地投身国家和社会的建设中去，有利于从根本上夯实社会稳定的民意基础。此外，国家从 2007 年秋季开始，正式推行"中职教育国家助学金"制度，为中职学校大部分农村学生和贫困学生提供每人每年 1500 元的国家助学金，这对中低收入家庭来说，是一场"及时雨"。一定程度上讲，这是国家为广大普通民众提供的较为适合对路的公共服务，为切实减轻群众负担、普通家庭子女通过职业教育实现社会流动创设了较为公平的机会和条件。今后还需要政府继续以促进公平公正为要求，发挥政府保基本、促公平的重要作用，为来自基层群众的子女提供更多更好公平的接受职业教育的学习机会，享有同等的接受职业教育的权利，在同等的社会规则面前进行公平竞争。同时，政府需要继续加强对城乡间职教资源的统一调配，对地区之间进行相互帮扶，确保职业教育在解决"零就业"家庭中持续不断地发挥重要作用。这样很多接受职业教育的学生能够承载着很好的希望去积极进取，人心思稳，人心思进，对未来有着更为理想的期许，增加对社会发展目标的政治认同度，促进社会的和谐发展。这样，职业教育就会起到很好的政治稳定器的作用。

在职业教育发展的实践中，存在着"应然"和"实然"反差。国家层面，从年年上演的就业季大战和技术技能型人才严重短缺问题出发，出台了一系列配套推进职业教育的制度、政策、法规等举措，彰显了越来越重视职业教育的决心，从理论上讲应该是有很好的发展空间和前景的。但由于观念的影响深刻久远，一旦某种观念融入我们的思维深处，演变为一种思维定式，融入我们的文化当中，但观念层面上一直受到"学而优则仕""有科无技""述而不作"等文化观念的影响，造成了事实上对职业教育事业发展空间的不公。人们往往"从实用主义视角来分析职业教育的功能，关注的是它的经济功能和社会功能，淡化了职业教育的政治功能、科技功能和文化功能，忽视甚至轻视职业教育对人的全面发展的功能"。杨金土先生认为："促进人的发展是教育的第一价值，职业教育的发展使整个教育的第一价值得到提升。"在职业教育的诸多价值中，经济价值是外在的、表层的，社会价值是中间层的、核心的价值，而人的价值才是最为本原性的、最根本的价值。

　　教育作为改变个人命运最重要的手段，在发挥其重要作用的过程中，需要秉持好公平原则。通过对教育资源进行合理配置，这既符合社会发展和稳定的要求，也符合社会成员对个体发展的需要，这其中包括：人人享有平等的受教育权利，接受相对平等的受教育机会，以及教育成功机会和教育效果相对均等。"教育公平是机会公平的关键。教育资源配置不合理，导致受教育机会不平等，使得一部分人面临由此带来的一系列不公平。"美国心理学家霍华德·加德纳在20世纪80年代提出了多元智能理论，他认为，智力是由相对独立、相互平等的八种智力构成的，即"音乐智能、身体—动觉智能、逻辑—数学智能、语言智能、空间智能、人际智能、自我认知智能和自然智能"。这些智力是"同等重要的，不存在高级与低级、先进与落后之分，是全人类都能够使用的学习、解决问题和进行创造的工具。每个个体都具有这八种智力的潜能，只不过在每种潜力上表现不同而已"。由于每个人多元智力表现迟早、表现领域程度和水平不同，也就存在了一定的差异。也可以说，人人都有在某个方面特有潜质，有能够发挥出个人才能的领域。教育一定程度上就是善于在学习实践中发现和拓展学生们某方面的优势智能，扬其所长，然后带动其他方面潜能的拓展，促进整体潜能的不同发展和提升。多元智力理论所揭示的真理就是人人都是可塑之才，只是闪光点不同而已。只要方法对路，能够及时发现学生们擅长的领域，及时给予他们合适的空间和机会，每个人都可以得到适合自己潜能的发展。这种拓展已经远远超越了以往传统的语言—数理逻辑能力的智力观，认为仅仅凭借一方面的高低去评估判断学生优劣，是对学生最大的不平等。现实中发现，很多职业院校的学生在创新创业能力、动手操作能力、社会交往能力和心理承受能力等方面有很大的潜质，以往的高考试卷一个标准"一刀切"的做法存在一定的局限性，并没有完全把学生的其他能力测试出来。近年来，国家逐步推行的技能型高考模式，为多元化人才成长提供了一个较为客观公正的人才选拔培养渠道，通过高考制度的改革，我们可以为选择职业教育的学生找到最佳的成才成功之道，接受职业教育，发现自身的闪光点，依然可以找到一条符合自身实际的成才成功之路。即人无全才，人人有才，只要能够找到适合自身智力特点的路子，每个人都可以成才，做最好的自己。在接受系统职业教育之后，很多高职高专毕业生普遍认为自己在"人生态度、进取心、包容精神、公益心、责任感、法纪观、健康观、成才观等方面有很大的进步和提升"。他们在接受适合自身职能特点的教育过程中，逐渐提高实践智慧，悟得隐性知识，为以后的社会实践打好基础，以自己的潜在优势和实际能力赢得社会的尊重和认可，为更好地营造"崇尚一技之长、不唯学历凭能力""三百六十行，行行出状元"的氛围做好示范，为实现更广泛意义上的社会公平和正义奠定坚实的基础。从每个人内心深处都能够真正在社会上找到适合自己的发展道路,积极融入社会,提升个人素质、用自己的优势去服务现代化建设,这非常有利于人们的社会认同感、增进社会稳定的因素。

第二节　发展职业教育与改善民生

就业是民生之本,通过接受职业教育,掌握一定的技能,实现顺利就业,融入社会,职业教育成为解决民生问题的一个法宝和调节器。据统计,"十一五"以来,我国年均新增就业人口中有"近1000万是职业院校的毕业生;全国技能劳动者占到当年就业人口的比例从12.8%提高到18.4%。中职毕业生年均就业率始终保持在95%以上,高职毕业生保持在90%以上,就业情况呈现出多元化、渠道多样、实体经济供不应求、区域差距明显缩小等特点。研究表明,职业教育招生数占比每上升一个百分点,第二、三产业吸纳就业的比重就上升为0.5个百分点"。

我国是人口大国,就业问题也始终存在。《国民经济和社会发展第十三个五年规划纲要》指出,"实施更加积极的就业政策,创造更多就业岗位,着力解决结构性就业矛盾,鼓励以创业带就业,实现比较充分和高质量就业"。随着我国经济进入中高速增长阶段,就业的宏观环境也开始发生了很大变化,就业形势又面临着新的形势和考验。从2012年起,我国劳动年龄人口的总量开始呈现逐步下降趋势。2013年16—59岁的劳动年龄比2012年下降了244万,2014年比2013年下降了371万人,2015年底劳动年龄人口为91096万人,比上年末减少487万人。在全面放开二孩儿生育政策的实效显现之前,这种劳动年龄人口下降的趋势将持续一段时间,就业总量的矛盾相比较以前将有所缓解。但总体上看,就业总量的压力依然不小。2013年劳动年龄人口将近9.2亿人,预计到2030年以前,劳动力规模始终保持在8亿人以上。与此同时,在国际金融危机深度影响下,随着经济发展方式转变、产业结构调整、技术革新步伐的持续加快,劳动力供求不匹配的结构性矛盾依然非常突出,表现在以下几个方面:在失业与下岗人员劳动技能、技术水平与市场岗位需求的不适应、不匹配,"就业难""招工难""技工荒"和高校毕业生及部分人员就业难并存,越加明显。近年来,随着企业经营运转状况的好转,很多企业在招聘新员工时候更加务实理性。那些学历适中、能力突出、肯吃苦耐劳、职场适应能力快的人才,是企业最看重、产业转型最适合、社会发展最期待的人才。社会上要有多元的价值坚守,不管在哪个年代,培养人才,同样也是高校的使命和职责。

2013年5月,麦肯锡全球研究院发布《一个价值2500亿美金的问题:中国能否填补技能缺口》报告,该报告指出,"企业如果以低技能员工弥补缺口,可能影响生产率或者产品和服务质量变得更差。有些公司可能因为空置这些岗位不得不推迟发展或扩张计划"。随着新技术、新产业、新业态不断涌现，产业优化升级对各类人才尤其是技能型人才的需求会进一步增加，但技能型人才供给存在很大的缺口和不平衡，影响到产业的升级换代。"技能型劳动者仅占就业人员的19%，高技能人才数量还不足5%；技能劳动者的求人倍率一直在1.5∶1以上，高级技工的求人倍率甚至达到了2∶1以上的水平。"近年来，随着中西部经济发展的提速，技工紧缺现象呈现了从东部沿海到内陆地区的扩散态势，从季节性缺人到经常性缺人。近年来高校毕业生虽是持续增加，但创新能力和专业技能、技术水平相对较弱，学非所用、用非所学，这也反应出了另一面的就业结构性矛盾。此外，受各种不确定因素影响，经济下行压力不减，小微企业失业人员技能与市场岗位需求不相适应，再就业难度增大。同时，部分年龄大、知识储备不足、技能偏低的农民工等传统产业工人失业风险增加。以上都是现实中存在的就业结构性矛盾的种种表现。而继续广泛开展职业教育和培训，大力提升各类劳动力的就业创业能力能在一定程度上发生的可能。因此，职业教育在我国经济社会发展中将拥有更加重要的位置。通过对处于相对弱势的就业困难群体进行必要及时地帮扶，提升其自身的素质和职业技能，为他们真正融入社会提供机会和可能，可以有效拓展他们的就业生存空间。

《2012中国高等职业教育人才培养质量年度报告》显示，2011年全国高职学校毕业生中，有12.7%来自贫困地区，22.2%来自西部地区，16.2%来自民族地区。从2010—2012年，高职教育为全国850万个家庭培养了第一代大学生，通过就读逐渐改变了学生本人及其家庭的命运。以上三类地区的高职学生中，23%在本市入学，83%在本省入学。对于来自这些地区的百姓来说，高职教育不但寄托着他们全家提升经济收入与社会地位的梦想，还可以实现孩子们在家门口上得起学的愿望。通过接受系统的高职教育，学生们的乐观态度、积极、关注社会、包容精神方面得到了提升。这些学生的成长成才历程会产生很大的传导示范效应，提升技术水平，实现顺利就业、成功再就业，更好地改善生活质量和品位，这就为社会和谐稳定无形中增添一份正能量。

我们可以从"十二五"期间职业院校的发展来分析职业教育对民生的意义。这五年期间，职业院校每年输送近1000万技术技能人才，开展培训达上亿人次。"中职就业率连续多年保持在95%以上，高职毕业半年后就业率达90%，对口率达76%。通过高等职业教育发展，更多孩子圆了大学梦，成为家庭第一代大学生，获得改变个人和家庭命运的机会。"从数据统计来看，2010—2014届高职高专毕业生失业比例连续五年来呈下降趋势，从11.6%降至8.1%，反映出劳动力市场对高职高专毕业生的需求在不断增长。其中有几个方面的原因：一是，毕业去向已经从"单一出口"（即受雇全职工作）向"多口径分流"（即受雇于半职工作、自主创业、毕业后升本）转变。其中，自主创业比例从2.2%增长到3.8%，读本科的比例从2.6%增长到4.2%，表明《国家中长期教育改革和发展规划纲要（2010—2020年）》出台后，鼓励大学生自出创业以及建立现代职业教育体系（尤其是高职高专与本科的课程衔接）的各项相关举措取得了初步成效。二是，产业升级对高技能劳动力的需求增长。2010—2014届高职高专毕业生的就业率在大部分专业大类都有所提升。根据麦克思调查，12个专业大类中有11个都呈上升趋势，尤其是医药卫生大类、艺术设计传媒大类和电子信息大类组成了拉动高技能人才需求增长的"三驾马车"。这些都有力地表明，高职高专毕业生已经有效地适应和满足了经济社会发展对技能型人才的需求，解决了就业与产业结构调整升级转换的矛盾。

除就业率、创业率稳步提升外，职业院校学生的就业实际收入也为社会民生问题的解决提供了突破口。2010—2014届高职高专毕业生毕业半年后的平均月收入从2142元增长到3200元，增幅为49%。根据CPI（即消费者物价指数）进行调整后，以上四届毕业生毕业半年后的平均月收入从2142元增长到2828元，增幅为32%。这就充分表明，高职高专毕业生实际收入仍然有明显提高，明显跑赢了通货膨胀。他们的失业比逐年下降，月收入逐年上升，两大趋势并行证明了劳动力市场对高职高专毕业生的需求增长，整体上没有出现"为了降低失业比例而接受低收入"的低就业现象。同时，开始出现了向5000元以上相对高收入群体比例逐渐增多的态势，这就充分表明，作为劳动力市场的价格信号，高收入群体的逐渐增多，反映了市场需要这部分高技能人才，并且充分认可他们所创造的价值。

第三节　发展职业教育与"新四化"布局

经济社会越是发展，就越是需要高质量的职业教育。从国家今后整个发展大战略来看待职业教育发展的历史作用，我们就可以知晓其在整个现代化建设布局中的重要位置，无形中增加我们必须重视职业教育政策的必要性和紧迫性。党的十八大报告指出，"坚持走中国特色新型工业化、信息化、城镇化、农业现代化道路，推动信息化和工业化深度融合、工业化和城镇化良性互动、城镇化和农业现代化相互协调，促进工业化、信息化、城镇化、农业现代化同步发展"。这是我国新时期现代化建设的发展取向，也是国家整个治理体系布局的关键一步，是一个关系到实现"两个百年"奋斗目标和民族复兴中国梦的战略部署。"新四化"协调发展，与十八届五中全会提出的创新、协调、绿色、开放、共享的五大理念有着内在统一性。在推进"新四化"过程中，对职业教育的发展提出了新的需求。

第一，大力推进工业化与信息化的深度融合，可以推动信息网络技术广覆盖，加快制造模式向着数字化、网络化、智能化、服务化转变，能够发挥以信息化带动工业化、以工业化促进信息化的融合优势，利用信息技术和先进适用技术改造传统产业，提高研发设计、生产过程、生产设备、经营管理信息化水平，提高传统产业创新发展能力。"伴随着信息技术、制造革新、能源技术、材料技术的交叉融合和群体兴起，第三次工业革命孕育着新的生产组织方式和商业模式，可以有力地助推我国产业转型升级和结构调整。"推进工业化和信息化深度融合是大势所趋，其中不仅需要生产先进的技术和设备，也更需要与之相适应配套的高素质劳动者。第三次工业革命，无论是绿色能源革命还是数字化制造，对人力资本提出了更高要求，社会需要拥有具备驾驭数字化和智能化设备的人才。这就需要从国家战略高度认真考虑怎样才能够去不断提高人力资本。除了需要培养大量的创新型复合型人才，还要着眼于培养高技能的技术人才，为工业化和信息化的融合提供源源不断地人力支持。这些人才，不仅是"高效的劳动者和创造者，而且也是在观念系统和行为习惯上脱胎换骨、头脑更加开放、能够与时俱进、不断互助合作的新型人才"。只有劳动力素质过硬，具有较强的学习能力，能够很快适应新技术新设备的要求，根据新科技的发展及时补充调整和优化自己的知识与技能，才能够把新技术新设备这些"硬件"的作用充分发挥出来，提高生产效率，保证产品质量，不断带动产业升级，增强企业的市场竞争力。

第二，大力推进工业化与城镇化的良性互动，可以使两者相互倚重，充分发挥城镇化为工业化创造有效需求，而工业化为城镇化提供有效供给的作用，能够实现产城互动，有效衔接和融合，促进"四集一转"，即企业（项目）集中布局、产业集群发展、资源集约利用、功能集合构建，农民向城镇转移，以工业化引领提升城镇化水平、以城镇化支撑工业化转型升级。在促进产业聚集、城市布局、人口分布相互衔接的过程中，同样少不了职业教育的作用。通过接受系统的职业教育和岗前技能培训，在产业集聚区附近的居民可以拥有一技之长，掌握新知识，开阔眼界，积极投身于集聚区建设，紧随工业化发展的趋势，实现转型发展，离土不离乡，服务于企业发展、转型升级的需要。只有他们实现身份的接纳，即从政治经济、文化教育、社会心理、权益保障等方面拥有平等的权利，才算是真正融入城镇成为新市民。既可以从根本上解决好制约企业长远发展的人力资本问题，也可以产生示范带动作用，促使更多的居民去转变生存和发展理念，进行理性妥善安排，顺应新形势，主动学习新知识、掌握新本领，去投身工业发展大潮中，这样可以真正实现产城互动、资源组合、优势互补，实现工业化、城镇化和周边民众长治久安的协同发展。另外，麦肯锡报告预测，在中国未来20年城市化进程中，主战场将从40个超大城市（包括直辖市、副省级城市及其他省会城市等）转移到数百个充满活力的中小城市。过去五年里，以本科生为例，在2010—2014届毕业生就业去向中，他们的就业城市分布已经初步出现"重心下沉"，就业比例在直辖市为两成左右，在副省级城市有三成，在地市级及以下的地区接近五成。国家在2014年出台的《关于进一步推进户籍制度改革的意见》中，已经明确地提出，要全面放开建制镇和小城市落户限制，有序放开中等城市落户限制，合理确定大城市落户条件，严格控制特大城市人口规模，有效解决户口迁移中的重点问题，已经充分考虑到大中小城市之间的人才有序流动和迁徙、分布问题，今后只要注重这方面政策的持续有力引导，可以逐步缓解大学毕业生去向与城市化进程的不匹配现象，为逐步缩小各地区之间的人才分布差距奠定基础。

第三，通过大力推进城镇化和农业现代化建设，充分发挥工业化和城镇化对农业现代化的带动作用，加强发展规划、产业布局、基础设施建设、劳动就业等方面的城乡统筹，缩小城乡差别，促进城乡协调发展。要真正解决好"三个1亿人"问题（即促进约1亿农业转移人口落户城镇、改造约1亿人居住的城镇棚户区和城中村、引导约1亿人在中西部地区就近城镇化），就必须在进城长期稳固发展和留在农村培养新型农民上面下功夫。城镇化是需要突出以人为核心的城镇化。习近平总书记指出，"户籍人口城镇化率直接反映城镇化的健康程度。根据我国《国家新型城镇化规划（2014—2020年）》预测，2020年户籍人口城镇化率将要达到45%左右。按照2013年户籍人口城镇化率35.9%计算，年均提高1.3个百分点，年均需转户1600多万人"。尽管仅有五年左右时间，让上亿人实现真正城镇化不是个小任务。其中涵盖升学、参军、城镇就业创业或者举家迁徙的农业转移人口，为他们提供及时有效的教育、就业培训和指导、社会保障、医疗保障等公共服务就成为当务之急。这就需要继续依靠现代职业教育，加强城镇新增劳动力、城市失业转岗人员的培训，依托职业院校做好新兴城镇居民素质提升工程，促进农村富余劳动力到二、三产业和城镇转移就业。办好市民学校和社区道德讲堂，增强新增劳动力尤其是来自农村劳动力的城市融入感和适应能力，培育现代市民意识和文明生活习惯，让他们在心理上进城、技能上进城、文明习惯上进城，实现新老市民的素质不断提升，使城镇化真正实现以人为本，成为一个增强正能量和社会凝聚力的过程。据统计，在职业教育网络覆盖下，"十一五"以来，"每年培训进城农民工2000多万人，累计有4000多万农村新生劳动力在接受职业教育后，进入城镇工作。职业院校还为现代农业发展和新农村建设累计输送了近500万毕业生。近70%的职校毕业生在县市就近就业。职业教育已成为促进中小企业集聚发展、区域产业中高端发展、城乡协调发展的一支生力军"。

此外，全面推进农业现代化，要想让农业成为有奔头的产业，不仅"需要现代的科学技术、产业体系、经营方式和发展理念，更需要培育大批有文化、懂技术、会经营的新型农民"。新形势下，新型职业农民包括种养能手、家庭农场主、农民合作社带头人和公司化农场主等，他们"具有较为系统的科学文化素质、掌握现代农业生产技能、具备一定的经营管理能力，以农业生产、经营或服务作为主要职业"。普遍有较为明显的五个特征："一是一心一意想搞好农业；二是爱学习、肯学习，有文化，是学习型农民；三是懂技术，有专业技术特长，是农业领域的行家里手，四是会经营，有经营管理才能，善于投资理财；五是讲诚信，有高尚的职业道德。"这些新型农民需要经历一个系统的教育培训、认定管理和政策扶持的过程，这样才可以为走出高效、产品安全、资源节约、环境友好的农业现代化道路夯实基础，从根本上提高农业质量效益和竞争力。通过以上分析，可以得知，职业教育质量的好坏，关系到为社会培养人才素质的高低，影响到很多行业的健康发展，甚至与"四化同步"的战略构想密切相关，关乎中华民族实现伟大复兴的整体目标。

第四节　发展职业教育与促进经济发展新常态

职业教育在我国一开始正式出现，就与经济发展密切关联。从最初的实业教育的发展可以看出，职业教育与经济社会相得益彰、互为倚重。当前，我国发展仍然处于重要的战略机遇期，面对复杂多变的国际政治经济格局的调整和国内改革发展稳定的各项任务要求，需要充分认识到自身所具备的难得机遇和有利条件。从历史的纵向坐标来看，我国正站在新的历史起点上。但与此同时，我国经济发展出现了新态势、新特征，受到内外部压力影响，进入矛盾增多、爬坡过坎的关键阶段。一定程度上讲，呈现经济增速换挡期、结构调整阵痛期、前期刺激政策消化期"三期叠加"的复合型特点，这些都正在深刻影响和改变着我国的经济发展走向。首先，从经济发展总量来看，经济发展进入"增速换挡期"。由原来的年均 10% 左右的高速增长稳步向年均 7% 左右的中高速增长阶段过渡，今后 7% 上下的平均增速将成为一个新常态。产业结构方面，一些不适合发展需要的产能严重过剩，低端产业亟待升级优化重组；区域发展方面，几大经济板块的发展态势均衡不一，部分区域面临空心化困扰；在要素方面，刘易斯经济拐点已经出现，人口老龄化趋势加快，人口红利渐行渐远，各种生产成本持续上升。总体上看，长期积累的结构性矛盾凸显，结构调整势在必行，"阵痛"也在所难免。再次，我国经济发展进入"前期刺激政策消化期"。2008 年，为及时应对国际金融危机对我国造成的不利影响，我国政府出台了 4 万亿拉动内需、产业振兴等一系列刺激政策。这些政策当时确实为我国经济迅速企稳回升发挥了重要作用，对世界经济起到"压舱石"作用。但毋庸置疑的是，也容易带来通胀压力大、金融资本脱实向虚、地方债务凸显、产业发展畸形等隐患，为新一轮宏观调控增加了难度。

全球范围来看，2008 年金融危机之后，"发达国家纷纷提出了'再工业化'战略，陆续兴起回归实体经济的高潮，试图实现从'产业空心化'到'再工业化'的回归"。2015 年世界主要经济体的复苏态势已经渐渐显现。我国外部发展的环境将是更加趋于复杂多变。首先，全球供需结构正在发生深刻变化。许多新兴国家加入对外开放的大军之中，采用很多优惠政策去吸引投资，以促进其内部产业结构的调整升级，而有着独特资源优势的国家也正在进行产业链条的适度延伸，谋求更大的利润空间，世界范围内的市场竞争将会更加激烈。世界已经进入一个大发展、大变革、大调整的关键期。其次，科学技术越发重要。新一轮科技革命和产业变革正在发生突破性变革，带动关键技术的交叉融合、整体性提升。各国都在立足本国国情积极实施科技和人才战略，力求抢占未来发展制高点。要想实现经济社会持续健康发展，实现"两个一百年"奋斗目标和中华民族的伟大复兴，就必须去正视今后发展征途中存在的制约因素，这样才可以提前化解掉很多风险，消除不稳定、不确定性因素。当前我国经济发展面临的主要挑战有：资源环境的约束不断加剧、生产要素成本持续上升、就业总量大和就业结构性矛盾突出等，这些都需要我们去正确认识新时期职业教育在化解以上矛盾中的重要作用，充分认识到职业教育是转方式调结构、实施创新驱动发展战略的重要抓手，促进职业教育办学规模、层次结构、布局与经济社会发展的要求协调互动，立足于当前和今后发展实际需求，站位全局，去助推经济发展长期稳定，实现发展职业教育、培育适用人才，促进经济发展的整体性目标。

培育适用人才发展和经济增长之间有着密切的互动关系。首先，经济增长是人才发展的坚实基础。经济增长对人才的开发和发展具有决定性作用。一是，经济状况决定了人才资源的供给和需求关系。在近代社会化大生产建立初期，经济增速缓慢，经济总量也不大，最先发展起来的是劳动密集型产业，产业的技术有机构成不高，对普通劳动力需求大而对人才需求量小。随着科学技术的进步，劳动生产率快速提高，经济增速逐渐加快，这就使得对普通劳动的需求不断下降，对高素质人才的需求不断提升。二是，经济增长制约着人才资本结构的变动。经济增长和发展状况，决定着人才的文化教育层次以及部门、地区和职业的分布结构等。三是，经济增长带动了人才的相应迁移和社会流动，人才资源根据经济增长的需要在地区、产业和职业间进行适时适量地运动变化。其次，人才发展是经济增长的源泉。人才是决定经济增长的关键性因素。新经济增长理论该理论认为，人力资本的差别，是导致各个国家经济增长率差异的主要原因。从生产过程角度看，人力资本在生产过程中发挥着要素和效率两方面的功能。作为要素，人力资本在生产过程中不可或缺；后者指人力资本投入质量和比例的提高，是生产效率提高的关键要素。人力资本素质的提高可以提升经济增长的速度和质量。从我国长远健康发展的角度来看，"发展人才事业，提高全民族人口的素质，把沉重的人口负担转化为人力资源乃至人才资源的优势，这是实现中国梦的一条必由之路"。由此可以得知，发展是第一要务，人才资源是第一资源，人力资本质量是经济发展质量的关键。

习近平总书记指出，"作为一个制造业大国，我们的人才基础应该是技工""工业强国都是技师技工的大国"。但据来自人力资源和社会保障部的一项统计显示，中国2.5亿第二产业就业人员中，技能劳动者总量仅为1.19亿人，仅制造业高级技工一项的缺口就高达 400 余万人，这种高级技能人才的供需矛盾十分严重，已经影响到了企业的技术升级，在我国很多产能过剩一定程度上是自身劳动力素质不高、科技含量不高导致的，很多产品质量难以再有提升的空间，导致同质竞争，出现部分产业产能过剩现象。而输送技能型人才中等职业教育招生数目也令人担忧。由于职业教育的社会吸引力还不太大，"2014 年中等职业教育招生 619.76 万人，比 2013 年减少了 55 万人，占到高中阶段教育招生总数的 43.76%。中等职业教育在校生 1755.28 万人，比上年减少 167.69 万人，占到高中阶段教育在校生总数的 42.09%"。近年来，经济合作组织国家提出了"培训优先"的理念，美国、英国、法国、澳大利亚等国家纷纷制订职业培训计划，及时出台相关法案，旨在抓紧时间培养制造业复兴发展紧缺的高级技工。同样，在我国要想实现由工业大国向工业强国的转变，推动经济提质增效升级，也需要适应经济转型升级对劳动者素质的新要求，及时抓住职业教育和培训的关键，培养中高端技术技能人才，全面提升广大劳动者的职业素质。在通过发展职业教育提升经济发展质量方面，我国近十年来也积累了新的宝贵经验。自 2005 年以来，"我国职业教育领域不断解放思想，突出中国特色，加强产教融合、校企合作，特别是在制造业、高速铁路、城市轨道交通、民航、现代物流、电子商务、旅游服务、信息服务等快速发展的行业中，新增就业人口的 70% 都是来自职业院校的"。可以说，职业院校毕业生已经成为产业大军的主要来源，成为我国推动实体经济健康发展的中坚力量。近年来，我国服务业快速发展，在第三产业中就业人口的比重越来越多，而文化创意、体育健身、家政和养老服务等需要大量的专业技能人才，培养经济新的增长点，塑造服务业新优势，第一产业更加集约高效，实现中国经济的升级换代，实现以上目标，需要有大规模的技能人才来支撑其健康发展，全面提升人力资源的整体素质。

第五节　发展职业教育与构建学习型社会

终身教育思想是 20 世纪 60 年代以来，"联合国教科文组织及其他有关国际机构的提倡和推广下，已在全世界广泛传播，成为许多国家制定教育方针、政策的理论依据，并把其视为提高国民素质，促进经济发展，增强国际竞争力的战略手段"。我国学者认为，"终身教育是人们在一生中所受到的各种培养的总和，它包括一切教育活动、一切教育机会和教育的一切方面"。国际上对终身教育比较认同的理解是："它是社会所有有目的、有计划的教育与培训的总和，其中囊括了各个年龄阶段和各种方式的教育，如学校和准学校的教育（早期的学校教育、社区教育等）；再者在内容上，它既包括基础教育，也包括职业教育和专业性教育，以及社会、文化、生活方面的教育。"相对于传统教育来讲，终身教育在纵向和横向上都有拓展。纵向上，延长了人的受教育年限，贯穿于人一生的婴儿期、婴幼儿期、青少年期、成人期和老年期等各个阶段的教育，使人的受教育权利贯穿一生；横向看，表现为对社会各种资源的重新整合，不仅仅是学校教育，也表现为一些"准学校"教育模式，如社区教育、职业培训以及两种以上教育形式的整合。联合国教科文组织教育部主席保尔·朗格朗曾经指出："终身教育表明了这样的一种努力，它把不同阶段的教育与培训统筹与协调起来。个人不再处于这样一个分段状态。在职业生活、文化表现、个性发展以及个人表现和满足自我的其他方面需求与教育培训之间将建立起一种永久性联系。教育越来越被视为一个各个部分相互依赖，并且只有在相互联系中才有意义的整体。"终身教育为实现教育机会的平等和教育民主创设了平台，在空间上打通了学校与社会、家庭的阻隔，实现了多元的立体的整合，保障了每一个人终身学习的机会，使得实现教育民主化成为终身教育的一个基本追求。20世纪90年代中期，我国参考借鉴国际社会倡导终身教育、终身学习、学习型社会等理念，通过教育立法确认了终身教育基本理念。进入21世纪以来，"我国综合国力和国际竞争力显著增强，促进新型工业化、信息化、城镇化、农业现代化和生态文明同步发展，都对深度开发人力资源、增强劳动年龄人口乃至全民族素质提出更为多样化的要求"。为了适应终身学习时代或者学习型社会的要求，需要改革传统的教育思想和观念，注重培养学生的实践能力，"让其开动脑筋，使他们充分发挥自身智慧和潜力，焕发出强烈的求知欲望和创新意识，增强自信，进而培养他们的创造性思维能力和综合素质"。着眼于提高学生的人文素质，培养学生获取知识的兴趣，激发学习兴趣，使其思想处于主动、活泼、思维富有创造性的状态；从未来职业岗位需要出发，使其具备较强的学习能力，通过网络、新媒体等最新手段，培养自主教育能力、自主学习能力和自主管理能力，以便在职业岗位多变的社会环境中做到终身学习和教育，不断调整自己，适应不断发展的社会。

第七章　职业教育教学视角下的技术知识

职业教育专业课程主要涉及的是技术知识。本章首先从对"技术"的理解开始，站在职业教育视角上，对什么是技术和技术知识，以及与之相关的概念，包括技能、科学知识、技能型人才、技术型人才等进行深入分析，然后对技术知识的分类、生产与传播进行探讨，以期为职业教育有效教学提供理论指导。

第一节　技术与技术知识的内涵

一、技术

汉语中，"技"由"手"与"支"两个部分构成，表示一种维持生活的手艺，它像人的四肢可以支撑本体那样支撑人的生活，其本义是人赖以谋生的手艺、技巧。"术"的繁体写法为"術"，其本义为"邑中道也"，后来泛指街道、道路以及方法和策略等。"技""术"作为一个词合起来用，最早见于《史记·货殖列传》"医方诸食技术之人，焦神极能，为重糈也"的表述。"技术"一词，古汉语为技艺、方术之意，泛指百工的手艺及祝、史、射、御、医、卜的职业本领。

从西方哲学思想发展的历史看，对技术关注的缺失是一种传统。古希腊人认为"技艺"（techne）的主要问题在于，它提供了实用性却没有为人们指明生活的方向，过多关注眼下的短期利益就会忘记"仰望星空"，忘了来时的路，也不会有时间和精力去梦想明天。"technologia"一词在被亚里士多德创造出来之后即被遗弃，此后两千年都是"craft"（手工艺）和"art"（艺术）的天下。随着现代技术的发展，直到1829年哈佛大学教授 J.J. 毕哥罗重新启用"technology"一词，并赋予了它今天"技术"的含义。

对技术的理解有广义和狭义之分。米切姆对技术进行了全面诠释，把它分为四个层面：技术作为物体（technology as object），包括装置、工具、机器和各种消费品等；技术作为活动或过程（technology as activity），包括工艺、发明、设计、生产、操作、维修、运行等制造和使用过程或活动；技术作为知识（technology as knowledge），包括技艺、技术格言、描述性规律或技术规则以及技术理论；技术作为意志（technology as volition），包括生存意志、控制或权力意志、自由意志、效率追求意志和工人的自我概念意志。并且，米切姆对这四类技术的客观表现模式分别进行了详细的概念区分和分析。作为物体的技术可以根据物的类型（设施、工具、机器）来区分；作为活动的技术，根据活动类型（制造、设计、维修和使用）来区分；作为知识的技术，根据知识类型（格言、规则、理论）来区分；作为意志的技术，根据意志的类型（积极意志和接受性意志）来区分。我国相关研究也指出，从构成要素上看，技术包括主体、客体和结构三大要素。吴国盛认为，技术包括自然技术（机械技术）、身体技术和社会技术三种类别，身体技术和社会技术是人类历史上最早出现的技术，自然技术在某种意义上是我们身体器官的延伸，但身体技术和自然技术的发展都受到社会技术的制约和影响。从这些对技术的广义理解看，技能都是技术的下位概念，技术是包含技能的，它是一种"身体技术"。

但另一方面，在现代语境中，"技术"渐渐狭义化，人们对"技术"和"技能"的理解又开始分道扬镳，各有所指。比如美国技术思想家、复杂性科学奠基人布莱恩·阿瑟创建了一套关于技术产生和进化的系统性理论，他认为，技术是"在某种文化中得以运用的装置和工程实践的集合"，它"产生于对自然现象的应用"，技术在解剖学意义上的共同之处是，新的技术都是由以往的技术要素组合而成的。又如被誉为"互联网时代的精神教父"的凯文·凯利在《科技想要什么》（What Technology Wants）一书中定义了"生命形态"的第七种存在"技术"。他认为，作为整体的科学与技术不是由线路和金属构成的一团乱麻，而是有生命力的自然形成的系统，它的起源完全可以回溯到生命的初始时期。正如生物进化呈现出无意识的趋势，科技也是如此。凯文凯利令人吃惊地宣布，现在人们已经定义的生命形态仅包括植物、动物、原生生物、真菌、原细菌、真细菌六种，但技术的演化和这六种生命体的演化惊人地相似，技术应该是生命的第七种存在方式，作为"第七王国"的技术正如生物进化呈现出无意识的趋势。我国职业教育专家姜大源先生也提出"技能是对技术的开显"的观点。以上对"技术"的狭义诠释，把技术作为独立于人之外的一种存在，从某种程度上体现出我们这个"技术文化时代"技术作为一种客体对人类的"逼迫"，这一传统割裂了技术主体与客体的内在统一关系，部分地遮蔽了作为身体技术的技能的价值与意义。

从职业教育教学的实际情况看，职业院校的人才培养过程既有技能的传承，又有对于作为客体的现代技术的学习，从一种整体的技术知识论的观点看，基于对技术一词广义的理解，本研究对技术的界定是，人类改造自然和管理、服务社会的手段、方法和技能的总和。

二、技术知识

从知识论的大致发展历史看，其大概经历了四个阶段：孔德所谓的"神学阶段""形而上学阶段""科学阶段"以及 20 世纪中期以后，以反本质主义、反确定性、反科学主义为主要特征的"后现代阶段"。西方传统哲学中，知识的标准定义为"被证明了的真的信念"（justified true belief）。依据这一传统"三元"定义的标准，技术知识是登不上"知识"的"大雅之堂"的，但随着 20 世纪中后叶对知识历史学和社会学研究的深入，传统知识论"割裂知识与其实践基础关系"的缺陷被深刻揭示出来。

同时，随着技术哲学研究的不断深入，人们也越来越认识到现代技术和现代科学发展的协调性和一致性，反对把技术当作科学应用，反对把技术看作科学的"附庸"或"从属"，赋予技术独立身份，"已构成当代技术哲学的根本性原则"。近年来，在对科学与技术关系重新思考的基础上，技术哲学研究领域"认识论转向"逐步发展起来。斯克列莫夫斯基认为，广义的、着重对技术的社会批评的技术哲学，不管有多么重要，都无法取代狭义的技术哲学，即研究技术的结构和本质，分析技术的认识内容且成为一门学问的技术哲学。约瑟夫·C. 皮特强调指出，"在技术哲学研究中，认识论问题在逻辑上应先于社会批判"。相关研究催生了技术认识论，技术哲学的这一新的领域有助于使传统的经典技术哲学避免只关注技术后果，而忽视了技术生成过程的倾向。

1996 年，经济合作与发展组织（OECD）从功能角度在《以知识为基础的经济》报告中，将知识分为四类，技术知识作为一种独特的知识类型正式得到承认。莱顿提出，技术知识是"关于如何做或制造东西的知识"，也就是说，技术知识本身是实践导向的，它是制造人造物或进行社会管理、提供社会服务时所需要的"应该怎样做"的知识，它包括技能、诀窍、方案、程序与规则等内容。

三、相关概念

1. 技能

技能是在人类制造和使用工具的过程中产生的，是人类特有的一种能力，是人的本质内容的重要构成部分。古代社会，技能是等同于技术的，把技能作为技术的本质属性是古代技术观的重要特色。在技术哲学建制化发展（20 世纪六七十年代）以前，技术一直被看作是科学的应用及变种，对于技能问题的探讨也主要集中在有现象学倾向的学者的视域下。

汉语中，"技能"一词古已有之，其基本与现代汉语同义，即表示"技艺才能"。如：《管子·形势解》中有"明主犹造父也，善治其民，度量其力，审其技能，故立功而民不困伤"

的说法；唐朝韩愈《送高闲上人序》中有"然吾闻浮屠人善幻，多技能，闲如通其术，则吾不能知矣"的说法；明朝李贽《李生十交文》中也有"技能可人，则有若琴师、射士、棋局、画工其人焉"的说法。从日常应用看，今天我们对技能的理解存在两种倾向：一种认为，技能作为一种能力，是动作的"熟练化"，这一理解可能导致在技能训练上的机械模仿和反复练习；另一种观点则把技能"知识化"，将动作技能、智慧技能和认知策略一起称为程序性知识，并否定技能训练。实际上，两种观点均未揭示出人在技能习得时的过程本质。现代心理学认为，技能是"个体运用已有的知识经验，通过练习而形成的智力动作方式和肢体动作方式的复杂系统"。这一解释揭示了人在劳动过程中动作技能与心智技能的统一：前者主要表现为人的操作方式的准确性、灵活性等，这种操作是"由大脑控制机体运动完成的"，但这种"控制"是一种"附带性应用"，具有无法用语言清晰表达的特征；后者则主要是通过精神力量把握客体的思维能力，包括分析、综合、抽象、概括以及反应能力、构思能力等心理活动特征，二者相辅相成，协调工作。

信息技术时代，各种技术条件为明言知识的传播提供了便利，可以言说和表达的、以书面形式记载下来的技术知识的传播手段更加多样，传播途径更为畅通，成本也更为低廉。技能，作为人类特有的一种能力，因其显著的"默会"特征而成为职业教育的难点。深入探究作为职业教育基础与特色的技能学习的内在机理，以智慧之光照亮技能学习的"黑箱"，是提高职业教育教学有效性的基础。"中国制造2025"吹响了中国"工业4.0"的号角。狭义上的"现代技术"的发展必然冲击到技能的地位与存在状态。诚如列宁所言："从手工工场向工厂过渡标志着技术的根本变革，这一变革推翻了几百年积累起来的工匠的手艺。"相关研究以及正在我国发达地区发生的"机器换人"表明，智慧制造（intelligent manufacturing）正在取代重复性强的工作岗位、有一定危险的工作岗位、劳动密集型工作岗位、需要高精准度而工人又不能轻易达到的工作岗位以及容易实现流水线作业的工作岗位。在人力资源成本不断增加的背景下，面对产业转型升级，相关企业通过"机器换人"降低了劳动力和生产成本，提高了劳动生产率和产品质量，降低了资源浪费，也减少了安全生产事故。

在新一轮"机器换人"大背景下，现代技术越来越成为职业教育、工程教育及其研究关注的焦点。尽管这样，技能的基础性地位和作用仍不可忽视：一方面以分析和逻辑能力为基础的智力技能的重要性得到彰显；另一方面现代技术还没有发达到足以替代人的程度，而且在某些领域也不可能替代。尽管现代工业生产、生活越来越智能化，但在人工智能还不足以完全取代人类劳动的众多领域，在人类还需要人文关怀的情感特区，在现代技术需要人类做出道德判断的关键时刻，在非物质文化遗产濒临失传的危急关头，人类自身拥有的"技能"都是无法被取代的。人类在生活、工作中表现出的不确定性、人文性是任何自动装置都无法取代的。

2. 技术知识与科学知识

在现代汉语语境中，很少有像"科学"与"技术"两个名词一般形影不离的。"科学技术是第一生产力""科学技术前沿""科学技术大学"等表述我们已经习以为常，并且日常生活中，提到"技术"常常会与"科学"连在一起，简称为"科技"，如"科技工作者""科技进步""科技强国"等。科学与技术连用是有一定道理的，二者都反映了人与自然的关系，但两者的关系以及由此决定的技术知识与科学知识的关系，尤其是它们之间的区别是本课题研究的重要前提之一。

科学与技术之间的关系，是"元科学研究"以及"元技术研究"、技术哲学研究等领域引起争论最多的重要问题。从整体情况看，三十多年来，学界已经逐步放弃了"科学—技术"的线性关系模式，即一直以来占统治地位的观点：科学是创新的源泉，科学发现似乎必然地意味着技术发明；而技术则是科学的应用，它是单调的，是科学的被动的反映。事实上，诸多研究证明，这种线性关系只是一种幻想。对这种"简单"模型的批判目前已经广泛存在于人文社会科学研究领域。

现代科学与现代技术相伴相生，技术知识与科学知识既相互区别，又有着复杂的联系。科学知识回答"是什么"和"为什么"的问题，其最终目的是为了发现和解释；技术知识解决"做什么"和"怎样做"的问题，其最终目的是为了创造、管理和控制。科学知识追求逻辑自洽，具有较强的理论导向性，服务长远的和根本的社会、经济利益；技术知识以改造自然和服务社会为目的，目标性、功利性强，以服务近期的和直接的经济和社会利益为主。科学知识生产者一般需要扎实的理论基础和较强的观察与发现问题的能力；而技术知识的生产者往往需要具有相关工作的丰富经验和解决问题的能力。科学知识的传授者需要"科班出身"、学科背景较为单一；技术知识具有更多的异质性，它涉及更多的学科、专业、专家意识和社会群体，因此技术知识的传授者需要具备较强的操作能力、丰富的实践和社会经验以及较为综合的学科背景。科学知识与技术的边界只有在具体情境下才有意义，就职业教育而言，科学知识与技术知识的区别也永远是相对的，职业教育的教学内容虽然以技术知识为主，但科学知识在技术知识学习过程中的引导作用和解释作用不可小觑。此外，适当的科学知识的学习也是职业院校毕业生可持续发展的动力之源。

3. 技术型人才与技能型人才

国际上，职业教育的完整称谓是"技术和职业教育与培训"（technical and vocational education and training，简称"TVET"），技术教育和职业教育是不同类型的两种教育。在我国，由于历史原因，在法律上职业教育和技术教育被统称为"职业教育"，即"职业教育"这个概念的外延得到了拓展。尽管这样，职业教育的培养目标仍旧有技术型人才和技能型人才的区分。可以看出，不管是国内还是国际上，技术教育和职业教育实质上都是不同的。一般认为，技术教育所培养的人，其掌握的知识理论性和系统性更强，技术人才的成长过程是把掌握的科学、技术理论知识应用于实践，不断解决技术难题的过程；而职业教育以培养技能型人才为主，技能型人才掌握的知识具有更强的情境性和默会性，其知识、能力的获得主要来自实践经验，技能的习得是一个自下而上、反复训练和归纳的过程。通常，很多人认为，我国中等职业教育的人才培养目标是技能型人才，高等职业教育的人才培养目标是技术型人才（或有人认为是"高技能人才"）。事实上，这种观点是值得商榷的，它忽视了职业教育的复杂特征，职业教育人才培养的类型不是由职业教育的层次决定的，而是由与学生所学专业相关的职业类型和劳动性质决定的。厨师、舞蹈演员、歌星、导游等专业，不管是中职毕业，高职毕业，哪怕是拿了本科的学历文凭，其仍然是技能型人才；而随着现代技术的发展，原来中职以技能特征为主的专业，也越来越具有技术人才培养的特征。因此，对于中、高职人才培养目标的表述应当考虑职业教育专业的多样性，应持一种动态、发展的观点进行具体的分析。此外，把职业教育人才培养目标划分为"技术型"与"技能型"人才的做法，试图区分学生掌握技术知识的理论性、系统化的程度，但这种两分法必然造成实践与理论的"二元"对立，对人才培养过程造成不利影响。此外，"技术型"与"技能型"的表述"窄化"了对技术知识的理解，对"技术型"人才的理解也明显打上了科学主义"技术即科学的应用"观点的烙印。

第二节　技术知识的类型与层次

在技术知识分类中，存在事实知识与价值知识、陈述性知识与程序性知识、理性知识与经验知识、明言知识与默会知识的统一。可以说，技术知识是人类知识库中最复杂的一种知识类型。职业教育课程与教学的问题上，知识之间的区别是关键因素。将技术知识分为明言知识和默会知识（或称缄默知识、意会知识）对职业教育而言意义重大。需要澄清的是，默会知识并非明言知识的初级阶段。事实上，简单而言，默会知识具体包括两种：一种是能转化为明言知识但尚未转化的默会知识，另一种是根本不能用语言表达的，通过人的自我反思而形成的人类意识或经验。相对而言，第二种是具有严格意义的"默会知识"。默会知识如冰山的一角，它是技术知识重要组成部分，也是人类认知的前提和基础。伯恩斯坦提出的"水平语篇"（横向知识结构）和"垂直语篇"（纵向知识结构）的概念有助于我们加深对默会知识的理解。他认为，垂直语篇可以导致层次化的知识结构，而水平语篇没有总体的原则把它们联系起来，它们不包含任何明确原则，不能产生任何纵向知识，因为它们不包含任何重新语境化的原则。默会知识只与具体的工作场所相联系，从业者或学习者很难从默会知识中演绎或者归纳出任何规则或原理，更不能产生任何系统化的方法论。正如不可能将纵向知识直接运用到具体的工作实践中去，除非使用者已经非常灵活地掌握了这些知识，才能处理好眼前的实际问题。

米切姆曾将技术知识分为四个层次：第一，对工作中不自觉感觉运动的认识；第二，技术准则或前科学工作的经验法则；第三，描述性定律、实用图表式的陈述；第四，技术理论。我国研究者细化的这一研究成果，把技术知识分为诀窍与技能、操作规则、工艺流程、技术方案、技术项目的工作原理、技术规范以及技术理论原理（技术科学）等七个层次。越往"金字塔"的顶部，技术知识的普适性、理论性、社会性、明言性越强，而越往底部，则技术知识的情境性、经验型、个体性和难言性越强。

第三节　技术知识的生产与传播

一、技术知识生产与传播的影响因素

科技是第一生产力，但科技的发展首先需要生产力。从技术知识生产与传播的物质条件看，技术对经济的贡献和经济对技术的支持是"互惠"的，社会经济和生产要对技术进行包括研发、技术人员培养等方面的投入，技术才能回报社会经济和生产。经验表明，全球主要发达国家的研究开发投入占 GDP 的 2% 左右，而世界百强企业的技术开发投入占其销售额的 10% 左右。例如，从 2012 年起，华为连续四年净利润增长超过 30%，而 2015 年，华为研发投入 596 亿元人民币，占销售收入的 15%。据悉，过去十年，华为研发投入累计超过 2 400 亿元人民币。华为消费者业务 CEO 余承东在 2016 年世界互联网大会上表示，华为的研发投入，2015 年全球排第九位。2016 年的研发投入可能会上升到前几位，在可预见的两三年内，华为的研发投入有望成为世界第一。正是这样高额的研发投入，才使华为在新技术革命的浪潮中成为中国企业的翘楚。

从技术知识生产的管理看，与交通、通信等公共事务相关的公共技术，军事技术以及大型、巨型技术，比如人类登月、海洋开发、航天计划、极地考察、艾滋病防治等，都需要政府的介入与积极干预，哪怕是民用技术、市场技术和企业技术等的发展和应用，也需要政府的干预和控制，至少需要专利和知识产权、技术监督、科技合同执行等国家相关法律法规的保护。不过，企业技术或产业技术的发展和应用必须是以市场为导向的，以政府指令进行的企业技术创新和技术改造，往往会陷入技术虽然很新，但产品销量差、经济效益低和技术再萎缩的境地。

从文化对技术活动的影响看，中国的传统文化对我国科学技术的产生和成长具有阻碍作用，是近百年中国科学技术落后的重要原因。首先，就观念文化看，对技术发展影响最大的是人们对技术、技术活动、技术职业的认同程度，以及人们的技术价值意识和技术价值观。中国的传统文化中，虽然有"家财万贯不如薄技在身"的警句，但长期占统治地位的却是"万般皆下品唯有读书高"的"秀才传统"。这种传统以官位为目标，重礼法人伦、书本教条，以致宋应星的《天工开物》为文人所不齿。同为东亚文明的日本虽然也受儒家思想的影响，但其"现场优先主义"的传统，使日本工程和技术人员非常重视生产现场，他们大都亲身参与实践，"以手上有油污为本分"，企业对生产现场不断投入大量优秀技术人员，促进了近代日本科技的大发展。其次，对技术活动影响较为直接和密切的观念文化是"技术意识"或"产业意识"。这种意识产生于长期从事某种产业的技术活动中，成为这种产业和技术持续下去的准则与规范，或者可以称为这种产业和技术的"范式"（paradigm）。在新的产业和技术取代旧的产业和技术时，原有的技术意识、产业意识会对新的产业和技术的发展起阻碍作用，产生消极的影响。比如与传统农业、手工业及其技术相适应的"手工意识"，就难以符合大机器工业的发展，只有先实现观念上"从重丰足到重质量、从重技艺到重标准、从重经验到重科技、从重天命到重创新"的变革，才能实现从农业社会向工业社会的过渡。同样，从大机器生产向"工业4.0"的升级，实现"机器意识"向"智慧生产意识"的转变也一样具有潜在的制约作用。再次，伦理观念对技术活动具有重要的影响。工程技术人员的伦理观念与科学家不同：科学家的伦理较多地与名声称号相关，而工程技术人员的伦理则更多地关注利益、金钱以及报酬问题。利益驱动有利于工程技术知识的生产和传播，技术技能人才较低的收入和较差的社会声望必然会对技术的发展和应用产生不利影响；另一方面公共技术、国防技术等领域广泛存在的社会责任感、大众服务意识以及爱国主义精神等，也是相关人员从事技术活动的动力之源。此外，伦理观念还影响到技术活动的人际关系，比如我国传统学徒制中师父与徒弟之间存在着的稳定的人身依附关系就是由"生我者父母，教我者师父""一日为师，终身为父"的伦理观念决定的。可以说，正是师父与徒弟之间存在着牢固的师徒关系，才构建起技能学习的"场域"，确保了明言知识以及默会知识的社会化的顺利进行。

二、技术知识生产的方法论

从技术知识生产的过程与方法看，首先会涉及技术方法论问题。如果我们认为技术和科学都是相对独立的存在的话，那么技术方法和科学方法也应该有根本性的差异，否则就很难把它们区分开来。根据相关研究以及技术知识与科学知识的前述区别。

可以看出，从某种程度上讲，科学知识的生产目的是"为知识而知识"，而技术知识的产生则是实践导向的。在实践中，大部分的技术知识是在解决技术难题，改进生产效率和提高管理效益的过程中积累起来的。这一过程是综合运用技术原理、科学知识，在已有工作经验基础上进行试探性解答，试错、排错的过程，是理论与实践双向构建的过程。由于技术主体在工作经历、知识积累方面的差异，富有鲜明个性的创造力和想象力在不同环境的刺激和约束下，使得尝试性的解决方案呈现多样性，因此也就会出现技术知识的多样化现象，所以说技术知识从某种程度上讲是通过试错一步步建构起来的"现象理论"。

三、技术知识的传播路径

从技术主体之间的关系看，存在着技术上的协同和联合所构成的"技术关系"。这种关系是人与人之间、团体与团体之间受技术过程的自然本性制约的社会关系。技能传承过程中的师徒关系、总工程师与其他工程师之间的关系、技术人员之间的配合等都属技术关系。不仅社会生产关系、财产关系能对生产力和技术的发展产生积极或消极的影响，技术关系的状态也可以加速或者延迟技术发展的作用。为此，为了有效地进行技术活动，还必须不断地调整技术关系，使之适应技术过程的特点和要求。比如，新中国成立以来，随着中国社会的转型，传统学徒制中徒弟对师父的人身依附关系逐步调整为师父与徒弟间的契约关系，这种技术关系的调整建立起了师徒间的平等关系，有助于徒弟主观能动性的发挥，有助于激发徒弟的学习热情与创新精神，从而对技术知识的传播与传承产生了积极的影响。再如，在传统企业从科层制向扁平组织转变过程中，改变的不仅仅是公司的组织形式，还有更深层次的部门、雇员之间的技术关系，他们的关系从原来的上下级关系逐渐地调整为协作关系，技术知识从呆板的单线传播，变得越来越活跃，越来越复杂。可以看出，现代技术管理的目的主要就是为了使技术关系符合社会化的要求，为了促进技术知识的传播。

不同类型的技术知识的传播可以通过专利购买、转让，制度化的学校教育及企业培训，非制度性的传统学徒制，工作场所无意识的学习等途径完成。学校本位的职业教育不仅要求为技术学习者提供逼真的技术知识应用的实践环境，还要求技术知识的传播者具备较高的综合素质和技术能力。通过教育方式进行的技术知识传播，不仅包括明言知识的学习，更重要的内容是技能的内化和熟化。在这一过程中，技术知识传授者的四种能力直接影响技术知识学习者的效能：首先是技术解释力。技术知识的传授者应该能够对某项技术的行动目标、动作行为、行动规则等做出清楚的解释，说明为了达到预期的技术目标应该采取怎样的行动，某种发明、设计或者工具为什么能够构建理想人工客体功能或促进某项社会服务功能的实现，应该用什么样的方法实现最优化的问题解决以及怎样评价最优化的技术成果等。其次是技术引导力。不管是明言知识，还是默会知识，技术知识传授者应该能根据自己的实践经验、学习体会，结合技术学习者的理论基础、感悟能力、工作经历等具体情况，借助一定中介或以工作任务为载体，通过积极的对话与交流，合理引导，因材施教，促使"潜移默化""内部升华"的实现。再次是技术提炼力。随着工作经验的不断增加和熟练程度的不断提升，技术传播者应该能够不断地总结、提炼经验，促进自身默会知识向明言知识的转化。这种归纳、提炼能力直接促进了明言技术知识的增加，同时有助于技术知识学习者提升学习效率，促进技术知识的内化。最后是技术评价力。技术知识传授者应该能够结合自己的专业知识、技术工作经验，客观地对技术知识学习者的技术成果、动作技能、技术规则的掌握进行诊断性、过程性和终结性评价，并依据评价结果对学习者进一步的学习给出有效的指导意见。

第八章　人才培养模式综合改革

长期以来，我们将职业教育对经济社会发展和国家公民（个体）的作用割裂开来，对这两个主体在职业教育价值层面上的不同需求；政策的价值取向带着浓浓的功利色彩（这是与我国职业教育发展较晚而经济社会对其强烈需求的"觉醒"有关），而比较少地关注其为个体全面发展提供服务的功能，其结果就是培养出工具化的"单面人"。如何在适应地方经济的发展的同时，根据需求的不同层次，科学定位、深化改革，特别是加强新常态下技能型人才应具备的各项素质研究，已成为当前职业教育人才培养模式创新的重要课题。

第一节　经济社会发展对技能型人才素质的要求

适应形势变化，确立与社会需求相适应的职业教育人才培养目标，构建创新的职业教育人才培养模式是社会发展对职业教育的必然要求。

一、技能型人才应具备的基本素质

根据中国经济社会发展的现状及趋势，在"素质本位"人才培养模式的框架内，我们主要阐述职业教育人才应具备素质中最普遍的、最基本的素质结构。

（1）知识结构：知识结构是人类知识内化到个体头脑中所形成的类别、数量、质量及相互联系。合理的知识结构是综合素质形成的第一个过程，是良好综合素质的基础。这个结构主要包括科学文化知识、专业技术知识。

（2）能力结构：能力是指顺利完成某项任务的心理特征，是在合理的知识结构基础上所形成的，是多种因素的综合，与知识相比，更重要的是体现在活动中，它具有抽象、无形的特点，一旦形成后就不易失去。

（3）素质结构：这里的素质是指在先天生理的基础上，受教育、环境的影响，通过个体自身的认识和实践，养成的比较稳定的身心发展的基本素质。素质与知识和能力相比，层次更高。

二、技能型人才应具备的特殊素质

在新时期，职业教育培养的人才除了应具备上述普遍的、基础性的素质结构外，经济社会发展还要求职业教育所培养的人才应具备与其定位相适应的一些特殊素质。

（1）"职业技能素质"是职业教育培养的人才所应具备的最基本素质。它包括：掌握基本的职业技能操作方法和操作规范，并达到上岗所要求的熟练程度；树立基本的职业意识，形成与职业或岗位相对应的较完备、合理的专业知识结构等。

（2）"职场应变素质"是指人才灵活、适时应对职场要求变化的能力。它包括：及时把握特定职业在职场中的发展趋势和最新动态的能力；自主学习新的职业技能的能力；掌握最先进的相关职业理念和操作方法的能力；扩大知识面，形成更全面的具有延伸性知识结构的能力。

（3）"专业创新素质"是指不断找出新问题的能力、创造性地解决问题的能力、根据工作需要提出创造性设想的能力，以及进一步扩大知识面，适应创新的能力。

第二节　职业教育人才培养模式的创新性建构

职业教育虽规模迅速扩大，办学模式趋向多元化，但人才培养目标和人才培养模式至今尚需完善，这既影响职业教育的可持续发展，也会约制经济与社会的发展。

一、创新构建的基本内容

依据职业教育与社会相互适应的理论，结合中外成果，创新的职业教育人才培养目标应该是：培养以社会和经济现实和未来发展趋向需求为导向的直接从事生产、建设、管理、服务第一线工作的应用型专门人才。要达到这一目标，就必须为受教育者构建新的知识、能力和素质框架。

1. 知识框架的构建

职校生的知识框架是不同内容、不同形式的知识在学生认知结构中的积淀。从当前情况看，知识的基础化、综合化是构建职校生知识结构的目标．

（1）知识基础化：要把知识结构的重心放在基础知识、基本原理上。加强基础是应对多变社会环境的一种重要策略。基础知识是本源性知识，抓住了事物的共性，可以举一反三。职业教育既要重基础，也要重专业，二者比例要适度。

（2）知识综合化：综合不是简单的叠加，而是一种整合，使学科之间相互渗透，形成整体性概念。学生学会用综合化知识解决专业性、技术性问题，注重人文教育与科学教育的渗透与迁移。

2. 能力框架的构建

职校生的能力是由以下四部分组成，即获取知识的能力、运用知识的能力、创造能力和职业能力。

（1）获取知识能力的培养：在获取知识能力的培养方面，提倡教师主导与学生自觉并重，充分发挥学生学习的主动性、能动性。在课程设置上，要以学习者为中心，在教学中充分体现教师主导和学生主体作用，使学生实现从学会到会学的飞跃。同时，要在学习全方位中构建整体知识网络，注重知识的形成过程和知识的实用价值。这样有助于为学生的不断发展和终身学习打下基础。

（2）运用知识能力的培养：运用知识的能力指人在社会实践活动中运用所学到的知识去分析问题、解决问题的能力，特别是由此迁移到其他情景中分析、解决问题的能力。运用知识的能力偏重于活动，体现智力与能力的结合。培养运用知识能力的关键，是让职校生参加实践活动，真正发挥实践教学功能。要针对职业特点、技术特点开展实践活动，让学生用基础理论、基础知识指导实践，实现知识与能力的融合。

（3）创造能力的培养：职业教育既要重视向学生传授知识、技术，又要重视职业能力的培养，强调发展学生的个性和挖掘创造潜能。同时，它强调企业、社会的参与。要培养职校生的创造能力，重要的是鼓励学生以发展的观点看问题，敢于突破常规和定式。目前应建立起以能力考核为主、常规测试与技能测试相结合的制度，重点考核学生运用知识解决问题的能力，营造创新氛围。

（4）职业能力的培养：职业能力是指个体承担本职工作，完成各项任务的能力。目前，我国企业职工队伍中初中文化程度占比仍然较大，拥有大专以上学历的人数占比较少，远远不能满足经济社会发展的需求。虽有人力成本优势，但产品服务的技术含量低，产品服务的竞争能力弱，限制了劳动生产力的提高。因此，职业教育在培养人才时，必须创设职业岗位环境，对学生进行职业道德、职业素养、职业技能等方面的教育。

3. 素质框架的构建

职业教育培养的是社会需要的一线人才，职校生素质结构除了不易改变的先天素质之外，主要是培养社会素质和心理素质。

（1）社会素质的培养：社会素质属后天素质，它在素质结构中起到调节作用。它一方面要以生理素质、心理素质为基础，另一方面又给这两种素质打上一定的社会烙印。它既引导个体做人，也引导个体成才。内化是社会素质形成的重要机制，它指个体从外部获得道德和知识，通过内省与吸收成为自我的一部分，使个体的人成为社会的人。

（2）心理素质的培养：由于职业教育开展的时间不长，社会的认可度不够，职校生中的一部分人难免存在一些心理问题。因此，学生在培养学生的心理素质方面更应该加大力度。职业教育应根据专业需求的不同，在基础课和专业课。专业理论教学体系与实践教学体系的安排上确定不同的比例。

二、创新构建的具体措施

人才培养模式构建与专业设置、教师队伍以及实践形式等紧密相关，通过这些途径建立"以能力为核心"的培养模式，形成技能型人才全面发展的人文环境。

1. 构建以就业为导向的专业设置模式

是否同经济和社会发展相适应，是衡量专业结构是否合理的根本标志。同时"专业能力"是职校生能力的一个很重要方面，职业院校设置的专业，符合本地区产业发展的需要，培养对口的人才，就会受到用人单位的欢迎与支持。职业院校要较好地为本地区经济建设服务，必须了解本地区经济发展的产业结构状况和它的需求，并在这些基础上做好人才需求预测。同时，还必须以发展的、动态的、变化的观点，探讨本地区产业结构未来发展变化的趋势。明确哪些是本地区发展并大有前途的产业，哪些是本地区正在逐渐将被淘汰的产业，哪些是将随着科学技术的进步和生产力的发展而必然要兴起的产业。

2. 构建以培养职业能力为宗旨的教学模式

职业教育是手脑并用的技术教育。既要培养学生的理论水平，又要培养学生的动手能力。根据各专业的特点开展情境教学，是培养学生职业能力的一种重要手段。教学设计应以学生为中心，以培养职业能力为宗旨。具体而言，这个过程包括如下几个部分：首先，了解相关行业的基本情况。主要包括本行业的一些宏观背景及行业内企业的数量和规模，及对第一线技术人才和管理人才的需求等。其次，根据"有效需求"原则，进一步分析相关的职业岗位的实际需求与分布情况，把专业培养目标分解细化，以便有选择地确定该专业的学生能完成哪些具体岗位工作。最后，进行有关的职业综合能力的分析与分解。

3. 构建"就业准入制"的实践模式

职业资格证书制度是发展劳动力市场和实现就业的重要手段。为使职业教育培养的毕业生满足就业准入制的要求，必须构建新的模式。

第一，建立并优化教学体系。一是构建实践教学体系的目标体系，落实保障措施。二是建立由基本工艺训练、专业课实验、顶岗实习和毕业设计及社会实践等组成的、较完整的梯次递进的实践教学体系。三是以技术应用能力培养为目标，改革实训教学环节，对实验较多的课程单独设置实验课，增加工艺性、设计性，在实习现场营造真实的现场工作氛围。

第二，根据"培养应用能力，满足就业需求"的原则，探索产学合作教育的途径。一是建立由校内专家和企事业单位的工程技术人员组成的专业委员会，保证人才培养规格适应工作岗位的要求。二是建立一批校外实践教学基地。三是组织学生到实践教学基地进行认识实习、课程设计和毕业实习。

第三，建立校内专业技能鉴定场所，提高学生技能鉴定通过率。具有设备、场所和技术等方面优势的职业院校可以在国家职业标准的统一指导下，在职业技能鉴定社会化管理体制的指导下，建立职业技能鉴定场所，开发相应的"标准题库"及教务管理技术，使其成为职业资格证书制度的示范窗口。

在职业教育人才培养模式创新上结合国外职业教育人才培养模式发展经验，可以解决我国职业教育人才培养模式中存在的现实问题，实现人才培养模式的创新和突破。

第三节 双师队伍：现实的困境与突破

对"双师型"教师的界定大致有"双能力"说、"双职称"说、"双证书"说、"双融合"说和"双层次"说等多种阐释。比较一致认同的是"双师型"教师应有的共同表征：兼备扎实的专业理论知识和卓越的专业实践能力，且强调"双师型"教师所拥有的专业理论知识和专业实践能力具有内在的融合性与统一性。在此基础上，我们对"双师型"教师的内涵表述为：在应用型人才培养模式框架下，针对教育教学实践需求所开发和使用的既能深入进行理论教学又能熟练开展实践教学的"理实一体化"教师。对其素质要求更加注重复合性、实践性，而区别于传统教育对教师素质片面强调扎实的理论基础和专业知识，却忽视其综合素质和职业修养等提升与发展的倾向。

作为技能型人才培养模式改革的关键性支撑"要素"，"双师型"教师开发工作的难点是对其实践能力和素质的培养。"双师型"教师技能水平和实践能力的提升离不开企业的积极参与和支持，但在实践中发现，企业参与积极性的缺乏成了"双师型"师资队伍建设的一大"瓶颈"。

一、"双师型"教师队伍建设的现实困境

"双师型"教师的培养是职业院校人才培养模式改革支持系统建设的重点和难点难题。在校企协同视域下，"双师型"教师建设存在一些现实困境。

（一）政策法规不完善

首先，缺乏立法保障。虽然我国有保障职业教育健康快速发展的《中华人民共和国职业教育法》和其他职业教育法律法规及地方性的规章制度，但对于校企合作培养"双师型"教师仍缺乏专门的立法保障。《国家中长期教育改革和发展规划纲要（2010—2020 年）》提出要建立健全政府主导、行业指导、企业参与的办学机制，制定促进校企合作办学法规，促进校企合作制度化，但在实践中尚未明确高校、企业、行业参与"双师型"教师培养的社会责任。当前，职业教育的办学力量由单一化变为多元化，但相应的法律责任不够明晰，缺少对企业、学校等博弈各方的责任和义务的明确要求。

其次，政策的匹配度与支持率低，还缺乏更加有利于建立深度产学研融合、行业融合培养双师的激励政策。例如，缺少购买相应的基本公共服务、产业政策融合、国际合作办学等优惠政策；未对企业参与培养"双师型"教师在税收减免、财政支持、资金补贴、表彰奖励等方面做出明确的政策规定；未建立企业培养"双师型"教师的绩效拨款制度等。综上所述，宏观定调模糊，微观标准不明晰，政策扶持力度小，使得企业培养"双师型"教师的积极性普遍不高。校企合作培养"双师型"教师的政策还停留在浅显、零散的、不系统和不成熟的层面，难以使企业参与"双师型"教师开发的实践长期、有效地开展。

二、相关产权不明晰

"双师型"教师对有效促进产学研深度合作起着关键性作用，但在校企合作实践中，技术、产品以及专利等的产权归属不明确，相关法规政策不健全，企业协同培养"双师型"教师资源供给后续乏力。

一是创新成果产权归属不明晰。在传统校企合作模式中，学校往往通过自己的科研技术去寻找合作企业，企业也依据学校创新技术的质和量选择与其建立合作关系。但在目前的法律和政策环境下，校企合作中"双师型"教师所创造出来的科研成果不能明确归为哪一方，学校与企业都有权享有技术成果。因为技术产权归属不明晰，难以保证学校不会为了获得更大利益把科研技术转向其他企业，导致合作企业的技术机密外泄，造成其利益的损失。技术对于企业来说是其发展核心要素，由于创新成果归宿不明确，企业的协同培养也就收到制约。

二是科研产品专利权归属不明晰。目前，"双师型"教师研发出的科研产品，在产品专利权归属上还不明确。学校为提高办学竞争力，非常重视产品专利权所有，而企业也渴望获得产品专利权以便进行规模化生产。在专利权归属上，学校显得更有话语权。在专利权不明晰的情况下，合作企业不敢利用产品专利独自生产，当然对培养"双师型"教师的动力不足。

　　三是人事控制权和收益权不明晰。"双师型"教师是校企合作的共同要素，企业参与"双师型"教师培养主要是为了增加人才优势。合作培养的"双师型"教师应该有帮助企业的义务，企业当然也需要有吸纳甚至扩大合作空间的体制。而在实际人事控制权问题上，没有明确的制度给予企业调配人才的权力。企业参与了人才培养工作，却得不到因此而产生的相应价值。也就是说，企业对人才的付出与回报不对等，导致校企合作后续协同乏力。

三、相关机制不健全

　　行业企业和院校之间缺乏稳定的联盟机制，没有建立健全相应的组织机构，使得校企合作培养"双师型"教师政策难以落地生根。

　　1. 缺乏针对性的职称评定机制

　　当前，我国"双师型"教师的职称评定机制整体上仍然沿袭普通的教师职称评定标准执行，重论文、轻教学；重研究、轻应用；重学术能力、轻专业技能，忽略了"双师型"教师在课程开发、教学改革、专业建设、创新实践方面独特的绩效与贡献。由于尚未形成注重实践技能及专业实践和应用开发成果的职称评定机制，难以建立起以能力和业绩为基础的专门针对"双师型"人才的评价体系，不利于职业教育又好又快发展。

　　2. 人事管理机构不健全

　　由于企业缺乏相应人事管理机构，目前，"双师型教师"在认定、管理、培训、考核和评审等等无专门机构负责，基本处于各自为政状态。"双师型"教师队伍不稳定，"双师型"教师的薪酬福利没有专门的机制保障，教师宁愿选择待遇更高的企业，导致人才流失；在人员配置上，"双师型"教师没有特殊的职业生涯发展规划，培养与使用方向不明确；对"双师型"教师的培训和开发力度不够，应用开发科研项目和横向科研经费、设施不配套，使得"双师型"教师整体能力弱。

二、新常态下"双师型"教师培养策略

　　校企合作是职业院校和企业生存发展的必然选择，企业必须转变观念，树立正确的价值导向，充分认识到校企合作的必要性，不能只考虑智力输入而不愿意智力输出；积极参与"双师型"教师建设，以保证培养出适应行业企业需求的技术技能型人才。

一、立法明确"协同"各方权责

政府应颁布配套的"双师型"教师培养法规，使职业院校和行业企业在"双师型"师资建设协同方面有法可依，不仅要明确双方的责任和义务，还要完善学校与企业在"校企合作"方面相应的法律条款保障。同时，更要厘清政府、企业和学校的关系，明确他们的责任与义务。因此，政府应重视对"双师型教师"的准入标准、培养制度、激励制度、评价制度、保障制度体系和利益分配制度的顶层设计，同时也要细化各项制度的主要内容、标准要求、主要形式和组织人事管理等条款，形成宏观定调和微观明晰相互促成的局面。地方政府及其行政部门也应高度重视"双师型教师"培养，积极制定出适应本地区实际的行政法规，鼓励督促相关部门制定部门规章，真正把对校企合作"双师型"教师培养的立法落到实处，发挥实质性的主导作用。

二、以政策引导校企间深度融合

为促进企业培养"双师型"教师，需出台有利于产学研深度融合培养"双师型"人才的鼓励政策。

第一，出台校企合作培养"双师型"教师的财税减免或税后补贴的优惠政策。对校企合作"双师型"教师培养的财政补贴、专项经费补助等不应计入企业纳税范围，在"双师型"教师培养的财政拨款上可免收企业所得税。对参与"双师型"教师培养企业获得的赢利收入部分，在扣除企业所得税后政府应给予企业相应的税后补贴，减轻行业、企业参与"双师型"教师培养的税收负担，促进校企深度合作。具体政策可以有如下方面：提供"双师型"教师培养财税减免或后补贴，购买"双师型"教师培养基本公共服务，实施国际合作办学等优惠政策等；将强制性制度变迁与诱致性制度变迁相结合，以此来调动行业与企业的积极性，对税收减免、财政支持、资金补贴和表彰奖励等方面做出明确的政策规定，根据企业和行业组织培养双师绩效进行拨款等等。

第二，出台产教融合的优惠政策。产教深度融合有利于促进企业经济发展和职业教育健康发展。出台产教融合的优惠政策，可从为"双师型"教师提供基本公共服务方面着手。例如，政府为"双师型"教师购买教育、医疗、住房方面的服务，满足"双师型"教师基本生活需求，并成立校企合作"双师型"教师培养专项合作基金会，给予"双师型"教师队伍应用开发资金奖励，鼓励原始创新、集成创新，带动职业教育又好又快发展。

第三，出台"双师型"教师培养的国际合作办学的优惠政策。"双师型"教师培养不仅仅只限制在本地区，应该面向专业化、国际化方向发展。政府应鼓励行业、企业对"双师型"教师的国际化培养，促进其外派双师教师去国外进修。由于外派教师的培养经费数额巨大，政府应给予行业、企业财政支持和经费补贴，并对"双师型"教师培养绩效显著的企业给予表彰奖励。

第四，出台促进校企合作教育基础设施建设的优惠政策。加大校企合作教育基础设施建设的支持力度，可以从设备购买、土地租赁、房产使用等方面实施优惠补偿。在此过程中为鼓励企业在校企合作中加大技术投入，可规定给予其投入的设备符合一定条件时享受增值税退税待遇。鉴于主要用于师资实训可能造成设备磨损加速，可允许企业对该部分设备实行加速折旧。同时，实训中心对外培训、承接加工、服务等产生的利润，只要是继续用于基地设备更新和设施维护等，均可给予减免税待遇。在大中型企业等建立"双师型"师资培养基地，并尝试成立专门培养机构，国家可以考虑出台更优惠的政策，例如人才扶持、税收减免、奖励等优惠政策。

三、统筹协调机制的协调和健全

通过改革和健全"双师型"教师培养与管理的机构设置，加大对"双师型"教师队伍建设的统筹规划力度，为"双师型"教师队伍建设搭建有力的协调机制。

建立职业教育行政管理机构。建立对职业教育"双师型"教师在资格认定、培训、考核、评审等规范管理的专门机构，避免互相扯皮、各自为政的状态。加强与企业合作，双方合作共同制定双师型教师管理考核指标，合理设置教师到企业实践的内容，促进企业实践教师技能水平的提高和职业能力的养成，进一步开拓校企合作的广度、深度，使教师到企业实践锻炼取得实效。

建立职业教育人事管理机构。政府应成立由地方教育部门、行业、企业和职业院校参与的人事管理机构，主要对"双师型"教师的准入、辞退和培养等的管理。对于"双师型"教师的准入要有严格的管理机构，确保双师适应岗位的需求。同时，要做好"双师型"教师职业目标规划管理，对"双师型"教师给予正确的职业规划指导，提高其社会地位。对于"双师型"教师的辞职或退出，要有规范化管理，按程序办事，不可无条件辞退双师教师，也不允许双师无理由任意退出。

四、完善绩效拨款等相应的制度

目前，对"双师型"教师培养还缺乏绩效激励，应制定相应的绩效拨款和校企合作考核标准制度，加强对企业培养"双师型"教师的激励作用，正确引导企业参与"双师型"教师的培养。

其一，建立科学的绩效拨款制度。从经济学角度看，校企合作"双师型"教师培养应纳入绩效拨款制度。绩效拨款制度以"双师型"教师培养的绩效状况和创新程度作为拨款依据，是为了提高校企合作"双师型"教师培养的效率，把更多的资金和职业教育质量联系起来，让办学水平高的企业得到更多的资源，建立科学的绩效拨款制度，是校企合作"双师型"教师培养可持续发展的保障。绩效拨款制度融入校企合作中，有利于提高企业积极性。"双师型"教师培养绩效拨款制度在保证教育活动拨款的同时，能够更好地保障高绩效、高水平的公共财政资源配置。

其二，建立校企合作考核标准制度。为了能够更公平、公正地实施绩效拨款制度，还应建立配套的校企合作考核标准制度。应将绩效基于考核标准之上，企业只有达到考核标准，才更容易享受到绩效拨款。结合"双师型"教师队伍实际，制定科学、可行和操作性强的考核标准；制定考核标准时，强调教师的实际专业操作技能水平，建立以高质量和绩效为导向的考核标准体制。在考核时重视"双师型"教师在教学改革、专业建设和创新实践等方面独特的绩效与贡献；在评价时应使专业教学、实践操作和科研成果的推广与应用并重。重视企业参与双师培养的软件与硬件建设考核。

第四节 创业教育：目标直指经济建设的有效途径

调查表明，"府校"二者在创业教育中存在高耦合关系，需协同治理才能实现愿景。其中，政府的角色扮演不仅制约着创业教育的开展，也影响着创业教育的成效。政府在机制创建中发挥主导作用，为创业教育实践基地的建设提供支持、营造社会文化氛围等方面还需加大力度。当然，主体仍是院校，职业院校因其本质属性和培养模式成为"主阵地"，应在专业设置和实践性教学等方面有所创新。本书首先提出职业院校开展"创业教育"有其必要性和先天优势；进而对政府在实施"创业教育"中的角色定位加以明确。在此基础上，针对职业院校"创业教育"的运行环境（院校、学生和"利益相关者"的态度）等进行了问卷调查，对"创业教育"现行政策状况加以分析。最后提出完善和创新创业教育的"府校协同"机制构建路径。

创业主体（特别是学生）的行为离不开创业教育。创业教育是创业活动必备的要素之一，是培养人的创业思维和技能等综合素养，使受教育者具有一定的创业能力的教育。其通过影响创业动机、意识和意向（包括创业自我效能感这一前置变量）间接对创业行为产生影响。在创业活动的循环体系内，不同主体对整个在其中的角色和作用不同，作为创业教育主体的职业院校需与作为创业教育主导的地方政府两方面协同发力。

一、职业院校应成为"创业教育"主体

创业教育不仅是国家对职业教育发展战略不断推进与升华的要求，更是职业教育自身转型发展的内在驱动力。职业院校是以就业为导向的教育，而创业显然是最为积极的一种"就业"模式，从这个意义上说，创业教育可谓职业教育的最高价值体现。从对创业教育的推动作用上看，职业教育有着明显的优势。"理实一体化"是职业院校区别于普通高等院校的本质属性，也是职业院校最有效的教学模式；而这种模式也最适用于创业教育，学生在工作实践中经受锻炼，成为增强创业教育有效性不可或缺的基础环节。

实际上，职业院校学生是最具创业潜力的群体之一。据调查，59.93%的职校生有过创业意愿。由于基础教育阶段的学业和应试挫折等原因，职校生有着普通院校学生所缺乏的忍耐坚毅、动手能力强等诸多特征，只要对其加强创业教育，这些特征均可成为创业的显著优势。

李克强曾指出："加快发展现代职业教育，是发挥我国巨大人力优势，促进大众创业、万众创新的战略之举。"近年来，国家针对"创业教育"出台了诸多政策，但整个社会把关注的焦点更多放在了普通高校。究其原因在于：职业院校毕业生在就业问题上并没有出现普通高校那样的困难；一般认为，职业院校生源综合素质偏低，达不到创业"应有"的职业素养和智力要求，企业和社会对职校生的期望值不高。实际上，发达国家的职业教育往往贯穿于教育的各个阶段，我们不应该把创业教育仅仅当成"大学"的事情，而应在职业教育（包括高等职业院校及各类技师学院等）中更注重这一新生事物的成长。作为经济不发达的少数民族地区，"创业教育"应该成为职业教育关注的重点及其长远发展的战略方向。同时，"创业教育"在区域经济"新常态"下的凸显也为职业教育改革和发展提供了无限契机，助推职业教育更加切合其本质属性和根本育人目标。

二、创业教育中的政府责任及其角色定位

政府对职业院校创业教育有着主导性的影响，职业院校创业教育也需要得到政府的宏观指导和政策推动。

政府应构建起对职业院校创业教育给予激励的长效机制，发挥主导和协调作用，完善学生创业的社会配套体系，把职业院校培养学生的创业意识和能力纳入"教育发展规划"之中。与此同时，职业院校投入大量的资源开展创业教育，为整个社会经济发展带来效益，带有强烈的正外部效应，从而导致了职业院校创业教育的总量性短缺

和动力不足等问题。要推进创业教育进一步发展，政府必须平衡创业教育主体间利益，并提高其总体收益，解决这一行为的外部性难题。

欧美发达国家政府对于创业教育多年来所形成的"支撑体系"值得借鉴。美国政府对创业教育的基础性支持包括营造积极"创业"的文化氛围、建立完善的风险投资体制、加强基础配套设施建设，等等；对创业教育的直接支持包括制定法律促进成果转化、提倡学校发展"衍生公司"、通过政策激发创业热情，等等。日本政府在推动创业教育过程中，多个部门参与并成立公共机构，前者包括经济产业省、文部科学省等，从各自的职能和分工出发，由不同的侧面推动创业教育；后者包括创业育成中心、风险实验室等为处于创业初期的中小企业提供成本较低的使用空间、基础设施和咨询服务，鼓励拥有优秀科研成果的学科设立风险企业实验室，研发新产业、新技术。

因此，日益成熟的市场经济环境下，"外部性"为政府提供了在创业教育中扮演"主导"角色。在正外部性情况下，政府通过为消费或生产提供补贴以达到外部性内化的目的。为了正确引导和利用创业教育的正外部作用，政府应充分挖掘职业院校的优质资源，协调其与经济、社会发展的有效联动，在营造良好的舆论环境、建立完善的金融和其他政策支撑体系等方面发挥主导作用。

三、职业院校创业教育运行环境调查

作为本研究的基础性工作，针对要解决的研究问题，我们采用书面与电子问卷相结合的发放方式，对部分职业院校学生（包括在校生和已参加工作的）所受创业教育开展了抽样调查（系统抽样和简单随机抽样相结合），调查的目的是摸清各类职业院校"创业教育"目前的体制运行环境。在样本的选择上，为取得被调查院校的支持，我们事先与对象学校相关部门联系，并由毕业班辅导员参与调查，调查样本具有一般代表性。总共发放问卷3000份，回收问卷2595份（在剔除逻辑错误、数据缺失等样本后，最终获取有效问卷2330份），回收率为86.5%，有效回收率为78%。问卷内容来源于通过专家讨论得到的"职业学校在校生就业形势""创业教育政策的落实情况"等8个指标。

在对"职业学校在校生就业形势"的调查中发现，认为"工作难找"的占整个被调查群体45%，表明职校毕业生的就业形势的严峻已成为现实。由于近年来经济结构调整，相当一部分职校毕业生只能找到专业不对口的岗位；而且无论其所学专业是什么，毕业后大都从事了服务业和建筑业中的初级工作。严重的就业问题已使职业教育以培养就业人才为目标这一本质属性受到了理论和实践两方面的挑战。

在对"毕业生择业途径"的调查中发现，"希望学校统一推荐"的占18%，"家庭帮助"的占比5%，"双向选择"的占比68%，"自谋职业"的占比9%。调查数据表明，职业院校学生在择业观上大多处于被动状态；毕业生就业已完全市场化，但毕业生常以填补现有就业岗位作为自己的就业目标。这里有学生及家长的观念问题，更主要的还在于其接受的是就业教育培养。

对"报考职业学校目的"的调查中，以"填报志愿情况"为标准考量，"完全按照自愿"的占比 36.7%，"父母主张"的占比 35.6%，"无可奈何下做出决定"的占比 12.9%，"无目的填报"的占比 14.8%；以"入学目的"为标准考量，"将来容易找工作"的占比 44.4%，"已找好工作正处于等待期"的占比 26.7%，"希望升高职校时条件便利些"的占比 11.1%，"职校学习相对轻松"的占比 17.8%。调查数据表明，职校"生源"缺乏明确的学习目的和创业"冲动"。

在对"毕业后的职业选择"的调查中，有 36.4% 的受访学生选择国有大中型企业或行政事业单位，35.3% 的学生选择小微企业，8.7% 的学生选择其他组织或机构，只有 19.6% 的学生选择自主创业。调查结果表明，除了整个社会仍残留着计划经济体制下形成的落后择业观念外，政府和院校层面在"创业"氛围的形成上有所缺失成为上述现状产生的重要原因，其进行创业教育的动力更多地源自对外部环境的被动回应而不是职业教育自身的教育特质及其有别于普通教育的人才培养模式等内驱力。

在"职业学校学生的创业意愿"的调查中发现，"认为毕业后工作几年后须创业"的占比 63%，"希望依靠家庭或学校的帮助找到稳定工作"的占比 23%，"希望自谋职业"的占比 14%；值得注意的是，调查对象中有 78% 的学生"希望在校期间学点经营管理、创业知识"。调查数据表明，在"全民创业，大众创新"的形势下，职校学生创业倾向明显，对"创业知识"的学习欲望还是很强烈的。但目前的状况是：职业院校大多比较重视文化知识的掌握和技能的训练，而很少考虑如何培养人的创造潜能。职业教育必须由就业教育走向创业教育，这是一个需要理论和实践两方面加以关注的新生事物。

对"毕业生认为影响创业活动障碍"的调查中发现，"创业意识不强、能力不够，经验不足"的占比 45%，"创业活动的阻碍是缺乏资金"的占比 36%，"认为职校生创业的成功率不高"的占比 18%，"缺乏职校生创业成功榜样"的占比 1%。调查数据表明，职校毕业生中有 60% 在就业后一年中跳槽；有 36% 在就业一年半至两年中跳槽。即使因各方面原因而频繁跳槽，也很少考虑进行自我创业，对"自我创业"表现出极度的不自信。

对"职业院校开展创业教育的情况"的调查中发现，"了解并赞同创业教育提法"的占比 52%，"只是设置了创业教育理论课程"的占比 30%，"积极进行创业教育实践"的占比 15%，"全面系统推进创业教育"的占比为 3%。调查数据表明，职业院校在计划经济体制下形成的就业观念尚未根本转变，对自主创业对社会、学校和学生自身的意义认识不清，或是希望借助"自主创业"缓解一下当前的就业压力，或是一般地仅仅把"自主创业"当作学生工作的一个方面来做。

从上述系列调查可知，职业院校学生创业意识普遍较差，如果缺乏外部因素的引导和激发，相当一部分人的创业意愿难以被激发出来。在"大众创业，万众创新"的社会形势下，院校的"创业教育"内驱力明显不足，需要政府在法律、政策框架下予以"协同"。

四、职业院校"创业教育"政策现状

从二者耦合协调发展的研究假设出发，创业教育与职业教育在一个更大的系统内相互联系并影响着。我国当前实际情况是，"创业教育—职业教育"耦合协调系统（创业教育与职业教育两个系统通过各自耦合元素相互作用的大系统）的子系统耦合度相当高，说明同其他发达地区一样，这二者存在相当大的关联，处于高水平耦合阶段；对"创业教育—职业教育"系统的协调度考察也能够发现其处于良好的协调阶段。但职业教育相对于创业教育来说还是比较滞后，应发挥创业教育的前导作用，挖掘职业院校的"创业教育"内涵，实现二者的协同发展。

科学的全局性"教育规划"及在此基础上形成的健全的法律法规和政策是创业教育的基本保障。目前，创业教育的政策法制体系建设尚不成熟，国家的宏观政策与本地区的微观措施不配套，或因缺乏操作细则而难以落实，或因市场环境的不成熟而不能有效执行。对创业教育政策的"价值结构"进行分析可知，政府对创业教育政策实体价值（包括经济、福利，等等）的关注度远远高于符号价值（包括名誉、规划，等等），应适度增强对"符号价值"的关注，促进创业教育政策的制定和实施向科学化和专业化发展。

总体来看，地方政府在通过政策促进职业院校创业教育方面未能充分发挥作用，政策文本多从国家层面转发，缺乏适合本地区实际的创业教育支持政策；现有的这些政策体系操作性较差，适用于改善创业环境的创业服务和社会保障等方面的配套政策缺失较多；在"创业教育"的体制和机制建设方面同发达国家还有一定差距。

五、"府校协同"创业教育机制完善路径

在全球领先的战略咨询公司——美国"摩立特集团"的调查研究结论认为，对整个社会创业成功具有重要意义的四个因素（或条件）分别是：创业意识的加强、创业技能的提升、系统的融资政策和有效的激励政策（包括税收减免）。那么，政府与院校的协同机制显然是满足上述基本条件，使通过培养和激发创业动机、意识和意向而影响创业行为的创业教育得到健康发展的保障。在整个创业教育体系中，政府应充分发挥对创业教育的政策引导、资源调配和评价督导等职能，不断完善创业教育的机制

建设；同时，政府还要通过立法和政策唤醒行业、企业对创业教育的自觉，激励全社会持续有效地参与到创业教育中来。同经济社会的其他治理和变革一样，协同创新机制中也蕴含着多主体内涵，政府和院校之间的互动应实现资源互补，形成合力，共同推动创业教育的健康发展。

（一）"协同"视域下的问题

目前，职业院校创业教育体系的"协同机制"存在如下突出问题：其一，角色定位不清，院校承担了本应属于政府的工作或者职能，政府在创业教育中表现"缺位"，严重影响了二者在协同创新系统中各自优势的发挥；其二，联动机制不畅，往往多部门"跟风"出台创业扶持政策，甚至社会力量多方面参与建设创业基地；其三，创业教育协同创新的利益分担不明，利益风险机制比较粗放，极易诱发矛盾和分歧，降低"协同"的效率。在对职业院校中的各类群体的调查和访谈中发现，48.7%的院校受访者认为创业教育政策的落实情况"一般"，26.3%的院校受访者对创业教育政策"不满意"，仅有17%的院校受访者认为创业教育政策基本得到了落实（其余8%的受访者根本不予关注）。创业教育进程中缺乏健全的联动机制，容易造成信息不畅和优惠政策的落实受阻。

（二）"府校协同"机制创新

在创业教育战略成功与否的诸多因素之中，其自身具有的跨部门合作属性是关键要素；而合作伙伴和利益相关者的参与是创业教育战略的先决条件。因此，构建"府校协同"的创业教育机制需要在政府主导下，以院校为主体，带动其他社会资源及其"利益相关者"，进行系统的协调和配合，厘清各方的角色定位，明确利益相关体的差异性需求，实现优势互补；完善创业教育联动机制，使协同创新系统中各要素功能得到充分发挥。在这一系列的"协同"活动中，政府和职业院校是两个最为关键的环节。

1. 政府主导

政府对创业教育进行全局性的规划并制定有利于创业教育的一系列政策法规，是创业活动开展的根本保障。"创业政策满意度"对"创业意向→创业行为"的调节效果明显而切实，其中：创业意向可以看作创业教育和创业行为之间的"中介"因素，创业教育对创业行为产生影响，而政策在"意向"转变为实际"行为"的过程中起着关键性作用。

（1）创业教育的战略规划与法制化

美、日等发达国家和我国东部发达地区的经验表明，创业教育绝非解决就业难题的权宜之计，应通过科学化、法制化等方式对创业教育的目标、愿景和实施步骤等问题做长远规划。同样，地方政府也急需根据经济社会发展状况及人力资源开发和管理的实际情况制定适合本地区"创业教育"的中长期规划，以使职业院校创业教育能够科学和稳定地为经济建设提供人才支撑，这需要政府从经济、社会、教育等各方面进行全面统筹。

（2）设置专门协调机构的必要性

由上述分析得出结论，既然现行创业教育政策关注的重点在于其"实体价值"，当然就有必要设立专门的综合协调机构，将政府及其相关部门、院校和社会之间的价值导向进行有机链接，形成合力，解决政策体系分散、实施效率不高的问题。

在这一"链条"中，政府应积极整合教育资源，在协调各方利益，保障"协同"的基础上，着力于推动创业教育实践基地的建设水平，提供政策咨询、技术进步和劳务供求等指导服务。

当前，各级各类职业院校的创业教育资源明显匮乏，而相当多的企业没有这方面动力。政府应该在职业院校和企业及其他社会力量之间更多地发挥服务和协调的作用，搭建起资源充分开发的坚实桥梁，帮助院校引入拥有专业化的企业资源和多元化的社会资源，同时为企业拓展与院校深度合作的空间。还可以借助创业教育机构实现资源互通共享。相关中介组织的建设在我国现行体制下有其独特的意义，一方面，促进和监督院校既具坚定性又有灵活性地贯彻政府创业教育的政策；另一方面，中介组织及时与政府部门沟通，可以更及时和有效地解决院校在创业教育中遇到的问题。同时，中介组织还可以为政府制定创业教育政策提供科学、系统的建议。

（3）优化创业教育的政策保障职能

除了专门的"创业教育"协调机构外，政府还应借助政策的制定和实施提升整个社会对创业的认同感，建设服务支持体系，在财政政策上给"创业教育"以更多关注并拓宽资金渠道。

其一，提升社会对创业行为的认同感。创业教育需要良好社会文化的支持，"创业文化"是开创事业的价值体系和社会心理的总和。从职业院校的现状来看，创业文化的氛围并不浓厚。根深蒂固的从业文化中不乏急功近利、求稳甚至是投机的意识，诸多不利因素导致创业教育处于被忽视的尴尬境地。创业文化氛围是校园文化乃至于整个社会文化成熟度的重要体现，需要政府协同院校进行合理引导，还应发挥媒体的作用，使创业教育的价值和理念深入人心。

其二，整合政策资源，提高实施效率。地方政府应根据国家的相关政策制定实施细则，将与创业有关的部门政策进行整合，提高政策落实效率。在此基础上，清理和消除阻碍创业行为的各种行业性壁垒，合理设置和科学规定资金、人员和项目审核等准入条件；特别要为职校学生创业提供相应的法律保障，并给予宏观的创业指导。

其三，开展和落实创业指导服务，建立整体服务支持体系。重点建设包括具有公共服务功能的创业服务机构和社会保障机构等在内的"创业公共服务链"（把与创业教育利益相关的社会力量有机地组织起来，形成完整的创业教育公共服务网络）。这其中首要的任务应该是：鼓励政、校、企三方合作建设创业基地，给创业实践提供优质的实践机会，并提供切实有效的创业辅导以及相关的后续跟踪服务。

其四，加大资金扶持力度，撬动多样化的资金实现形式。根据"创业教育"的特点，这方面的工作主要包括：强化财税政策扶持，完善和探索这一方面政策落实的具体操作办法；通过设立创业专项资金和风险投资资金等，为毕业生创业提供融资支持；构建政府扶持、社会资助的职校学生创业服务平台，等等。

2. 院校主体

作为"主体"，职业院校应该对"创业革命"做出积极和有效的回应。在职业教育各个层次开展有机衔接的创业教育，在职业教育不同阶段培养学生多方面和深层次的创业意识和技能，是创业教育的"发动机"。

（1）主动寻求与政府的协同

创业教育是实践性很强的活动，创业实践是创业教育的特定模式。要实现和创新这种"模式"，学校就必须积极寻求政府的支持，在此基础上建立创业教育与经济、科技密切结合的机制；并在政府的协调下，争取市场和企业对职校生的创业给予更多关注，带动社会各方面资源共同支持创业教育；同时，积极培养职校生适应市场经济条件的创业意识和实践能力，为创业做好心理方面及知识、能力和职业素养的储备。

（2）健全创业教育管理体制

毕业生源的质量高才能成为市场经济中的活跃因子，也才能够形成"创业教育"的良性循环。职业院校要想在职业教育滚滚大潮的竞争中取得优势，须在人才培养的价值链中将创业教育提升至"核心竞争力"这一高度。创业教育管理机制的创新是确保其健康运行的关键，对这一"核心竞争力"的认识必须得到体制的认可并通过体制的合理安排来实现。目前，职业教育体系内部（包括院校各部门）对"创业教育"的管理往往"各自为战"，资源利用率较低。在管理体制上，有必要整合职业教育体系和院校各部门的资源，形成创业教育的整体优势。

（3）完善"双师型"队伍建设

人才培养模式的改革离不开适应创新教育教学的师资力量，院校应在政府及其相关部门的支持下，加强"双师型"教师的培育工作。

创业教育需要既具备较高专业理论水平又具有一定的企业管理和生产经营实践经验，并对"创业"活动有着深刻理解和正确认识的教师，院校甚至可以根据教育教学需要直接从企业聘任"技能大师"。"双师型"教师对创业领域的发展趋势和创业教育的社会需求变化有着前瞻性的理解，对创业教育所需要的知识和能力有着天然的亲切感。从属于职业教育自身的本质属性，在校企合作和现代学徒制的框架下，"双师型"教师是教学互动中丰富课堂内容，完成技能型人才培养过程的关键性因素。

当然，由于我国长期计划经济体制带来的人事管理系统的局限和影响，从实际运行状况来看，职业院校虽然有着从企业生产和管理环节聘任深谙企业管理或者熟悉一线操作技术的人员的积极性，但仍存在诸多"障碍"，这一方式对"双师型"教师的补充起到了应有的作用，但还不能完全满足创业教育的需求。政府应在现有师资开发与管理的基础上，通过"政府购买服务"等方式，制定灵活多样的师资政策，激励企业生产经营和管理环节的"专家"和"大师"进校园，以使职业院校创业教育在深厚的知识和技能底蕴下真正成为复合型人才培养的"孵化器"。

（4）创新人才培养模式改革

创业教育是一项系统工程，职业院校仍需探索其具体的运行方式，在培养模式、课程设置等方面进行创新。目前条件下，采用已进行过成功探索并有着较成熟经验的"渗透式（将创业教育的因素有机渗透到相应的教学内容中去）""结合式（根据各类实践活动的不同特点将创业教育纳入其框架中）""复合式（将创业教育的目标纳入专业目标体系并确保其目标的实现）"等培养模式是行之有效的。

此外，在"职业资格准入制度"框架下，职业教育系统应强调和运行学历证书与职业资格证书并重的教育理念与模式，将学分制引入"创业教育"，以着力培育复合型的创业人才。

（5）构建创业教育评估机制

构建起合理有效的创业教育评估机制是保证其持续健康发展的必要条件。"创业教育"所赖以为基础的思维逻辑起点乃是以人全面发展为核心价值的一种新型理念（而不仅仅是一种就业方式），在着眼于创业能力提升的同时，还应注重职业素养的培育，创业教育评估内容也要针对这二者进行全面考察。

值得一提的是，政策的监督反馈机制应作为创业教育系统中的重要环节，而相对完善的政策监督应是政府牵头，政、企、家、校等多方利益主体"协同"参与，充分体现权责明晰理念的机制。

综上所述，创业教育涉及政府、学校、企业和社会等多方面的利益，其中，政府是创业教育的"主导"，职业院校是创业教育的"主体"，政府与院校的"协同"是创业教育得以健康发展的必备基础。此外，社会中介组织对加强政府与学校之间的沟通也是必要的。整个"协同"体系构建的根本目标应在于积极有效的政策和健全创新的机制。

第五节　"现代学徒制"模式创新

"现代学徒制"作为职业教育模式的契机，需要广泛借鉴国外成功案例，但更需要在对本地区具体情况进行充分调查的基础上，归纳和总结出一套普适性的做法。这个过程中离不开政府、企业、行业、社会的支持和配合。只有找到多方共同的利益诉求点，才能实现"现代学徒制"健康发展的长效机制。

一、"现代学徒制"教育教学模式的理论依据

"现代学徒制"作为一种有效的教育体制，在我国现代职业教育进程中加以推广，不但需要借鉴发达国家的经验和做法，同时也应对其所以生成的理论依据有所理解。

（一）帕森斯"结构功能主义"理论

1. "结构功能主义"的提出

结构功能主义是在对早期"功能主义"的继承和发展基础上，形成的一种既完整又综合的宏观的社会学理论。"结构功能主义"最基本的研究对象是整体的社会系统，通过阐释社会系统各部分的功能，即存在的必要性，找到一种结构化的方式，这种结构化的方式能够把社会各部分要素协调统一起来。通常，社会系统是一个以有序方式相互联系的综合体，这种整体性的社会系统处于相对稳定和平衡状态，任何部分因素发生变化都会影响整个社会系统。而在系统之间和系统内部各要素之间相互作用后，又会达到新的均衡状态。

2. 结构功能主义的系统关系

社会行动体系组成了一个整体的系统，每个系统都可以相应地划分为四个子系统，功能需求的满足要通过行为有机体、人格系统、社会系统和文化系统四个附属系统的相互配合才能实现。四种系统共同发挥作用，形成控制论意义上的层次控制系统。任何社会行动系统的基本制度化结构都是在满足一定功能的基础上才能维持自身有效性的存在。整体上社会系统存在四种主要功能：适应、目标达成、整合和潜在模式的维系。

（二）对学徒制外部保障的现实观照

维护和保障职业院校"现代学徒制"人才培养模式的实施是一项社会行动，也是在一个特定的系统中开展的。其中，政府制定和履行法律法规，并依照法律法规对企业、学校、社会进行控制、监督和管理，政府与社会之间的引导和监督、企业与学校之间的相互扶持、企业与社会之间的相互监督和规范、法律与文化价值观之间的相互补充等关系错综交叉、协同创新是"现代学徒制"得以健康发展的要义。当前，从理论和实践两方面加以探索，对我国职业教育实施和运行"现代学徒制"的制度环境进行切实和有效分析，可以为"现代学徒制"构建一个社会系统环境来分析各子系统对主体的影响以及各子系统要素之间的相互影响，以便为这种模式的实施提供更有效的外部环境保障。

二、优化职校"现代学徒制"外部环境的建议

德国职业教育推行的"双元制"是以企业培训为主导，职业院校教育为辅；企业和院校相辅相成、平行开展的以"学徒制"作为基本形式的人才培养模式。"双元制"有时又被称为"双轨制"，其中"双元制"中的"一元"代表国家举办的公立职业院校，另"一元"代表企业，通过学校和企业的密切合作来培养市场所需的专业技能型的人才，保障技能型人才培养的质量。实际上，"双元制"将学生在学校学到的理论知识和企业所接受的实践锻炼有机结合，培养了大批高素质的专业技能型人才。

要实现我国职业教育"现代学徒制"的长效发展，整个社会系统环境中的政府、企业、行业和社会都要发挥作用，同时更要借鉴西方成功的案例和我国传统"师徒"文化的精髓，推动职业教育"现代学徒制"的可持续发展。

（一）政府支持

1. 扶持性政策和有倾向性法律

我国的市场经济是政府宏观调控的市场经济体制，不管是从教育制度的角度看职校教育改革，还是从劳动制度的角度看学徒制培训的发展，都少不了以政府为主导的宏观调控政策作为保障。"现代学徒制"是教育制度和劳动制度在中国的结合体，是既可以有效解决就业又能够达到推动技术创新的唯一可行路径。"现代学徒制"要在中国得到更好更长久的发展，首先要得到政府的充分肯定和支持。如果失去了政策保障，企业对校企合作的尝试或切入就只是为了扩大社会影响力这一经济性目的，而不再顾及社会效益和自身应担负的社会责任，最终对这种人才培养模式能否促进自身的发展也必然持怀疑态度。因此，政府有责任也有义务对校企合作进行严格监管，培育、引导和强化多数企业的社会参与意识。保障"现代学徒制"人才培养模式的实施更合法、更规范的措施是形成多元、开放的校企合作政策，并要小心翼翼地提高政策执行的科学化水平。

2. 加大对职业教育的资金投入

如果企业不能自觉地参与到"现代学徒制"教学过程中，院校也就很难根据企业需求来制订教学计划和组织教学活动。因此"现代学徒制"合作双方的开始仍应在政府主导下依靠市场经济这一杠杆完成。建议从以下方面着手。

其一，加大对职业教育的政策倾斜力度。

职业教育作为一种准公共产品，必须由国家拿出专门用于实训基地和实习场地建设的费用，或者对企业的经济投入给予税收优惠和其他扶持待遇。比如，对接受学徒实习、学校教师挂职培训的企业减免税费的征收；对"现代学徒制"实施有显著效果的企业进行财政补贴或奖励，等等。

其二，建立"现代学徒制"专项基金。

政府要对职业院校的专项资产进行分流，用来补偿企业与学校的合作办学；建立职业教育专项基金制度，用于技能培训的费用支出。如此，不仅可以让多数企业获得政府的项目和科研支持，更调动了企业参与社会办学的积极性，逐步形成完备的现代职业教育体系。

其三，形成多元化办学格局。

现代职业教育的市场庞大，如果完全依靠政策资金的支持，在实践上短期内难以奏效，在理论上也并不被主张。学校应该主动与企业联营，为企业培养所需要的专业人才；企业将部分生产场地或设备转移到学校，充分利用职业教育资源提高经济效益。在此基础上，有效吸收社会闲散基金，调动融资、社会福利和税收的力量来形成多元办学的格局是必要的，也是可行的。

（二）企业主导

总体上来说，企业不愿意高度配合"现代学徒制"的原因，主要是受社会资源整合驱动、现实利益驱动和技能需求驱动的综合影响形成的。一般来说，普通的企业在面临较高投资风险的时候，只会关注短期的经济效益，缺乏人力资本投资意识；而国有大中型企业虽然天然地应具备社会责任，仍然需要政府利用政策和依靠行政权威来促进。因此，除了政府要完善法律法规，强化监督，以政策和法律等手段缩减培训成本外，各类经济体还需要在以下几点上积极"迎合"。

1. 拓展现代学徒制人才思路

企业要认识到职业院校毕业的学生掌握了解决技术问题的知识，更初步掌握了服务社会的能力，而将这类学徒看作"准技能型人才"。《国务院关于大力发展职业教育的决定》明确指出，职业院校与企业密切合作的关键在于要依靠企业的力量来发展职业教育，开展校企合作是谋求职业院校和企业共同发展的唯一有效途径。作为企业，应该意识到，"现代学徒制"的实施就是为了更好促进学校和企业双方的生存与发展，要获得自身长远的利益，只有依靠科学技术和技能型人才储备，建立与职业院校双向互动、共同参与，形成产学研一体化的良性循环模式。此外，企业可以通过这种方式节约劳动力成本，并在这种关系中充分利用学校资源开展员工培训等。

2. 建立"现代企业教育制度"

现代企业教育制度的建立可以从根本上形成企业参与"现代学徒制"的内驱力。从企业和行业参与外部联合的角度来看，企业应该按照产业类别以参股或入股的形式实行企业与职业院校的联合，组建企业教育集团，加强企业参与职业教育管理的主动性和积极性，实现多元化的人才培养体制。校企双方根据职业教育的人才培养方案，共同制订培训计划，使学生较早地熟悉企业制度和企业文化，增强对企业的认同感。大量的实践经验说明，企业参与职业教育集团化办学，可以有针对性的培训适合企业需求的技能型人才，有利于建立校企合作的长效机制，为学校、企业、学生和区域经济的长远发展奠定基础。

3. 奉行正确的人才储备理念

从人力资源管理的角度说，只有实现和保证企业与员工的双向利益的达成，才能体现双方的平等地位并进行贯彻现代人力资源管理理念。现实中，企业招聘中存在信息的不对称和机会的不均等都会导致企业针对职校学生的技能培训和实习严重缺位。因此，企业掌握着人才需求的主动权，要想在"技工荒"的境遇下拥有适合企业岗位要求的技能型人才，就必须预先担起培养人才，建立人才储备的义务，不能把人才培养任务完全归结为职业院校的责任。作为行业企业一方，要树立正确的人才招聘观念和储备意识，由此，形成学校和企业之间的内在稳定机制，搭建高效的校企培养人才信息渠道。

（三）行业协调

行业组织作为行业整体代表，需要在这个过程中发挥组织、服务、监管的作用，最大限度地处理各方主体间的关系，减少"现代学徒制"的运作成本。

1. 建立沟通利益相关者的交流机制

德国"双元制"是在政府、企业、行业协会、学校的合作基础上建立的，这些组织较全面地代表了"双元制"所有的利益相关者，在"双元制"实施过程中都扮演了不同的角色。各方之间通过协商的方式对"双元制"的实施达成规范性的意见，最终订立一套完整而系统"双元制"人才培养模式的组织和管理"方案"，所涉及的内容应广泛而具体，如职业院校的课程设置、学徒工的津贴发放标准、学业成绩评定及技能水平的考核、企业培训税的征收、国家公共拨款等。在这里，行业组织可以作为体现政府、企业、学校和学生共同意愿的中介机构，作为非政府、非营利性的中介机构，协调职业院校在办学和培养方面的革新，但更多旳是用于协调政府、院校和企业之间的利益关系，这是行业组织应承担的社会责任，也是行业组织在现代职业教育体系中的重要角色。

2. 加强行业管理的机制创新

通过行业来加强职业资格认证与管理，是因为行业内部包含着一整套市场所需的创新能力体系单元，并且有着将创新能力体系推向经济发展空间的动力。只有将能力标准与国家资格证书联系起来，才能使每个单元的知识和能力得以随时的分解量化，将专业教学和课程要求融入到行业和企业的实际需要中来。因此，行业组织需要将其意识到并整合形成的创新能力体系积极地推向社会和企业，进而将推动其在职业教育体系中首先得以完成，保证经济发展对人才的迫切需求；而政府要根据对职业院校学生的培养要求，将职业技能和资格证书的标准融入职校教育的课题中。

第九章 有效教学与职业教育有效教学

究竟什么是"职业教育有效教学",这是一个前提性问题。对职业教育这一复杂教育现象而言,我们首先要了解职业教育的人才培养目标,即职业教育要培养怎样的人,还要深入了解人才培养背后的基本价值理念,因为我们需要确定和确保职业教育的教学是不是按照我们的需求培养了符合现代教育价值理念的人才。当然,这之前,本章要先对教学及有效教学的基本内涵进行界定,对有效教学的基本理论进行梳理。

第一节 教学

一、教学的内涵

1. 中文语境下"教学"的语义发展

据考证,在中文语境中,"教学"一词按照历史沿革从古至今大概有四种语义:教学即学习;教学即教授;教学即教学生学;教学即教师的教与学生的学。

早在商代的甲骨文中,"教"和"学"就都已经出现了。从这两个字的很多种写法中不难看出,教与学具有同源性,是对同一人类活动的指称:几乎每一种写法的"教",都首先包含了一个写法与意义最简单的"学","教"是在"学"基础上添加一些笔画或部首构成的,而根据汉字的造字特点,新的添加表示又增添了一些新的内涵。"教"、"学"二字连用,最早见于《尚书·兑命》"斅学半"的表述。据宋朝人蔡沈注:"斅,教也……始之自学,学也,终之教人,亦学也",说明其词意只是一种教者先学后教、教中有学的单向活动。到了《礼记·学记》,"教学"才开始具有教者和学者双方的活动意涵,即其所谓"建国君民,教学为先",但这时"教学"与"教育"同义,常常通用。随着社会的发展,当专门化的教学活动出现之后,该词就有了教师传授、学生学习的含义。这种含义最早见于宋代欧阳修所作《胡先生墓表》中:"其教学之法最备,行之数年,东南之士莫不以仁义礼乐为学。"

清末民初,随着科举制度的废除和新式学校的兴办,班级授课制对教师教学提出了新的要求，加上从日本舶来的"五段教学法"的影响，人们对教师的"教"更加重视起来，"如何教"成为一个非常重要的问题，与之对应的"教授"一词越来越被人们接受。1912年和1913年，当时教育部分别颁布的《师范学校规程》和《高等师范学校规程》都规定教育学科包含"教授法"。1928年的《中国教育词典》把"教学法"界定为"各种教授方术者"。至此，"教学"一词在班级授课制背景下演变为"教授"的含义。

而"教学即教学生学"的这层含义与陶行知有关。1917年，陶行知从美国回国后考察了许多学校，对当时"先生只管教，学生只管受教"的状况表示非常不满，遂提出了"先生的责任不在教，而在教学，教学生学"的著名论断，这种语义明显受到美国教育哲学家杜威"学生中心"思想的影响。

当代，我国有学者认为教学是教师教、学生学的统一活动。在这一活动中，学生掌握一定的知识和技能，同时身心获得一定的发展，形成一定的思想品德。也有的学者认为教学是教师依据学习的原理和原则，运用适当的教学技术与方法，刺激、指导、鼓励学生自主学习，以达成教育目的的活动。构成要素为教师、学生、课程内容和教学手段。

综上，从"教学"这一概念形成开始，它始终指称一个活动的两个方面，二者虽是对立统一的关系，但由于研究者的价值观、视角不同而使这一概念出现或强调"教"，或强调"学"的状况。

2. 英语环境中"教学"的内涵界定

英语中，与"教学"相对应的词汇有"teach"、"learn"和"instruct"。teach与learn最早也是表达同样的意思，可以通用。与中文不同的是，中文中的"教"源自"学"，而英语中teach与learn是同一个词派生出来的，只是learn与所教的内容相联系，teach与使教学顺利进行的媒介相联系。这两个词的语义发展是基于分析的逻辑的：不是两者兼取，而是两者择一，不像中文中"教学"所涵盖的双重含义，它们分别指称两种不同的活动。不过，有研究者发现，英语中也有与现代中文"教学"意思一致的一个合成词，即"teaching-learning"，只是出现较少而已。通过对英文课程与教学论方面文献的总结梳理，台湾有研究者指出，teach与instruct的意思最为接近，从"比较松懈的观点分析"，二者区分不大，甚至可以交替使用；但如果严格辨析，teach"涉及整个教学情境中师生的互动关系，包括计划、准备教材、评鉴等在内的整个活动"，而instruct则"类似于在教室中执行的'训练'"。就作为技术主体的人的培养看，职业教育的教学中"instruction"的成分应该是多于"teaching"的。

二、教学的构成要素

一般而言，教学活动包括教学计划、教学目标、教学内容、教学环境、教学方法、教学评价以及教师和学生等要素。在教学实践中，有活力的课堂教学要秉持一种"整体性教学观"（holistic view of instruction）。这种教学观指出，在进行教学过程中，应该考虑教学的"大格局"（big picture），包括学习者、过程、态度和学习四个方面，还要对教学的这些宏观方面的具体细节进行细化和落实。

整体性教学应考虑的问题包括：

（1）教学目标或目的是什么？

（2）学习者是谁？

（3）需要怎样的知识准备？

（4）要以怎样的方式完成教学内容？

（5）要进行怎样的课堂管理决策？

（6）使用怎样的教学技巧、步骤与方法？

（7）与其他人如何分担教学责任？

（8）拥有怎样的教学资源？

（9）学生需求方面要考虑哪些特殊情况？

（10）怎样确保教学平等？

（11）要遵守怎样的阶段性标准？

（12）怎样进行学习评价？

（三）教学与课程

在我国，"课程"一词最早出现于唐朝。当时孔颖达为《诗经·小雅·巧言》中"奕奕寝庙，君子作之"句作疏："维护课程，必君子监之，乃依法制。"但此时"课程"一词的含义与其今天意义相去甚远。到了宋代，朱熹在《朱子全书·论学》中多次提及"课程"，如"宽着期限，紧着课程""小立课程，大作功夫"等，其义是指功课及其进程，与当今我们对课程内涵的理解基本相似。但从我国古代相关的用法看，课程只是指学习内容的安排次序与规定，基本上未涉及教学方法等方面的要求。因此，在一定程度上只能称其为"学程"。只是到了近代，班级授课制兴起之后，人们对教学程序或阶段越来越关注，课程的含义在我国从"学程"变成了"教程"。英语"课程"（curriculum）一词最早出现在英国哲学家斯宾塞的《什么知识最有价值》（1859）一文中。追根溯源，它是由拉丁语"currere"派生出来的，意为"跑道"（race-course）。这一词源导引出了对课程的两种不同的认识：一种观点认为，"currere"的名词形式意为"跑道"，重点是在"道"上，因而课程应重在为不同类型的学生设计不同的轨道；另一种观点认为，"currere"的动词形式是指"奔跑"，其重点是在"跑"上，因而，课程应重在让每个学生根据自己以往的经验来认识事物，课程是一个人对自己经验的重新认识。可以说，课程从其词源上看，就预示着歧义与矛盾。

目前对课程的定义林林总总，很不统一，其中代表性定义的有六种：一是"课程即教学科目"；二是"课程即有计划的教学活动"；三是"课程即预期的学习结果"；四是"课程即学习经验"；五是"课程即社会文化的再生产"；六是"课程即社会改造"。

在课程与教学之间的关系上，由于两者自身词义上的模糊，也由于文化传统特别是教育传统的影响，中外研究者至今仍未有比较一致的说法。汇总起来，有以下三种看法。

（1）大教学小课程。这种观点认为教学是上位概念，课程是包含在教学之中的，只是教学的一个组成部分而已。这种观点的突出代表，要算是苏联的一些教育学著作，我国当今的一些教育学、教学论著作也持有同样的观点。在这种对课程与教学关系的理解中，课程往往成为教学内容的代名词，属于教学的一部分；课程也往往被具体化为教学计划、教学大纲和教科书这样三个部分。

（2）大课程小教学。与第一种看法相反，这种观点认为课程所涵盖的范围要宽于教学，教学只不过是课程的一个组成部分而已。这种看法在北美较为普遍。美国现代课程论的奠基人泰勒（Tyler，R.W.）在其经典著作《课程与教学的基本原理》（*Basic Principles of Curriculum and Instruction*）中指出，课程原理需要研究的四个问题包括：学校应该试图达到哪些教育目标？学校提供哪些教育经验才能实现这些目标？怎样才能有效地组织这些教育经验？怎样才能确定这些目标正在得到实现？这其中，教学被囊括在课程之中。

（3）课程与教学之间属于目的与手段的关系。西方一些研究者在意识到课程与教学两者需加以分离的前提下，提出课程是指学校的意图，教学则是指达到教育目的的手段，它们分别侧重于教育的不同方面。一些课程与教学的隐喻即是从这样的角度来谈的，如美国学者塞勒（Saylor，J.G.）等提出了有名的关于课程与教学的三个隐喻。

第一，课程是一幢建筑的设计图纸，教学则是具体的施工过程。图纸会对如何施工做出非常具体的说明和详尽的计划。这种情况下，教师就成了施工者或工匠，教学的好坏由实际施工与设计图纸之间的吻合度来进行测量。这一隐喻隐含着"教学是一门科学"的基本观点。

第二，课程是一场球赛的方案，教学则是球赛进行的过程。球赛的方案是教练员和球员在赛前一起制定的，尽管球员要贯彻事先制定好的方案，而达到相关意图的具体细节主要由球员根据具体情况做出明智的反应。这一隐喻暗示了其对"教育是一种艺术"这一观点的认同。

第三，课程是乐谱，教学则是对乐谱的演奏。哪怕是相同的乐谱，不同的演奏家会演奏出不同的效果，他们和听众也会有不同体验和感受。乐队和指挥家受欢迎的主要原因并非是他们演奏的曲目，主要是他们对乐谱的处理和演奏的技巧。与第二种隐喻相同，这一隐喻也突出了教学的不确定性，彰显出"教学是一种艺术"的本质。

第二节　有效教学

一、有效教学的基本内涵

相关文献资料表明，自 20 世纪 30 年代初期起，西方学者就已经开始了确认和描述有效教师特征的尝试性研究。根据研究文献梳理，可以将有效教育研究的发展大体分为三个阶段：第一个阶段是"好教师的品质研究阶段"（20 世纪 30 年代初至 60 年代末）；第二个阶段是"好教学的特点研究阶段"（20 世纪 70 年代初至 80 年代末）；第三个阶段是"有效教学的综合研究阶段"（20 世纪 90 年代初至今）。

教学都应该是有效果可言的，根本无效的教学绝不可滥称为教学。或者说，有效、无效这类"全或无"式的判断似乎不适于用在教学这样复杂的人类活动中。在这种情况下，即使某个学生的成绩测验为不合格（比如 50 分或者 0 分），能就此断定教学没有促进他的进步与发展吗？"有效教学"中所指的"有效"是不是意味着"高效"的意思，而不仅仅是存在与否的"有"效？历史地看，"有效教学"的内涵一直在不停发展变化，它是一个动态发展的概念。从国内外学者的研究看，对其内涵的解读可以说是"一人一义"，这一方面是由于不同的历史时期，时代背景不同，教学所要完成的使命也不同，它被赋予了不同的价值内涵；另一方面，研究者的价值观和理念以及研究范式和视角存在的差异也是重要的原因。根据已有的研究，整体而言，可以把有效教学的概念解读归纳为四种基本取向。

第一，目标取向。即认为有效教学是为了达成预期的教学目标。例如，有研究者认为，有效教学和学习是能够激发学生学习欲望，能够促进学生积极掌握知识，提升团队精神和问题解决能力，提高批判性思维能力和形成终身学习理念和态度的教学和学习。也有研究者认为，有效教学就是学生在教师指导下成功达成预定学习目标的教学。有两个因素在本质上制约着有效教学：一是教师必须明确促成什么样的学习，二是教师必须提供为学生获得这种学习的学习经验。

第二，技能取向。也有许多研究者是从教学的复杂性和教师教学技能的角度对有效教学进行界定的。比如，乔治·布朗等认为，有效教学是复杂的智力要求和社会性挑战工作，是由一系列可获得的、可发展的和可改进的教学技能完成的。所谓智力要求，即它需要教师对相关学科内容有广泛而深刻的理解，教师必须要具备良好的思维能力，问题解决能力，对所教内容的选择与分析能力，教学策略反思能力，合理运用教材的能力以及组织、建构自己观点、信息和任务的能力等；所谓社会性的挑战，是指有效教学不仅发生在一定的组织机构之中，而且是对传统教学目的和教学价值观的挑战，有效教学需要教师充分了解学生的知识背景，能与学生进行清楚的交流与沟通，能够刺激学生积极地学习与思考，进而向他们的教师提出有价值的或挑战性的问题。

第三，结果取向。即通常所谓有效教学的"有效"要达到"三有"：有效率、有效果和有效益。夸美纽斯在《大教学论》中明确提出，要"寻求并找出一种教学的方法，使教员因此可以少教，但是学生可以多学"。对"有效教学"的阐述最为多见的还是效率，而衡量效率的指标常常是教学时间，即有效的课堂教学时间与实际教学时间的比率。而如果从教学效果的角度来说，就是单位时间内达成的教学目标越多就越有效。教学能够被无限地精确量化吗？布卢姆提出了一种掌握学习理论，他认为只要提供最佳的教学并给予充裕的时间，大多数学生都能取得良好的学习效果。如果按照现有的有效教学思路，这种掌握学习似乎是有问题的，但布卢姆的实验显然从正面证明了时间不应是衡量教学有效性的关键因素。规模与效益的矛盾一直都是有效教学研究的根本动力。若就效益而言如何考虑教育的长期性特征带来的潜在效益？尽管泰勒当初就强调，教育作为一种改变人的行为方式的过程，"这个'行为'是从广义上说的，它既包括外显的行动，也包括思维和感情"，但正如后来布卢姆所预见的，情感类目标总是比较难以评定。因而人们更多的还是关注有形的行为改变。再到后来人们连行为也懒得去关注，而只在乎表征相应行为水平的数字符号（成绩）了。

第四，综合取向。随着对有效教学研究的深入，理论界对有效教学认识也越来越复杂，有很多研究呈现出多元的综合特征。崔允漷教授从"有效"和"教学"两个方面对有效教学进行了界定：他把"有效"看作是通过教师在一段时间的教学之后，学生所获得的发展或进步，而把"教学"视为教师引起、维持或促进学生学习的所有行为。这种观点体现了教学活动过程中"教师主导"和"学生主体"的复杂性。有研究者更是从"表层"、"中层"和"深层"三个层面对有效教学进行了解读：从表层上看，有效教学是一种教学形态，它兼有一切"好教学"的外在特征；从中层上看，有效教学是一种教学思维，它是为了逼近"有效"之目标而对教学进行科学控制和情感调适，是"好教学"背后潜在的内在逻辑；从深层上看，有效教学是一种教学理想与境界，其存在的意义在于对现实教学产生推动、导向和牵引作用，这一层面上的有效教学体现了教师对教学的执着追求与永恒超越，它显示了教学的时代性与开放性特征，因为"好"的教学永远都是与时俱进和善于新陈代谢的。

二、有效教学的影响因素

1. 教师特征与有效教学

教师的特征和课堂行为是有效教学的重要影响因素。教师的性别、年龄、智力和知识水平、专业能力、经验、态度、教学理念、教学风格、提问策略、课堂教学时间管理等一度被认为预示着教学的效果。赖安曾列出了三对变量用以描述有效教师与低效教师的特征:"热情、理解—冷漠、无情";"有组织、有效率—草率、散漫";"刺激、富有想象力—墨守成规、单调乏味"。历史地看,对有效教师的研究经历了从"教师人格"向"教师行为"的转变。早期有效教师的研究主要关注了教师的人格因素,但这就意味着只有具备了一定人格的人才可以做教师,而不具备某些人格的人则不能做教师,这显然是没有足够证据的,也没有抓住问题的实质。对教师行为的研究遵循着"过程—产品"的研究范式,主要研究教师的具体教学行为(过程)与学生的学习成绩(产品)之间的关系。例如,埃利奥特列出了提升教学有效性的教师的"理想行为",它们包括有效地利用语言、坦诚地对待学生、谨慎地使用表扬、公平地对待每位学生、综合利用多种技术手段、组织真实的互动、清楚地讲授、成为优秀的问题解决者以及创造积极的学习环境等。

2. 教学过程与有效教学

课堂教学过程中教师和学生的态度、行为以及互动方式等都是有效教学的重要影响因素。教师的教学策略、学生的学习策略、课堂上师生的互动方式以及不同的教学模式等都是有效教学研究中对"过程"方面的关注点。教学策略是根据学习科学的研究结论提出的,这些建立在科学研究基础之上的,诸如教师课堂上的提问策略、观察策略、决策策略以及学生学习中的预习策略、解题策略和练习策略等,被认为对教学有效性的提升有很大帮助。坎贝尔曾总结出了101条已经被证明是成功的教与学的策略。尽管有这么多的策略,"教学是科学与艺术的综合"的观点更为人们所接受,因为教学是一种高度创造性的活动,它需要教师综合运用各种复杂的思维和能力。教师必须实践、应用更符合他们个性特征或者在某种程度上他们直觉上合适的策略和方法,这就是艺术。此外,教学策略和学习策略固然重要,但教育目标的达成,不是教师或学生单方的事情,教师与学生之间的有效交流和互动对课堂教学至关重要。学习是主动合作建构的过程,学习存在于师生的互动之中,存在于学习场所的社会结构之中,存在于学习机构的文化环境之中。波拉德构建了"课堂师生互动模型"(model of adult-child interaction in classroom)。这一模型分别以"教师参与度"和"学生主动性"为纵横坐标,构建起了教师与学生互动的四种模式:教师驱动模式、资源驱动模式、学生驱动模式和学习驱动模式，揭示了教师与学生在不同互动模式下的课堂特征和表现方式。

3. 教学环境与有效教学

环境对教学的影响是不言而喻的。中国古代"孟母三迁"的故事说明哪怕普通学习者，也会选择有利于自己学习的环境。但是环境对教学有效性的影响却是复杂的，因为环境本身由许多要素构成，已有的相关研究在某个时间内只考虑教学环境的某个方面，而一些无关的变量却很难控制。目前，已经基本确认的对教学有效性会产生影响的因素包括班级规模、课堂气氛、设备与教材以及教师的空间布局等。班级规模大小对教学有效性的影响是存在的，但面对学生年龄、学习内容、教学方法等不同变量时，究竟多大规模是合适和有效的，是一个非常具体的问题。总体而言，人们认为"小班授课"是有效的。美国联邦政府 1999 年启动的中小学"缩小班级规模"（class size reduction）行动即说明了这一点。课堂气氛是课堂上师生间一起营造的情绪和情感状态。良好的课堂气氛是融洽的、轻松的、真诚的、开放的和相互支持的，它可以促进师生交流，有助于学生克服困难，解决学习中遇到的难题，使学生在愉悦的环境中顺利地实现教学目标。设备和教材等是教学活动赖以进行的物质环境和辅助性材料。必要的设备和教材是开展教学的基础性条件，而充足的设备、丰富的教材可以造就学习形式的多样化，也可以使学生参与活动的兴趣得到很大提高，从而可以对认知情感发展产生长期的影响。在空间布局与设计上，教室空间的大小、形状、桌椅的布局、座次的构造和灵活程度、光线等都会影响到教师的创造性和课堂的气氛。教室空间布局的三条准则是：第一，轻松舒适。灯光的亮度、教室的温度、空气、色彩、噪音以及学习用具和教具等都要适合学生年龄和班级的人数。第二，有益于教与学。学习区要进行区分，要易于教师指导和监控，整个环境要整齐有序，便于取放物品。第三，宽敞，并且有足够的学习用具。学生需要有自己的私人空间和舒适距离，空间过于狭窄则容易发生侵犯性行为；学习材料和用具要充足，不够时则容易造成争抢或等待。

4. 教学媒体与有效教学

教学媒体，尤其是现代多媒体技术、互联网背景下慕课（MOOCs）、翻转课堂（flipped classroom）等技术手段为有效教学提供了先进的技术支持。19 世纪末发展起来的多媒体教学技术从两个方面对教学改进发生着影响：一是以模型、图表以及基于视听技术的幻灯、投影、录音以及录像等视听媒体及其组合为特征的视听教学，它在传统课堂教学基础上强调以"视听"取代"静听"；二是在心理学家斯金纳程序教学基础上发展而来的计算机辅助教学，其意在实施个别化教学以克服班级授课制的弊端。多媒体技术发展到今天，它在扩大受教育面、降低教学难度、提高教学效率以及扩大新知识容量等方面发挥了重要作用。如今，互联网技术高度发达，改变传统教育以适应信息化的知识经济社会的技术条件越来越成熟，慕课、翻转课堂等基于互联网的教学和学习方式，极大地丰富了教学和学习资源，为实现差异化教学和泛在学习（u-learning）提供了新的技术与路径，成为全球变革传统学校教育的契机和希望。但是，不可否认的是，教学媒体始终是技术手段，它本身是无法保证教学的有效性的，本末倒置地以使用新技术作为目的的教学，或者是不恰当地使用技术难免会降低教学的有效性。

第三节 职业教育与有效教学

一、职业教育及其人才培养目标定位

从技术哲学视角看，职业教育与技术有着天然的联系。在今天这个"技术时代"，职业教育常常被称作"职业技术教育"或"职业与技术教育"，可以说，今天任何一种职业都不可能离开技术而存在，职业承载着技术，技术成就了职业。比德尼认为，在技术文化时代，技术可以分为生活技术（subsistence technique）和制作技术（manufacturing technique）两类：前者是以人的饮食生活为中心的技术，后者是"创造"物质的技术。如果把职业教育理解为以获取职业为目的的教育，那么其中的技术主要是制作技术以及围绕制作和生活开展服务的技术。从构成要素看，一般认为技术包括客体、主体和结构三要素。人是技术的主体，但其主体地位只是潜在的，人必须通过对知识、经验以及技能的学习，才能成为"技术人"，因此，职业教育过程可以说是技术的"人化"过程。

20世纪中后期，随着技术哲学研究"认识论转向"的发展，反对把技术当作科学的应用，赋予技术独立身份，已构成当代技术哲学的"根本性原则"，技术知识地位得到不断提升。莱顿认为，技术知识是"关于如何做或制造东西的知识"，正是知识，而非人工制品才是技术的根本。在米切姆对技术知识分类基础上，按照理论性、社会性和明言性程度由低到高，我国学者把技术知识分为诀窍与技能（主体为默会知识）、操作规则、工艺流程、技术方案、技术项目的工作原理、技术规范以及技术理论原理（技术科学）等七个层次类型。从这一分类看，技能是技术（知识）的下位概念，这与惯常我们对"技术型人才"与"技能型人才"的理解是相悖的。事实上，莫斯早在20世纪30年代即指出，身体是人的第一个也是最自然的技术对象和技术手段。正是通过"身体技术"（技能）这一概念莫斯指出了一个不使用工具技术的领域，使我们看到各种不全面分类所遮蔽的现象。

如果把技能作为技术的一个种类，狭义上培养技能型人才的职业教育与培养技术型人才的技术教育在概念表述上的冲突就会迎刃而解，即只存在一种广义上的"技术教育"，"职业技术教育"的称谓可自然地理解为"与职业相关的技术教育"（相对于中小学开展的通识性技术教育）。事实上，严格分析，"职业技术教育"或者"职业与技术教育"提法是讲不通的："职业教育"，其意在讲教育目的；而"技术教育"则在讲教育内容。二者并列出现在一个关键词中，极易产生歧义。基于此，美国2005年把"职业与技术教育"（vocational and technical education）更名为"生涯与技术教育"（career and technical education）的意义在于使以培养动作娴熟度为核心的技能教育与技术教育以及专业教育的界限日益模糊和融合，从学生终身发展的角度给予职业教育一个全新的称谓是合理的，也是必要的。

我国在1996年《中华人民共和国职业教育法》颁布实施以前，"职业技术教育"和"职业教育"名称是共存的。在制定《职业教育法》过程中，以中华职业教育社为主体的代表们对"凡教育活动而为一种谋生之准备，皆可曰职业教育"的传统进行了恢复，"职业教育"作为法定称谓在我国固定下来，从此"技术教育"湮没于职业教育之中。提及职业教育，我们更多地与谋生、就业导向等功利目的联系起来。可以说，狭义的职业教育称谓矮化、异化了技术教育。基于这种理解，本研究认为，狭义的、以培养技能型人才为目标的职业教育只是技术教育的一种类型；广义的职业教育，秉持大职业教育观念，将人才培养目标从初、中等专业人才扩大到高等专业人才，涵盖了包括专业教育在内的各级各类与"技术"直接相关的教育。从层次上讲，职业教育是一个完整的体系，包括我国目前的初等、中等和高等职业教育；从形式上讲，主要是指学校职业教育。

学校教育通常采用人才、教育以及课程分类相对应的方法，按照知能结构，我国把人才分为技能型、技术型、工程型和学术型四种，鉴于教育领域对人才类型称谓与技术哲学相关概念的冲突，这里把与技术知识相关的三种人才（技能型、技术型、工程型）统称为"技术人才"（相对于学术型人才）。事实上，将人才分为四类的做法是相对的，人才分类中相邻两种类型的边界都是模糊的，随着生产力的发展、技术的进步，这种模糊边界区又在不停地变动，有时还会产生出新的人才种类。美国就有学者提出在学术型和工程型人才之间插入工程科学型人才；而技术型人才则是从工程型人才中分离出来的一种类型，20世纪80年代有一些国家还未建立起这类人才的培养机制。此外，加之科技发展的不平衡，这种模糊边界为不同国家和地区在人才分类把握上留下了主观空间和余地：世界上有些国家把高层次技术型人才称为工程师；欧洲某些国家将工程师分为C类（理论工程师）、L类（联络工程师或高级技术员）和E类（实施工程师），而我国通常把L类和E类工程师当作技术型人才。鉴于此，仅就高等职业教育而言，它是培养技术型人才和工程型人才（《国际教育标准分类》中的5B+5A2），还是培养技术型人才和部分的工程型人才，都需要依据不同地区产业发展水平以及不同专业的特殊性进行动态把握。

不同层级水平的职业教育通过不同的教育内容配置,培养出不同类型的技术人才。技能型人才、技术型人才、工程型人才和学术型人才对情境依赖性的技术知识的掌握要求是逐步递减的,而对于理论性、陈述性的技术知识及科学知识的掌握要求则是逐步增加的。

二、职业教育有效教学

对职业教育而言,到底怎样的教学才算是"有效的"?是如实、如期完成了教学任务,达成了教学目标?是学生毕业即能找到高薪对口工作,学校培养出了让企业满意的员工?还是教学促进了学生综合素质的提升,促进了学生的可持续发展?抑或是还有其他一些判断标准?这是一个很难回答的问题。评价的标准不同,得出的结论自然也不同。

用"目标达成度"来对职业教育教学的有效性进行判断是不足取的,因为我们不知道"目标"本身是否有效、合理。而决定教学目标是否有效与合理的是蕴含在其背后的职业教育的基本价值理念,什么样的职业教育才是"好的"职业教育,是"有质量"的职业教育?

在现代职业教育体系建设的大背景下,"就业导向"职业教育的弊端已在前一章有所论述。事实上,长期以来,我们习惯用"二元对立"的观点来审视职业教育在促进人的发展和经济社会进步中的价值,似乎满足了人的发展就必然会影响产业的发展和经济的增长。这种观点是短视的,也是功利的,因为人的发展将最终促进经济社会的全面进步。况且由于学生不同的选择,包括中职学校、高职高专以及本科高职在内的不同层次的职业院校的毕业生,可以满足区域经济发展对不同层次技术技能人才的需要。当然这种满足是动态和灵活的,有赖于职业教育体系的建立和弹性学制、走班制等学校教育教学制度的建立和完善。区域及学校特色、专业、生源等方面的多样性是职业教育的基本特征,任何带有"导向"的教育模式都可能造成对学生个体和个性的压制。如果非要为职业教育定一个"导向",笔者认为,在现有历史条件下,在构建现代职业教育体系的大背景下,"职业发展导向"是更为合理和人性化的职业教育发展方向。职业发展导向的职业教育是以学生职业生涯发展为目标的职业教育,它以可持续发展理念为指导,以学生个人意愿为前提,以现代职业教育体系建设为保障,以提升学生职业能力发展为根本目标,很好地解决了职业教育工具理性与价值理性冲突的问题,应该成为新的历史条件下我国职业教育发展的新"导向"。

"知识"与"技能"之间的关系是我国职业教育发展历史的认识和分析框架,同时也代表着职业教育有效教学的两种基本价值理念与判断标准。职业教育教学的内容选择组织从关注知识转向对技能的培养,与我国社会从计划经济向社会主义市场经济转型有着内在的联系,但不管是对"知识"的关心,还是对工作"技能"的强调,与之相关的教学理念都在强调职业教育的工具价值。新的历史时期，当人的主体精神和选择权需要不断彰显的时候，以人为本的"职业发展"应当成为职业教育有效教学的基本价值理念和判断标准。

基于此，本研究认为，职业教育有效教学是以可持续发展理念为指导的，以促进学生未来职业发展为终极目标的教学。它同时关注两个方面：一是教学过程中如何有效地教，即如何教学才能更好地促进学生职业能力的发展和综合素质的提高；二是如何评价教学的有效性，即在当前职业教育教学标准缺失的情况下，如何建立合理的标准体系来评价教学的有效性，提高教学质量。

第四节　职业教育有效教学指标体系的建构

有效教学是一种教学理念，也是一种教学追求，是一种教学上的技术手段，也是一种教学评价标准。前面三章重点讨论了职业教育如何有效地进行教学的问题，本章尝试以扎根理论的思路和方法构建职业教育有效教学的指标体系，重点回答职业教育教学的有效性问题，即怎样的教学才是有效的。

一、职业教育有效教学指标框架体系的质性建构

（一）研究方法与样本

扎根理论是一种系统的质性研究方法，它是在收集和分析质性材料的基础上，"扎根在"数据中自下而上地建构反映社会现象的理论。扎根理论将归纳和演绎方法有效结合，有助于生成易于解释研究背景下相关行为的理论形态。本课题主要采用凯西·卡麦兹（Kathy Charmaz）扎根理论的方法，通过数据搜集、初始编码、聚焦编码和理论编码等系列步骤，获取关键事件的表现特征，以提炼职业教育有效教学的结构要素，在综合理论探讨的基础上，构建职业教育有效教学指标框架体系，并详细阐述各要素的含义及其内部结构关系。

本研究选取了 17 名中、高职院校的有经验的专业课教师作为被试样本。这些教师平均教龄为 8.2 年，他们中有专门进行专业理论课教学的教师 4 名，理实一体化教师 8 名，专门进行实训课教学的教师 5 名。之所以选择这些教龄较长的有经验的教师，主要基于以下认知与假设：这些有经验的教师有着很强的教学反思能力，能够从自己专业发展历程中提炼出、总结出有益的教学经验，他们对职业教育专业教学理解较为深刻、透彻，并能够较为准确、清楚地描述有效教学的行为特征。

（二）研究过程与分析

1. 数据搜集

本研究将民族志、深度访谈作为数据搜集的工具，研究者综合运用这些工具，借助多种信息来源的互补，以保证质性资料的丰富性和有效性。

就民族志而言，研究者通过参与和观察具体的课堂教学，与被试样本共同进入特定的教学场景，并针对教师的行动和学生的反应，包括语言、肢体和表情等进行细节记录。课堂体验结束后，研究者全面梳理教学环境中所发生的过程和现象，通过分辨具体的行动及其背后意图，揭示这些有经验的教师的能力特征与实践行为的对应关系，从而探究职业教育有效教学的方法、方式及基本特征。民族志方法可以获得第一手的生动资料，且可信度高，但存在一定缺陷，如研究者只能观察和捕捉到课堂上的教学过程和行为，无法深入触及对职业教育教学产生有效影响的其他相关活动。

就深度访谈而言，研究者通过与这 17 名教师进行面对面的个别访谈及座谈，全面了解这些优秀教师开展教学工作的方法、教学经验以及他们对提高教学有效性的态度和看法。访谈提纲的主要内容如下，并针对不同的访谈对象对其进行灵活调整：第一，您所在专业的教学现状怎样？包括：①整体教学效果如何？②教学有什么样的特色？③开展了哪些教学改革，取得了哪些成效，存在哪些问题？第二，您认为目前影响课堂教学有效性的因素有哪些？第三，请分别从教学目标设定、教学内容的选择与设计、教学方法选择、教学评价方式、课堂互动、教学环境设计以及教师基本素质等方面，谈谈您认为怎样教学更有效？

2. 初始编码

初始编码应该"保持开放、贴近数据、保留行动……给其他分析留下可能的空间"，换句话说，在充分理解书面数据话语意义的基础上，要尽量使用一致或较为接近的代码。本研究的初始编码选择逐个事件编码的方法。

3. 聚焦编码与理论编码

初始编码之后是聚焦编码。聚焦编码需要"使用最重要的或出现最频繁的初始代码来对大部分数据进行分类、综合和组织……把数据再次恢复为连贯的整体"。也就是说，在初始代码中寻找存在语义关系的代码，将其彼此关联，聚焦为概念类属，再根据类属之间的联系建构生成基本的理论雏形。

资料分析不应该只是停留在机械的语言编码上，而是应该进行理论编码。理论编码是在"聚焦编码过程中选择了代码之后所进行的复杂水平上的编码"，这一步即为核心编码，其目标是选择核心类属，将所有类属串联起来。教学论的不同流派从不同角度给人们以方法论的启发，海曼（Heimann, P.）等人创建的"教授理论教学论模式"，即"柏林教学论模式"几乎考虑到了所有影响教学过程的因素，对我们进行理论编码提供了借鉴和指导。根据柏林教学论模式，教学论有广义和狭义之分。狭义的教学论主要研究教学目标的确定和教学内容的选择；方法论则研究教学的方式、方法、组织形式和手段。广义的教学论包括狭义的教学论和方法论。而教学设计的结构因素被划分成两个领域，即条件域和决策域。条件域包括原始发展条件（即学生的条件，如学生的学习热情、文化基础等）和教学所处的社会文化条件（即教学的外部环境，如班级组成、教学条件等）。决策域包括教学目标、内容、方法和媒体。在教学过程中这些因素相互影响，相互制约，这是教师制订教学计划和教学过程必须予以关注的要素。基于这一教学论模式，本课题选取了教学目标、教学内容、教学方法和技术、教学过程以及教学基本素质五个要素，对职业教育有效教学的影响因素进行聚焦编码。

二、职业教育有效教学指标体系的建立

在扎根理论自下而上逐级编码的基础上，又以教学目标、教学内容、教学方法和技术、教学过程以及教学基本素质等五要素为基本框架对聚焦代码进行归纳和整理，结合本课题对技术知识的分类，课题构建了职业教育有效教学指标体系。这一体系分为以明言知识（包括操作规则、工艺流程、技术方案、技术项目的工作原理、技术规范以及技术理论原理）为主要教学内容的指标体系和以默会知识（包括技能和诀窍）为主要教学内容的指标体系两类。指标体系采取两级四层次水平结构，分别包含有一级标准（standard）各 5 项，二级指标（indicator）17 项和 16 项，每一项二级指标又包括四个层次水平的定性描述，即水平Ⅰ、水平Ⅱ、水平Ⅲ、水平Ⅳ，用以分别代表"低效""一般""比较有效""有效"。

第十章　现代职业教育体系的结构框架构建

现代职业教育体系的内涵决定了其建设目标的实质，而现代职业教育体系的结构框架则界定了其建设任务的范畴，它包括建设任务的幅度和深度。其中，建设任务的幅度是指建设任务在横向分解逻辑上的数量；建设任务的深度是指建设任务在纵向分解逻辑上的层次，二者相对独立且又相互联系。据此，可以确定现代职业教育体系建设的横向目标和纵向目标。

但是，殊为遗憾的是，现行官方文件和已有研究并没有认真探讨过现代职业教育体系的结构框架，以至于在改革实践中难以确定究竟哪些任务需要完成且必须完成，哪些任务需要先于其他任务完成，哪些任务需要达到何种程度等。比如，教育部提出的建设现代职业教育体系"三步走"战略目标，其中第一步是2011—2012年实现中高职的"十个衔接"，这"十个衔接"是否达到项目管理理论中工作分解结构的"百分之百原则"，"十个衔接"之间是否存在先后顺序的逻辑要求，每个衔接究竟需要达到什么程度即可认为实现了改革目标，等等。以此类推，其他两步建设目标同样显得非常粗疏，难以操作和执行。因此，很有必要在现代职业教育体系内涵研究的基础上，进一步研究现代职业教育体系的框架。

第一节　现代职业教育体系的边界

现代职业教育体系的结构框架是由现代职业教育体系的外延决定的。"外延"在"逻辑学上指一个概念所确指的对象的范围，例如'人'这个概念的外延是指古今中外一切的人"。顾名思义，现代职业教育体系的外延就应该是现代国际和国内一切类型的职业教育体系。但问题是，现代职业教育体系的边界具有模糊性，如究竟是否应该将"新建本科院校纳入现代职业教育体系"等问题，的确值得深思。

一、现代职业教育体系边界的内涵

为了使研究的问题更加明确，在研究现代职业教育体系建设目标时必须首先明确其边界。边界（boundary）是指"系统与环境的分界面（interface）的或假想界限"。

一般来说，系统的边界应该是明确的，比如国界。但是，由于有些系统过于复杂、开放或者过于抽象，如概念系统、学科体系等，实践当中常常会难以精确定义其边界究竟在哪里，因此常常使用最优界面或者假想界面代替真实界面。

现代职业教育体系是一个非常开放的系统，它经常跨越边界与环境发生人员、物质、能量和信息等的交换，对其边界识别就会变得更加困难。但是，不管怎样，必须坚持一个原则，那就是现代职业教育体系与环境是"内外有别"的，这就是说属于现代职业教育体系内部的组成部分（元素或者子系统）与不属于现代职业教育体系的其他事物之间有着本质的不同。现代职业教育体系的内部元素或者子系统对现代职业教育体系的整体性有确定性的影响，而属于环境中的事物只对现代职业教育体系有偶然性的影响。这是区别现代职业教育体系内外以及确定其边界的相对标准。

二、现代职业教育体系边界划分的理论借鉴

为了更加形象地理解现代职业教育体系的外延，需要形象地引入大陆架的概念。根据 1958 年签订、1964 年生效的《大陆架公约》（Convention on the Continental Shelf）第一条的规定，"大陆架"是指"（a）邻接海岸但在领海以外之海底区域之海床及底土，其上海水深度不逾二百公尺（注：二百公尺，即 200 米，此处为了尊重原文，未作修改），或虽逾此限度而其上海水深度仍使该区域天然资源有开发之可能性者；（b）邻接岛屿海岸之类似海底区域之海床及底土"。1982 年通过、1994 年生效的《联合国海洋法公约》（United Nations Convention on the Law of the Sea）进一步界定，"大陆边包括沿海国陆块没入水中的延伸部分，由陆架、陆坡和陆基的海床和底土构成，它不包括深洋洋底及其洋脊，也不包括其底土"。

对于与社会经济的发展和人的发展密切联系的现代职业教育体系来说，其边界犹如没入海水的陆基，很难确切判定其末端究竟在什么地方。如此一来，很多时候仅仅是出于研究的需要、政策执行的需要、维护传统的需要或者认知水平的限制而进行人为的规定。在此，为了研究的需要，以及兼顾政策执行、维护传统和实现改革目标等需要，特借用《联合国海洋法公约》的相关规定，将现代职业教育体系与大陆架区域进行类比研究，即现代职业教育体系的本体相当于海岸陆地，现代职业教育体系的延伸体相当于大陆架和大陆坡，现代职业教育体系的边界相当于陆基，海洋相当于社会经济等他系统。

三、现代职业教育体系边界划分理论重构

1. 现代职业教育体系的横向边界

随着我国政治、经济、教育等体制的不断改革，社会各部门之间以及部门内部的劳动分工和权益分化越来越精细。实际上，教育自从政治、经济等部门中逐渐脱离并独立以后，教育和经济就日渐成为相对封闭的社会子系统。随后，各自又不断扩张和膨胀，形成规模越来越巨大、结构越来越复杂的系统，从而形成一套相对独立的自营体系和自养机制，从此二者的沟通越来越有限。这种社会子系统的分化或者分工，既是社会系统结构分化的过程，同时也是其权益的分化和重新分配的过程。社会子系统获得重新分配的权益后，就会非常珍视所获得的权益，甚至会因此而走上极端，不愿意和其他社会子系统分享或者共享。事实上，从权利的起源来看，过分珍视现有权益就意味着会不断丧失原有的权益。

尽管如此，在社会化大生产日趋发达的商品经济时代，社会各子系统的高度分化并未能够使各子系统重新成为完全自给自足的封闭系统。恰恰相反，正是在社会化大生产过程中，社会各子系统才产生了相互合作的需要。这就是说，从社会化大生产这个宏观背景和宏大的关系链条上来看，各个社会子系统仅仅是社会大生产链条上的一个环节而已。从广泛意义上来看，在社会各子系统当中，经济和文化（教育）系统均承担直接的社会大生产，而思想（意识）、政治等系统则承担间接的社会大生产。其中，在直接社会大生产中，经济系统主要承担物质的社会大生产，并且是其他子系统存在和发展的基础，文化（教育）系统则主要承担精神的社会大生产，包括人才（人力）资源的生产，这两大直接的社会大生产系统通过市场交换来实现，并依靠思想（意识）、政治等间接的社会大生产系统负责协调和领导。在劳动力市场这个平台上，人才供需矛盾又迫使两大直接的社会大生产系统不得不展开合作，而人才供需活动得以持续的真正原因就在于社会大生产。

然而，从社会系统整体上来看，教育、经济和政治等社会子系统实际上都是处于人才生产和再生产链条的不同环节上的教育者，它们仅仅是在这个生产过程的不同环节享有自己的教育权益而已，只不过其教育权益存在多寡而已，即它们有的享有公共教育权，有的享有准公共教育权，有的则享有私有教育权。因此，可以通过社会大生产理论和教育权益的属性来统一经济部门的物质大生产和教育部门的精神大生产，使之形成一个相对独立又相互联系的教育权益连续体。

需要注意的是，从权益演进的历程来看，社会大分工的过程实际上就是全社会范围内组织之间集体权益的分配、转移和托管的过程。在这个过程中，同时存在组织内部分工的过程，因此也存在组织内部个体权益的分配、转移和托管的过程。仅就教育

权益演进的历程来看，它实际上是全社会的教育权益逐渐向特定的组织分配、转移和托管的过程，这个过程表现出社会教育权的公共性向私有性、垄断性、完全性、托管性转化的趋势，即公有性向私有性转化、开放性向垄断性转化、兼有性向完全性转化、兼有性向专业性转化、共管性向托管性转化。就广义上来说，现代社会的企业职业培训、社会职业培训和学校职业教育均属于职业教育范畴,其差别的实质不在于场所的不同，而在于社会赋予这些组织的职业教育权益的性质不同，如学校职业教育行使的是社会托管的公共教育权，企业内的职业培训行使的是企业自身的私有教育权，社会职业培训行使的是社会托管的私有教育权，社区等社会公益组织的职业培训是组织自身的公共教育权。而就学校职业教育内部而言，各级职业教育尽管行使的都是社会托管的公共教育权，但其差别的本质不在于人为制定的等级差别，而在于这类型组织所能行使的职业教育权利的层次和类型不同。比如，学校职业教育内部的公立职业教育和私立职业教育的差别在于，前者完全享有社会托管的公共教育权，后者则既享有社会托管的公共教育权，又享有社会托管的私有教育权，如校企合作中企业为学校承担的职业教育实际上行使的是学校委托的公共教育权。可见,根据教育权的性质以及层次和类型，可以作为划分现代职业教育体系类型和层次的重要依据；更重要的是，这个依据在划分过程中是始终如一的，不会因为受教育对象的年龄、教育实施的场所、教育实施的机构而产生混淆。

综上所述，从现代职业教育体系的横向结构来说，直接或者完全行使公共职业教育提供权、公共职业教育管理权、准公共职业教育提供权、私有职业教育提供权、间接行使准公共职业教育管理权的机构和为了行使这些权利而制定的规则，均属于现代职业教育体系的范畴；其中，私有职业教育提供权是现代职业教育体系本体的临界点，而与职业教育相关的研究机构、中介组织、传媒与出版和教育慈善等机构是现代职业教育体系的延伸体。

2. 现代职业教育体系的纵向边界

探讨现代职业教育体系的纵向边界的目的主要在于界定学校职业教育的层次。众所周知，以蒸汽机使用为标志的第一次工业革命要求劳动者具有小学文化程度；以电气化为标志的第二次工业革命要求劳动者具有初中文化程度；以原子能、电子计算机、空间技术和生物工程的发明和应用为主要标志的第三次工业革命要求劳动者具有高中文化程度并受过职业化训练；以信息化为标志的现代工业革命提出了高等教育大众化的要求，要求越来越多的人受过专门的高等教育训练，而且教育层次也在不断提高。这个发展脉络基本上清晰地描绘了职业教育的层次不断高移的变革历程。在我国，由于地域辽阔，生产力发展极不均衡，大致呈现由东向西梯次递减的趋势，学校职业教育也因此出现了初、中、高三个等级并存的局面。自2008年全球金融危机以来，我国社会经济的有机构成进一步提升，专科层次的职业教育已经不能满足我国经济发达地区产业结构的发展，职业教育继续高移已是大势所趋。尽管国家层面仍然没有全面放开高等职业院校升格为本科院校，但是早已有学者通过对比普通教育体系的办学层次，提倡职业教育的体系应该在层次上与普通教育体系平齐。事实上，已经有多所专科层次的高等职业院校升格为本科层次的高等职业院校，而教育部已在酝酿将新建本科院校归并到高等职业教育体系。应该说，这个倡议和行动是非常有预见性的，但是问题在于，社会经济的有机构成是否已经迫切需要更高层次的职业教育人才，以及现有的产业能否提供足够的职业岗位以便容纳这些高层次的职业教育人才，比如本科、硕士甚至博士层次的职业教育人才。如果回答是否定的，那么就会造成职业教育资源的严重浪费，与其如此，毋宁借助普通高等教育的专业人才培养体系培养这些人才。这个思想在2011年的《国际教育标准分类法》已经体现出来，它将大专层次的高等职业教育以后的、既有职业教育特征又有学术教育特征的高等教育，称作专业教育（professional education）。可见，在现阶段，应用性本科或者新建本科及以上层次的高等教育其实不宜被划归到现代职业教育体系，而应该作为当前现代职业教育体系的边界。当然，随着我国社会经济有机构成的平均水平进一步提升，本科层次职业教育人才的社会需求率必然将继续上升，这时候再将现代职业教育体系的边界上移才是适宜的考量。可见，现代职业教育体系的边界实际上是动态的。

为了佐证上述观点，这里需要继续探讨一下应用型本科与高职高专的区分度问题。就外在区分度来看，应用型本科大学培养的是助理级别职称的预备人员，他们需要具备沟通工程师和技术人员之间的专业素质，在生产过程中起到"桥梁"的作用。就内在区分度来看，应用型本科大学的类属特征就是"应用性"，即主要是密切结合当前社会经济的发展需求，对已有知识和技术进行横向整合和物化，而研究型大学则在于创造新知识和开发新技术，普通的教学型本科大学重在通用性和系统性的知识与技术的应用，高职高专重在专业知识和专业技术技能的应用。这就是说，相对于教学型本科大学来说，应用型本科大学所传授的知识和技术技能的幅度较宽，知识深度、技术层次和技能的熟练度要求均较低。对于高职高专而言，应用型本科大学所传授的知识和技术技能的幅度较宽，知识深度和技术层次的要求较高，技能的熟练度要求较低。这就要求应用型本科大学所培养的人才必须能够在生产实践中解决具有一定复杂程度的问题，完成需要较多的专业知识和技术的工作任务，因此他们是复合应用型人才。综上所述，应用型本科大学的人才培养目标定位主要是复合型、应用型的初级工程师；而高职高专培养的是各个产业部门所需要的产业工人中的技术员。

四、现代职业教育体系边界的确定

从直观上看，需要从四个维度进行综合考察来确定现代职业教育体系的边界，即职业和职业教育发展趋势、边界的内涵、现代职业教育体系边界划分的理论以及政策导向。

首先，通过职业和职业教育发展趋势的研究表明，现代职业教育理应能够适应货币资本和人力资本的有机构成不断提升的要求，即既能够满足经济发展方式转变和产业结构调整带动的货币资本的有机构成变化的需求，又能够满足各类从业者为了适应货币资本有机构成提升而接受职业准备教育和职业继续教育的需求。通俗地说，现代职业教育体系既要能够满足经济发展方式转变和产业结构调整（社会经济有机构成的变化）对高素质劳动者和技能型人才等产业工人的多样化需要，又要能够充分满足各类主体在职业生涯发展过程中多元化的学习需要或者接受职业终身教育的需要。

其次，通过对边界的内涵研究表明，现代职业教育体系内部的组成部分（元素或者子系统）与不属于现代职业教育体系的其他事物之间有着本质的不同。现代职业教育体系的内部元素或者子系统对现代职业教育体系的整体性有确定性的影响，而属于环境中的事物只对现代职业教育体系有偶然性的影响。

再次，通过对现代职业教育体系边界划分理论的重构表明，现代职业教育体系的本体应该界定为直接行使职业教育共有权的机构，其延伸体为直接行使职业教育准公共权的机构，其边界截止点为直接行使职业教育私有权的机构。

最后，从《规划纲要》等政策的导向以及《职业教育法》来看，现代职业教育体系的确是指大职业教育体系，但不是泛职业教育体系，即能够与其他教育良好地衔接和沟通，而不是替代其他教育类型，如幼儿教育和基础教育的职业教育功能在于"启蒙"，学校职业教育、社会培训的职业教育功能在于"定向"，企事业单位培训的职业教育功能在于"继续提升"或者"补偿"；它们之间的差别在于"职业定向性"的大小。职业教育的特色、本质属性、类型和层次不是由职业教育"信马由缰"自由决定的，而是由社会经济的有机构成水平来决定的，即职业教育究竟应该是学历导向还是职业资格导向，究竟提供哪些专业类型，是否应该拔高到本科甚至更高层次，取决于其外部环境，主要是指经济的技术构成或者有机构成。同理，现代职业教育体系的边界究竟"放在"哪个位置，不是某个人决定的，也不是职业教育决定的，而是由社会需求决定的，如社会人才观和国家的人才管理制度。由于社会需求是动态的，社会观念是变化的，因此现代职业教育体系的边界也是动态的。

从实质上来看，现代职业教育体系边界的界定，需要从另外四个维度进行综合考察，即，第一是社会部门横向分工；第二是教育部门的横向分工；第三是职业教育部门的纵向分工；第四是职业教育学习者生涯的发展。其中，社会部门的横向分工就是指上文中现代职业教育体系的横向边界，教育部门的横向分工就是指职业教育和普通教育的分野，职业教育部门的纵向分工就是指上文中现代职业教育体系的纵向边界，职业教育学习者生涯的发展是指除了职业启蒙教育外的职业人员的整个职业生涯中的职业教育。这四个维度中需要进一步定义的就是职业教育在教育部门的横向分工。按照现在的情况,职业教育培养的是各个产业部门所需要的产业工人,包括在生产、管理、服务的一线操作工人和技术员。

第二节　现代职业教育体系的本体

一、现代职业教育体系本体的内涵

在此,"本体"不是指其哲学意义,而是特指"主体",即"机器、工程等的主要部分",英文即 "main part or body（of a mathine，project，etc）"。根据上述对职业以及职业教育内涵演进情况来看,现代职业教育体系的本体不能仅仅限定在学校职业教育,但是也不能用泛指的职业教育作为现代职业教育体系的本体。但是,根据系统科学视野下对现代职业教育体系的分析,既然是"体系",那么它必然涉及这个系统的组织层、表现层、规则层以及环境层四个层面。很显然,环境层绝对不是系统的主体,只有组织层、表现层、规则层才是现代职业教育体系的主体。但是,问题在于,究竟职业教育的组织层包括哪些部分? 这就需要事先确定一个比较合适的标准或者依据,然后才能确定现代职业教育的本体。

二、现代职业教育体系本体的界定依据

大致来看,现代职业教育体系本体的界定依据有法律依据、经济依据、学理依据和边界依据四种。其中,法律依据是根据职业教育的相关法律对现代职业教育体系的本体作出的人为规定,它是现代职业教育体系的内部依据;经济依据是根据外部经济对职业教育的需求对现代职业教育体系本体所作出的理性判断,它是现代职业教育体系的外部依据;学理依据是根据国内外职业教育体系的历史进程和发展趋势、社会经济发展需求、学习者个体发展需求、职业教育体系和其他教育体系的共生态势等多种因素,是对现代职业教育体系的本体作出的理想判断,它是现代职业教育体系的理论依据;边界依据就是根据上面所述的社会部门横向分工、教育部门横向分工、职业教育部门纵向分工以及职业教育学习者生涯的发展四个维度确定的现代职业教育体系的边界,从而确定其本体,它是现代职业教育体系的实践依据。

1. 法律依据

法律依据是根据职业教育的相关法律对现代职业教育体系的本体作出的人为界定,

但是，从某种意义上来说，这种国家层面的法律界定仅仅具有非常轻的权威性。由于职业教育的相关法律实际上也是职业教育体系的规则层，因此它是现代职业教育体系自身的内部依据。根据1996年施行的《职业教育法》，职业教育体系的主体的各个层次分别被作了以下界定。

第一，职业教育体系组织层的规定。职业教育的提供者为各级各类职业学校教育和各种形式的职业培训，并明确规定不包括国家机关实施的对国家机关工作人员的专门培训。此外，虽然没有对教育部门为教师提供岗前培训和在职进修、军队人员的干部培训以及社会提供的非职业类型的培训，如舞蹈等文艺、休闲和娱乐性质的培训等进行规定，但实际上已经被排除在外。对于职业学校教育，该法规定了初等、中等、高等职业学校教育三个层次，并规定由初等职业学校、中等职业学校、高等职业学校、普通高等学校以及按照教育行政部门的统筹规划可以实施同层次的职业学校教育的其他学校实施。对于职业培训，该法规定包括从业前培训、转业培训、学徒培训、在岗培训、转岗培训及其他职业性培训，并可以根据实际情况分为初、中、高三个等级。在职业培训的机构方面，该法规定职业培训机构、职业学校以及其他有能力的学校或者教育机构可以实施。其中还特别规定，企业可以单独举办或者联合举办职业学校、职业培训机构；事业组织、社会团体、其他社会组织及公民个人可以按照国家有关规定举办职业学校、职业培训机构；境外的组织和个人可以在国务院规定的范围内在中国境内举办职业学校、职业培训机构。职业教育的管理者是国务院教育行政部门、劳动行政部门和其他有关部门、县级以上地方各级人民政府等。受教育对象没有作特别规定，但是特别提出了妇女和残疾人这两类职业教育对象。此外，还对师资以及教学场所、设施、设备、办学资金和经费来源等物质条件进行了规定。

第二，职业教育体系表现层的规定。《职业教育法》认为职业教育的功能在于"提高劳动者素质，促进社会主义现代化建设，促进经济、社会发展和劳动就业"。

第三，职业教育体系规则层的规定。《职业教育法》的母法是教育法和劳动法，职业教育体系的其他制度保障还包括学历证书、培训证书和职业资格证书制度以及教师资格制度等。

以上规定看似非常完善，但是由于法律体系的相对稳定性，这种内部规定总是会滞后于外部环境的发展。尤其是近年来经济的有机构成逐渐提高，促使职业教育的层次不断高移，以至于对高等职业教育的认识开始发生了变化，如俄罗斯提出了比高等职业教育层次更高的大学后职业教育。可见，法律只能规范法律颁布当时的职业教育体系的主体，而对法律颁布后的职业教育的主体或者说未来的职业教育的主体的预见和约束力不强，因此还需要从社会经济的发展来探讨现代职业教育体系的本体。

2. 经济依据

近年来，随着国际间对资源、技术和人才竞争的态势不断加剧，我国必须调整在国际产业链中分工的地位，于是国务院多次强调要加快经济发展方式转变和产业结构调整的步伐，其形象的说法是产业升级，实质则是提升产业经济的技术构成，其根本则是提升劳动力的素质，这正是建设现代职业教育体系的经济依据。于是，《规划纲要》对现代职业教育体系的主体进行了较为宏观的界定，具体如下。

第一，在组织层方面，《规划纲要》规定了"学校教育与职业培训并举，全日制与非全日制并重"的办学体制架构。其中，"学校教育与职业培训并举"是对1996年颁行的《中华人民共和国职业教育法》的传承，"全日制与非全日制并重"是对现有职业教育体系的突破。此外，还鼓励行业组织和企业举办职业学校。可见，《规划纲要》基本上沿袭了1996年《职业教育法》的规定，除了"建立健全政府主导、行业指导、企业参与的办学机制"外，在组织层并无太大的突破，如高等职业教育是否需要继续高移，新的办学机制中行业协会等中介组织应该以什么身份纳入现代职业教育体系，《规划纲要》均未能作出回答。

第二，在表现层方面，《规划纲要》提出职业教育"推动经济发展、促进就业、改善民生、解决'三农'问题、缓解劳动力供求结构矛盾"等社会经济功能，以及"体现终身教育理念、满足人民群众接受职业教育的需求"和"适应经济发展方式转变和产业结构调整要求，满足经济社会对高素质劳动者和技能型人才的需要"的双重价值。

第三，在规则层方面，由于千呼万唤的新职业教育法仍然没有面世，现代职业教育体系建设的法律依托依然是1996年《职业教育法》。此外，亟待建立的职业学校基本办学标准、校企合作办学法规、职业教育质量标准、统一的国家职业资格框架、职业教育教师资格制度、实习实训（尤其是顶岗实习）等法律等依旧停留在学术讨论范围内。

可见，当前所讲的"现代职业教育体系"主要是基于现代产业的视角，是通过促进职业教育与产业结构相互协调，提高其服务于现代产业和经济发展的能力，强调的重点在于发挥现代职业教育体系的经济功能。但是，《规划纲要》作为纲领性文件，并没有详细界定现代职业教育体系的主体，甚至还有不完善的缺憾。为此，教育部期望通过制定《现代职业教育体系建设规划（2014—2020年）》（教发〔2014〕6号）来进行补充。

3. 学理依据

学理依据实际上是通过学术层面的考察，在传承历史、立足现在、面向未来的基础上，把握社会经济发展和学习者个体发展双重价值追求，从而建立现代职业教育体系的理想模型。因此，需要在融合法律依据和经济依据的基础上，进行必要的补正。

第一，在组织层方面，需要重新界定职业教育提供者的外延。直接提供职业教育和职业培训的机构以及各级职业教育行政管理机构外，从事职业教育活动或者纳入校企合作体系的企业、职业教育的研究机构、职业教育学会以及从事职业教育服务的社会中介组织、行业协会、企业协会以及职业教育的传媒机构等，均应该纳入职业教育体系中。在层次上来看，1992年颁布的《俄罗斯联邦教育法》中采用广义的"职业"概念，并将大学教育统称为大学后职业教育似乎不可取，而2011版的《国际教育标准分类法》中将高等职业教育以上的直接衔接的教育类型称之为专业教育（professional education）则比较科学。究其原因，第一是保证了高等教育的等级特色，避免质量滑坡，第二是突出了职业教育升级的路径，避免误入高等学术性教育（academic education）的歧途。

第二，在表现层方面，《规划纲要》的规定可以作为现阶段现代职业教育体系建设的依托。

第三，在规则层方面，除了上述两个依据中的法律和制度外，还需要注意各个法律之间的体系化设计，使它们之间能够相互配套。如在校企合作过程中，国家的税收制度与校企合作促进法之间的配套，顶岗实习制度与劳动法、劳动保护法等之间的配套。

4. 边界依据

从现代职业教育体系的本体、延伸体和边界来看，四个维度的现代职业教育体系的本体并不具有一致性。从社会部门横向分工维度来看，其本体的边界止于直接或者完全行使公共职业教育提供权的行业企业培训；从教育部门的横向分工来看，其本体的边界止于直接或者完全行使公共职业教育管理权的学校职业教育，在层次上最高截止到高等职业教育；从职业教育学习者生涯的发展来看，其本体的边界是指除了职业启蒙教育外的职业人员的整个职业生涯中的职业教育。

需要注意的是，上述四种依据之间并非排他关系，也不具有绝对性，它们是相互借鉴和补充的关系，在具体运用时需要根据实际情况来选择。在本研究中，主要采用边界依据来定义现代职业教育体系的主体、延伸体和边界。

三、现代职业教育体系本体的组织层

组织层就是系统的物理结构，即系统论中的物理层。这个层次主要探讨现代职业教育体系的规模、结构、模式、层次、类型、比例、要素以及内部子系统等。

1. 规模

按照字面意思，规模是指"（事业、机构、工程、运动等）所具有的格局、形式或范围"。在此，规模是指现代职业教育体系本体的组织机构及其所包含的人、财、物总体数量，它受一个时期某个国家（或地区）的人口发展指数和社会经济的有机构成等因素影响，并在某种意义上标志着该国家（或地区）的职业教育体系的发达程度。其中，人口发展指数是评价一个时期内某个国家（或地区）的"人口数量、素质、结构和分布的变化及其相互关系的发展变化，以及人口与经济、社会、资源、环境之间的互动关系变化"的综合指标；社会经济的有机构成则是指在按照产业结构测算的、由资本的技术构成（技术类型和技术层次）决定，并反映技术构成变化的资本价值构成。

从国际范围来看，职业教育学生规模是一个最为常见的评价职业教育规模的综合指标，它可以采用职业教育注册学生人数占该层次所有教育类型注册学生人数的百分比 VAER （Vocational All Enrolment Ratio）和职业教育毛入学率 VGER（Vocational Gross Enrolment Ratio）进行评价，前者说明了职业教育和全部教育之间的比例关系，后者说明了职业教育注册学生人数和适龄人口数量之间的比例关系。从国内来看，职业教育办学规模是一个更为常见的评价职业教育规模的综合指标，它可能涉及考评时间段历年的职业学校数量、教学行政用房面积、占地面积、校舍建筑面积、教学科研设备值（仪器设备值）、图书数量、专业开设数量、课程开设数量、实习实训基地数量、招生人数、在校生人数、毕业生人数、教职工总数、双师型教师数等指标的总数或者生均比例数。

2. 结构

结构可以指称抽象物或者实体物的"各个组成部分的搭配和排列"。"教育系统结构一般由体制、层次、种类、形式、地区、目标、教学、管理和教育思想等基本部分所构成，而每个部分，又由各自相应的要素所组合"，这样就会有体制结构、层级结构、种类结构、形式结构、地区结构，等等。但是，由于分类标准的差异，现代职业教育体系本体的结构在此主要是指组成现代职业教育体系本体的各类和各层次职业教育的比例构成，其次是指地区结构、专业结构、课程结构、师资结构、资金投入结构等表层结构。通过解读《规划纲要》，其中提到"面向人人、面向社会；中等和高等职业教育协调发展；专业设置与经济社会发展需求相适应；健全多渠道投入机制；坚持学校教育与职业培训并举，全日制与非全日制并重；加强'双师型'教师队伍建设；建立健全技能型人才到职业学校从教的制度；加快发展面向农村的职业教育；推进职业学校专业课程内容和职业标准相衔接"，这就说明《规划纲要》对现代职业教育体系建设的结构目标主要是指生源结构、层次结构、类型结构、形式结构、专业结构、课程结构、资金投入结构、师资结构、区域布局结构等。

3. 模式

一般来说，"模式"是指某种事物的标准形式或使人可以照着做的标准样式。在系统科学中，"模式"常用以"说明系统的一种整体或宏观的时空结构"，它是"系统的相互关系的总和，或结构的一个子集，或一种具体形式"。实际上，模式就是系统结构要素在时间或空间上的排列组合方式，它有系统空间上的重复结构、系统时间上的重复结构、时间与空间上的重复结构三种类型。目前在世界职业教育领域比较著名的职业教育模式有"以德国为代表的双元制模式、以加拿大和美国为代表的 CBE 模式、以澳大利亚为代表的 TAFE 模式、以英国为代表的 BTEC 人才培养模式"、日本的企业内培训、新加坡的教学工厂等。事实上，现代职业教育体系的模式从宏观到微观均有多种层次的模式，如管理模式、办学模式、人才培养模式、教学模式，等等。不过，《规划纲要》中主要是指"实行工学结合、校企合作、顶岗实习的人才培养模式"。

4. 层次

现代职业教育体系层次的问题在上述"现代职业教育的分层问题"中已经有所探讨，在此再作进一步的补充。

"层次"是指"同一事物由于大小、高低等不同而形成的区别"。在教育领域，教育层次实际上就是指教育等级。2011 版的《国际教育标准分类法》中，等级的概念反映了一个教育课程内容从基础到综合的复杂程度和专业程度。

就目前来说，我国的职业教育和职业培训均有初、中、高三个层次，它们实际上存在一定的结构和比例关系。不过，在此探讨的不是这个意思，而是指学校职业教育的层次究竟应该高到什么程度以及各个层次间的衔接问题。就职业教育层次高移的问题，学术界的观点一般是通过与普通教育体系的对比后认为，需要建立与之齐头并进的职业教育体系，即构建"多科性或单科性职业技术性或技能型专科学校或学院：专科（副学士学位或文凭）→职业技术本科（学士学位或文凭）→职业技术硕士（学位或文凭）或进入专业硕士"高等体系，不过在具体实践上各种途径有所差别。为此，教育部的官员也曾提出，"探索本科层次职业教育人才培养途径，重点培养复合型、应用型人才；探索高端技能型专业学位研究生的培养制度，系统提升职业教育服务经济社会发展的能力和支撑国家产业竞争力的能力"。目前，已经有多所高职院校在这种鼓噪声中升格为本科层次的职业大学。不过，需要指出的是，学者和教育部官员的这种提议可能并非建立在对社会经济的有机构成的理性分析基础上，而是对发达国家本科层次的专业教育（professional education）的误解。这是因为，比较教育的研究人员将"professional"也翻译成了"职业"。事实上，在 2011 版的《国际教育标准分类》（ISCED 2011）中文版中"professional education"被翻译为"专业教育"，它在横向上与学术高等教育并列，纵向上与职业教育（vocational education）衔接，而职业教育（vocational education）的学历层次最高仅是专科层次。此外，从当前国际通用且由联合国教科文组织定义的职业教育（Technical and Vocational Education and Training, TVET）名称来看，它的确不包括专业教育（professional education）。再从高等教育的类型上来看，专业教育（professional education）培养的人才和学术教育（acdemic education）培养的人才对职业教育专科层次的人才具有极强的替代性，尤其是在我国人才高消费有增无已的情况下，一味地拔高专业教育的层次毋宁精准定位其人才培养的目标。可见，在当前以及未来一段时间内，现代职业教育体系的层次问题主要不是职业教育层次是否应该继续高移的问题，而是本着以人为本的理念解决各个层次的职业教育之间相互衔接的问题，前者是由社会经济的有机构成的变化逐渐缓慢演进的自发形成过程，后者则是由政治调控而致变的快速奋进的自觉决策过程。

5. 类型

现代职业教育体系类型的问题在上面"现代职业教育的分类问题"中已经有所探讨，在此仅作进一步的补充。根据现代职业教育体系边界和主体的界定，如果根据《规划纲要》中有"体现终身教育理念；坚持学校教育与职业培训并举，全日制与非全日制并重；加快发展面向农村的职业教育"等提法，现代职业教育体系主体类型可以根据学习者生涯发展维度来分，包括职业准备教育和职业继续教育，但是在现代职业教育体系设计的时候，要注意与职业启蒙教育（或者说基础教育）的衔接口径；从形态上来说，包括学校职业教育和职业培训；从学制来看，包括全日制和非全日制两类；从地域上来分，有农村职业教育和城市职业教育两部分。除此之外，还可以按照举办主体、学习对象（性别、年龄等）、经费构成、隶属产业部门、人才培养目标、办学类型、专业科类或者院校类型等进行分类。现代职业教育体系建设的过程，是体制内外不断探索的过程，因此在国家法制框架内，应该允许多种类型的职业教育共同发展，鼓励"不拘一格"地探索多种办学形式。

6. 比例

"比例"实际上并不是一个独立指标，它实际上需要与层次、类型、要素等指标配合起来才能使规模、结构等指标更加具有可以比较的意义，如通过计算学生和教师的比例获得生师比；通过测算中等职业教育和高等职业教育之间的比例，可以判定中高职协调发展的程度等。

7. 内部子系统与要素

现代职业教育体系是一个多要素、多层次的复杂系统，这些要素会按照某种规则组合起来形成一定的功能系统，以便按照体系发展的目的源源不断地补偿、调节或者配置必要的人员、资本、物质、信息等要素，从而达到维系这个系统的繁荣和发展的目的。因此，在这个复杂系统内部还存在着多个子系统。按照业务的流程来划分，包括教师教育体系、人才培养体系、教育行政与管理体系、教育投资体系、评估评价与督导体系、招生与就业体系、内部的科研和决策支持体系等。

由于汉语言缩略语的特点，"要素"可以被理解为构成事物的必要因素或者主要元素，在此是指构成现代职业教育体系主体的主要元素。在系统论中，元素是"系统中存在着能够相互区别的实体"。在此，现代职业教育体系主体的要素主要包括人的要素和物的要素两类。就人的要素来说，主要是指职业教育的学习者和教育者。就目前改革的导向来看，职业教育的学习者已经不再特指学校职业教育中的学龄人口，它还包括其他多种有职业教育学习需求的大众，如新型农民、进城务工人员、转岗换业人员、退伍复员军人等。对于教育者来说，特别强调"双师型"教师建设和引进行业、企业或者社会上有专门技能的人员担当实践教学的兼职教师。就物的要素来说，主要包括教育经费和其他物质资源两部分。就现代职业教育体系建设的目标来看，教育经费的改革重点在于"健全多渠道投入机制，加大职业教育投入；鼓励企业加大对职业教育的投入；逐步实施农村新成长劳动力免费劳动预备制培训；逐步实行中等职业教育免费制度，完善家庭经济困难学生资助政策"等层面。就其他物资资源方面，改革的重点是"加强实训基地建设，提升职业教育基础能力"。

四、现代职业教育体系本体的表现层

表现层与组织层的实体性、内敛性和稳定性不同，它具有非实体性、外发性和创造性，因而是系统创造力和内在发展动力的源泉。按照严格的系统论解释，系统的结构和性态属于一对范畴，系统的功能和目的属于另一对范畴，其功能和目的则是通过系统的行为得以表现出来的。总的来说，"目的是行为的方向和指南，指向预期功能；功能是行为和目的的可能结果；行为是目的和结果的执行过程"。此外，行为的结果最终会以某种水准或者整体绩效呈现在公众面前。因此，这个层次主要探讨现代职业教育体系主体的目的、功能、行为及其结果的水准或者整体绩效四个方面。可见，表现层就是系统在运行过程中通过行为所表现出来的目的性和功能性，与管理学中所说的行为层有相似之处。

1. 目的

现代职业教育体系本体的目的是其存在的理由和动力学特性之一，它由系统及其环境共同决定。狭义的教育目的是某种类型教育的人才培养的总体要求；广义的教育目的是指不同层次的教育活动所能达到的预期结果的集合，其结构层次依照上下位次关系分别为教育目的、培养目标、课程目标、教学目标等。对于现代职业教育体系本体来说，既存在共同的教育目的，也存在各级各类职业教育的教育目的，前者追寻的是类属定位，后者追寻的是个性特色。根据我国现行的《教育法》和《职业教育法》，现代职业教育体系本体的教育目的应该是"培养一大批有一定科学文化基础和较强综合职业能力的，德、智、体、美等全面发展，在生产、技术、服务、管理等一线工作的各级各类专门人才"，以此还可以继续确定现代职业教育体系本体范围内各级各类职业教育的目的。不过，教育的目的必然负载着一定的教育价值观，或者是社会本位的教育价值观，或者是个人本位的教育价值观，它们之间的张力和冲突成为历次教育改革的动力，左右着教育目的和教育改革的总体方向。此外，如上所述，环境也是制定教育目的的重要因素，所以随着时代的发展，教育目的也在不断更迭。事实上，外部环境，尤其是社会经济的发展，主导着人们的教育价值观，从而影响了教育目的的制定。就目前来看，社会经济的有机构成发生了巨大变化，生产方式的变革必然促使职业教育的目的进行必要的调整，即在以人为本的前提下不断为经济社会的发展培养高素质劳动者和技能型人才。

2. 功能

功能是描述系统行为对与环境的某种影响的重要概念。系统的任何行为都会对环境中的事物（即系统的功能对象）产生影响。其中，由系统的行为所引起的且有利于其功能对象生存和发展的作用或者贡献，称为系统的功能。直言之，功能是系统行为所产生的效能、效果、有利作用、价值等，它是系统创造力的外在表现。其中，价值是系统行为所具有的主观色彩的特定功能。以此类推，教育功能就是教育对社会和主体的发展所产生的有利的作用和影响，因此而言，教育的功能包括个体功能和社会功能两大功能。又由于社会是多层次的复杂系统，因此教育的社会功能还有政治、经济、文化以及其他社会功能。同理，现代职业教育体系的主体也具有教育应该具有的普遍功能，但由于现代职业教育体系的特殊性，如人才培养规格等，从而使其具有其他教育体系不可替代的特殊意义。具体来说，目前对现代职业教育体系主体功能的期待就是"推动经济发展、促进就业、改善民生、解决'三农'问题，缓解劳动力供求结构矛盾；面向人人、面向社会，体现终身教育理念，满足人民群众接受职业教育的需求"。

3. 行为

按照确定性程度来划分，系统的行为包括确定性行为和随机性行为两大类。对于教育系统的行为来讲，多数学者集中在人才培养、科学研究、社会服务或者文化传承四个层面，但是这些行为的权重差异很少有人探讨。对于职业教育来说，尽管或多或少也会表现出以上几种行为，但是各种职业教育类型之间以及职业教育各层次之间毕竟存在着分工上的差别。可见，现代职业教育体系本体的行为存在主次之分。据此，可以将这些行为划分为第一行为系统（the first behavioral system）和第二行为系统（the second behavioral system），前者是指为了实现人才培养而表现出来的行为，如教育教学等，后者则是指为第一行为系统服务和辅助的行为，如科学研究、社会服务、文化传承。

4. 水准

水准亦即水平，它是指系统的行为结果所达到的程度。水准与目的有所不同，水准是系统的行为结果实际达到的程度，目的则是预期行为结果。系统行为结果究竟能够达到什么程度，受内部条件和外部环境的制约。就内部条件来说，教师和学生是最重要的主体，因此现代职业教育体系的本体必须能够体现这两种主体的快意生存和自由发展的需求。就国内的外部条件来说，国内社会经济的有机构成是现代职业教育体系建设的重要依据，因此现代职业教育体系的本体必须能够体现对社会经济的有机构成的适应性。而就国际的外部条件来说，我国的职业教育理念和模式基本来自国外，这与我国作为一个负责任的经济大国的地位极不相称，因此现代职业教育体系的本体能够体现我国的职业教育对世界职业教育的贡献和责任。总之，现代职业教育体系本体的水准必须以人为本、体现终身教育理念、适应社会经济有机构成的变化、凸显中国特色，达到世界先进水平。

五、现代职业教育体系本体的规则层

规则层就是系统的运行规律或者约束规范。在此，规则层并不仅仅包括系统的运行规律或者约束规范，它包括规范法则和社会学法则两大主体，其中意识形态、风俗习惯等也是必要的组成部分。

1. 政策和制度

一般来说，政策是政治集团为在一定时期内实现自己所代表的阶级或者阶层的利益与意志而制定的行动准则，它包括法律形式的政策和非法律形式的行政命令。职业教育政策包括"由全国人大、中共中央、国务院、相关部委以及地方政府颁发的、以正式书面文本为表现形式的各种职业教育法规性文件"以及按照这些文件制定的实施细则，如具体的策略和措施，其大致形式有法律法规、标准体系和行政命令三类，它们是我国职业教育"行政管理体制、办学体制、人才培养模式、院校建设、师资培养"、经费投入、发展规划、职业资格、质量标准等方面的重要保障。需要注意的是，策略和措施实际上是按照法律、制度、文化传统等规则制订的行动方案。这些政策的制定主要基于三个视角，即经济视角、社会公平视角、社会转型或变革视角。"经济视角主要从效率、效力、问责机制、吸引力、适应性和反应性等角度探讨职业教育的发展；社会公平视角关注通过职业教育应对社会发展面临的不公平及排斥问题；在这两个视角基础上，国际社会又提出了职业教育的社会转型或变革视角，主要关注从推动终身学习、促进社会创新和可持续发展及人类幸福生活的角度发展职业教育。"这三个视角是我国现代职业教育体系主体建设的重要参照。

在此，制度是"要求大家共同遵守的办事规程或行动准则"，因此，现代职业教育制度是指在市场经济条件下约束职业教育利益相关者（政府与教育行政部门、职业院校、行业企业及其协会、职业教育学习者、学生家长等）行为的一系列规则的总和。它可分为三个层次：第一是职业教育的本体制度，主要指国家宪法中确立的有关职业教育活动的具有普遍性的、刚性的基本规则，它是其他职业教育制度的准则；第二是职业教育的具体制度，主要指约束职业教育特定行为模式和关系的行为规则，是职业教育本体制度在教育体制、学制、教育管理制度、教育评价制度、招生与考试制度以及各种有关职业教育的成文法、习惯法、教育政策法规等各方面的具体表现；它还可以包括中央政府和地方政府出台与职业教育相关的条例、决定、暂行规定、细则、试行办法等，以及职业学校制定的学生守则、教师职责等各种规章、制度和章程；第三，职业教育活动的伦理道德规范。

政策和制度既有联系又有一定的区别。其联系在于：第一，外在形式上的重叠，均包含宪法、法律和法规；第二，功能的共同性，都是调节和规范人类社会关系以及社会行为活动的重要手段；第三，适用的互补性，在调节和规范人类社会关系以及社会行为活动的过程中，制度与政策具有功能上的互补性；第四，作用的冲突性，如政策与风俗、习惯等这些非正式制度可能会有相互冲突，如火葬政策与土葬风俗。其区别在于：第一，两者产生的途径不同，制度可以由内在途径经过长期经验的积累自发演化而来，也可以由人为设计而自觉产生，而政策只能由政策主体人为设计出来；第二，政策和制度的稳定性不同，相对而言，其稳定性可以按照"内生制度—法律法规（同属外生制度与政策）—政策"的顺序排序；第三，政策与制度的实施机制不一样，除极少数符号性和象征性政策（如说普通话）外，绝大部分政策都要依托国家暴力机关付诸实施，而制度的实施大致可分为依托国家暴力机关付诸实施并与政策相重叠的宪法、法律、法规，依靠集体利益减损来执行的团体章程和个体协议，依靠集体意志的道德制裁实施的风俗、习惯、礼貌等内生制度三种情况；第四，政策与制度调控的范围不同，政策比制度的调控时间短，制度比政策的调控范围广。

2. 建设理念和指导思想

建设理念是指建设现代职业教育体系本体的理想的、永恒的、精神性的普遍范型，指导思想则是在建设现代职业教育体系本体的过程中，人脑中占有压倒优势的、指导性的想法。当前，现代职业教育体系本体的建设理念应该是以人为本理念和终身教育理念；指导思想应该是邓小平理论、"三个代表"重要思想和科学发展观。

3. 理论体系

理论体系，是"对某一领域或现象在联系实际中推演出来的概念或原理，从而综合和抽象出这一现象的性质、特征、范式等形成的知识体系"。对于现代职业教育体系本体来说，其理论体系有两个宏观层次：第一是建设现代职业教育体系的理论和理论体系，即顶层设计的理论体系；第二是现代职业教育体系主体功能有效发挥的理论体系，如现代职业教育和教学理论等。

4. 社会传统和文化观念

社会传统和文化观念是现代职业教育体系本体的隐性规则，尽管可能看不见、摸不着，但是它们实实在在地影响着现代职业教育体系的建设，如我国轻视职业教育的传统观念。因此，必须通过现代职业教育体系的建设，积极地将工业文化引进职业教育，达到移风易俗、尊重职业教育和遵守职业伦理等目的。

六、现代职业教育体系本体的间介层

1. 间介层的内涵

间介层在此是指现代职业教育体系本体内部的组织层、表现层和规则层三者之间交叠的部分，这个部分之间的边界比较模糊，很难分清楚究竟归于哪一个层次，它们之间的组合会形成复杂的内部关系，即内部机制，而组织层和规则层的交叠则会形成体制。

2. 内部机制

职业教育的机制是指职业教育体系与环境、职业教育体系与政府、职业教育体系内部各个子系统和要素之间的相互关系及其运行方式。其中，职业教育的内部机制是指职业教育体系与政府、职业教育体系内部各个子系统和要素之间的相互关系及其运行方式，是内部关系问题，主要有政府与职业教育体系之间、职业教育类型之间、职业教育层次之间、要素之间四层机制，如政府—职业教育提供机构之间的行政管理和拨款机制、学校职业教育—职业培训之间的沟通机制、中等职业教育—高等职业教育之间的衔接机制、教师—学生之间的培养机制、学校—教师之间的校本专业发展机制、学校—教师—学生之间的学校管理机制、质量保障机制等。

3. 内部体制

职业教育体制是由职业教育机构体系和相应的规则体系所组成的结合体或统一体。现代职业教育体系本体的体制大致由五个层次的子体制系统所组成：第一是由职业教育的行政与相应规则相结合而形成的职业教育行政体制，如投资体制；第二是由职业教育实施机构（职业学校和职业培训机构）与相应规则相结合而形成的职业学校教育体制和职业培训体制；第三是由职业教育实施机构的内部管理机构与相应的规则相结合而形成的职业学校管理体制和职业培训管理体制；第四是职业教育实施机构的教学机构与相应的规则相结合而形成的人才培养体制和教学体制；第五是职业教育实施机构之间与相应的规则相结合而形成的举办体制、办学体制，如校企合作办学体制。

第三节 现代职业教育体系的延伸体

一、现代职业教育体系延伸体的内涵

现代职业教育体系延伸体是指在现代职业教育体系的边界内除去现代职业教育体系本体部分，它行使的是不完全性的、间接的教育权和准公共教育管理权，是现代职业教育体系本体的必要组成部分。

二、现代职业教育体系延伸体的外延

1. 现代职业教育体系延伸体的组织层

现代职业教育体系延伸体的组织层主要包括社会上独立的职业教育研究和决策支持机构（如职业教育学会等）、社会中介组织（如行业企业协会）、职业教育传媒机构（如职业教育出版机构、杂志或者其他媒体等）、社会上独立的评估评价与督导机构等。

2. 现代职业教育体系延伸体的表现层

现代职业教育体系延伸体的表现层的目的在于辅助现代职业教育体系主体功能的顺利实现，其功能在于提供第三方的研究报告、改革建议、招生、就业和专业建设等信息、指导教学模式和课程改革、协助实现校企合作、宣传职业教育成果以增强职业教育的吸引力、交流职业教育经验和研究成果、出版教材等。

3. 现代职业教育体系延伸体的规则层

现代职业教育体系延伸体的规则层主要是指现代职业教育体系延伸体的组织层所涉及的机构制定的与职业教育有关的规章、制度、政策建议、研究报告、行业职业资格、评估标准等。

第四节 现代职业教育体系的环境层

环境层是描述系统的基本参量之一，它"是与系统组成元素发生相互影响、相互作用而又不属于这个系统的所有事物的总和"。职业教育的环境层实际上是由各种各样与职业教育发生关系的系统组成的集合。

一、外部机制

职业教育的外部机制是指职业教育体系与环境之间的相互关系及其运行方式，是外部关系问题，它解决了职业教育体系与环境之间的输入和输出关系问题，主要有政府—劳动力市场之间的引导机制、政府—行业企业之间的激励机制、职业教育—劳动力市场（就业）之间的适应机制、职业教育—行业企业之间的合作机制、政府—劳动力市场—行业企业—职业教育之间的协同机制、职业教育—其他类型教育之间的衔接机制（如招生）、沟通机制和竞争机制等。

二、外部子系统

职业教育环境层的外部子系统是指职业教育行为的外部功能对象，主要包括经济部门（特别是行业企业及其协会）、劳动力市场以及其他不属于职业教育体系的教育类型。

第五节　结构框架对现代职业教育体系建设目标研究的喻示

一、结构框架确定了现代职业教育体系的目标框架

现代职业教育体系的结构框架是由其外延决定的，因而现代职业教育体系的结构框架实际上是从技术上限定了现代职业教育体系的建设范围，这对明确其建设任务具有重要意义，实际上确定了现代职业教育体系的目标框架。

二、结构框架确定现代职业教育体系的分项建设目标

现代职业教育体系的结构框架从现代职业教育体系的本体、现代职业教育体系的延伸体、现代职业教育体系的间介体和环境四个层面，以及组织层、表现层、规则层三个层次对现代职业教育体系的结构框架进行了分析，这实际上明确了现代职业教育体系的分项建设任务和分项建设目标。

参考文献

[1] 闫国华，苑大勇编.一带一路职业教育国际合作发展报告 [M].北京：外语教学与研究出版社,2022.11.

[2] 曾阳.城乡融合发展背景下职业教育制度建设研究 [M].广州：中山大学出版社,2022.11.

[3] 柴草.携手深耕共赢 高等职业教育实践育人探索 [M].长春：东北师范大学出版社,2022.11.

[4] 许佳佳.中等职业教育人才培养质量问题循证研究 [M].北京：中国社会科学出版社,2022.11.

[5] 翟月玲.职业教育公私合作法治研究 [M].北京：法律出版社,2022.10.

[6] 许曙青，汪蕾.职业院校安全应急教育与专业创新发展的理论与实践 [M].南京：东南大学出版社,2022.10.

[7] 李玮炜，肖霞，贺定修.现代职业教育创新实践研究 [M].青岛：中国海洋大学出版社,2022.09.

[8] 梁园源.大数据时代职业教育管理的改革与创新分析 [J].中外企业家,2021,(第6期)：240，242.

[9] 李帅.大数据时代职业教育管理的改革与创新研究 [J].神州,2020,(第1期)：162.

[10] 王悦.新时代高等职业教育管理改革的使命和动力 [J].区域治理,2020,(第37期)：210，235.

[11] 李明.试论职业教育管理改革与创新 [J].全文版（教育科学),2016,(第6期)：264.

[12] 朱千波.教育治理：高等职业教育管理改革的新趋向 [J].高教学刊,2015,(第23期)：154-155，157.

[13] 嵇慰.职业教育管理生态环境的改革与创新 [J].下一代,2021,(第4期).

[14] 苑溢.职业院校成人教育管理的创新及改革 [J].中国农村教育,2020,(第11期)：36-37.

[15] 徐俊婕.综合素质培养下的职业院校教育管理改革研究 [J].进展（教学与科研),2022,(第9期)：46-47.

[16] 焦妍 . 加强管理推动中国特色职业教育改革与发展 [J]. 知识文库 ,2022,(第 9 期)：100-102.

[17] 安忠成 . 创新型人才培养与职业学校教育管理改革措施 [J]. 现代职业教育 ,2021,(第 48 期)：202-203.

[18] 钟雪 . 职业教育管理体制的创新与改革 [J]. 产业与科技论坛 ,2019,(第 14 期)：253-254.

[19] 林梦露 . 职业教育中工程管理教学模式的改革与创新 [J]. 科技视界 ,2021,(第 20 期)：175-176.

[20] 虞凤莲 . 中等职业教育旅游管理课程改革探讨 [J]. 当代旅游 ,2021,(第 16 期)：75-77.

[21] 王妤夜 . 创新型人才培养与职业学校教育管理改革研究 [J]. 山西青年 ,2021,(第 5 期)：149-150.

[22] 李思阳 . 现代化职业教育管理模式改革途径 [J]. 现代职业教育 ,2020,(第 43 期)：180-181.

[23] 周红光 . 浅谈职业教育教学改革的推进及管理 [J]. 新教育时代电子杂志 (教师版),2018,(第 32 期)：298.

[24] 朱晓国 . 关于职业教育管理体制改革的思考 [J]. 当代教育实践与教学研究 ,2018,(第 24 期)：287.

[25] 罗玮玮 . 职业教育改革背景下班级管理模式创新探索 [J]. 知识经济 ,2020,(第 21 期)：102-103.

[26] 孙晓波 . 高等职业教育管理模式改革创新研究 [J]. 作家天地 ,2020,(第 9 期)：128，131.

[27] 王清强 . 新时代职业教育中学生健康管理的改革与探索① [J]. 当代体育科技 ,2020,(第 1 期)：4-6.

[28] 张盛威 . 现代化教育中职业教育管理模式的改革途径 [J]. 环球市场 ,2019,(第 3 期)：238.

[29] 薛鹏辉 . 浅谈现代职业教育管理体制的现状和改革策略 [J]. 同行 ,2016,(第 3 期)：105-108.

[30] 杨建新 . 抢抓职业院校管理体制改革新机遇，推进高职教育与技工教育融合发展 [J]. 职业 ,2021,(第 5 期)：12-15.

[31] 吴昌霞 . 创业教育背景下职业学校学生管理的改革与创新 [J]. 教育现代化 ,2019,(第 38 期)：20-21.

[32] 潘成 . 职业教育下行政管理实践教学改革模式研究 [J]. 智库时代 ,2019,(第 38 期)：189-190.

[33] 周东奉 . 职业教育改革背景下高职院校教师业务档案管理系统风险控制思路探讨 [J]. 科技风 ,2022,(第 5 期)：23-25.

[34] 陈回花 , 余秋华 . 浅析高职工商管理类职业技能大赛如何进一步促进职业教育教学改革与发展建议研究 [J]. 赢未来 ,2022,(第 4 期)：85-87.

[35] 潘庆云 . 新形势下高等职业教育管理体制的现状与改革分析 [J]. 安徽职业技术学院学报 ,2022,(第 1 期)：62-66.

[36] 张予 1, 赵巍 2. 新职业教育法视域下高职 "康乐服务与管理" 课程教学改革探索 [J]. 河北能源职业技术学院学报 ,2022,(第 4 期)：90-93.

[37] 席文玲 . 供应链管理视角下的物流职业教育改革初探 [J]. 名汇 ,2019,(第 24 期)：114-116.

[38] 王娟 . 基于综合素质培养的职业院校教育管理改革 [J]. 文学教育 ,2019,(第 15 期)：166-167.

[39] 张振锋 . 高等职业教育教学管理信息化改革研究 [J]. 长江丛刊 ,2019,(第 14 期)：122-123.

[40] 张恒雅 . 创新型人才培养与职业学校教育管理改革 [J]. 课程教育研究 (学法教法研究),2019,(第 15 期)：132.

[41] 黎敏茜 . 职业教育背景下职业高校行政管理专业教学改革探析 [J]. 卷宗 ,2020,(第 5 期)：247.